한국과학사 이야기 ❶

*맞춤법과 띄어쓰기는 국립국어원의 〈표준국어대사전〉을 기준으로 하였습니다. 외국 인명과 지명은 국립국어원의 '외래어 표기 용례 자료집'을 따랐습니다. '외래어 표기 용례 자료집'에 나오지 않는 것은 현지 발음에 가깝게 표기하였습니다.

12살부터 읽는 책과함께 역사편지

한국 과학사 이야기

카이스트 신동원 교수님이 들려주는 하늘과 땅의 과학 ① 　신동원 글·임익종 그림

책과함께어린이

머리말
빛나는 창조성이 나타난 한국 과학사의 순간들

과학자 하면 으레 서양 과학자들을 떠올려. 갈릴레이, 케플러, 아인슈타인……. 너희들도 익숙한 이름이지? 한국 과학에서는 누가 떠오르니? 장영실 정도가 아닐까 싶구나. 내가 한국 과학을 공부하면서 느낀 것은 우리 옛 과학자들과 그들이 연구한 결과가 매우 훌륭한데도 어른들은 물론이고 어린이들에게 잘 알려져 있지 않다는 거야.

이 원고를 쓸 때 딸아이 지영이가 초등학교 6학년이었단다. 지영이와 친구들이 '한국 과학사'에 대해 알 수 있는 기회조차 없다는 것이 무척 안타까웠어. 한국 과학사는 선사 시대부터 시작해. 고대 바위에 새겨진 벽화, 고인돌의 별자리부터 첨성대, 자격루 등등 모두 한국 과학의 전통에서 탄생한 거야.

나는 카이스트에서 한국 과학사를 가르치고 있어. 이 수업에서 학생들은 주제 발표를 해. 우리 과학을 직접 경험해 보는 거지. 가장 재미있어 하는 수업은 우리나라 음식의 역사를 배울 때야. 김치를 담가 보면서 수업을 하는데 대학생 언니 오빠 들이 하도 깔깔깔 웃어서 수업이 안 될 정도였어. 그때 어린이를 위한 한국 과학사 책은 수업하듯 쓰면 재미있겠구나 하고 힌트를 얻었어. 이 책에는 이렇게 카이스트에서 수업을 한 경험이 녹아 있어. 지영이와도 이야기를 많이 나눴고, 원고도 함께 읽으면서 완성했어. 참, 유치원에 다니는 일곱 살 아들 지용이도 가끔 아이디어를 주었구나.

이 책을 내놓으며 이런 상상을 해봤어. "우리나라 어린이만 아니라 중국이나 일본, 이집트나 미국의 어린이들도 이 책을 읽으면서 흥미를 느낄까?" 우리가 이집트의 피라미드, 중국의 만리장성, 일본의 오사카 성에 숨겨진 과학 이야기를 무진장 재미있어 하잖아. 마찬가지로 우리나라 장영실이 만든 자격루의 수수께끼를 풀어주면 누구나 재미있어 할 게 틀림없어. 왜냐면 흥미진진한 과학 이야기니까!

과학은 우주와 자연, 생물과 인간, 사물과 기술에 대한 관찰과 실험, 이론과 응용을 포함해. 태어난 때, 자란 곳에 따라 사람들이 추구한 과학의 모습이 똑같지는 않았지만, 세상에 대해 궁금한 것을 풀어내고, 거기서 얻은 지식을 인간이 행복하게 사는 데 쓰려고 했다는 것은 한결같았어. 그런 요소 때문에 세계의 어린이들이 모두 창조성 넘치는 과학 이야기에 흥미를 느끼는 거야.

이제, 우리 역사를 들여다보면서 과학 분야에서 '창조성이 나타난 순간'들을 찾아 함께 볼 거야. 우리 과학사에 빛나는 창조성이 발현된 순간들이 무척 많단다. 너희들 삶에서도 '빛나는 창조성이 나타나는 순간'이 반드시 있을 거야. 신 나고 즐겁게 한국 과학사 여행을 함께해 보자.

*이렇게 두툼한 책이 나올 거라고 생각도 못했어. 이전에 쓴 〈카이스트 학생들과 함께 풀어보는 우리 과학의 수수께끼 1·2〉를 어린이 눈높이에 맞게 고쳐 쓰면 된다고 생각하고 출발했어. 근데 쓰다 보니까 더 많은 이야기를 들려주고 싶었어. 조금만 더, 조금만 더 하다 보니 한국 과학사 전체를 망라하는 3권짜리 두툼한 책이 되어버렸지 뭐야.
이 책을 전폭 지원해준 책과함께 출판사 류종필 사장, 좋은 책을 만들어준 노정임 팀장을 비롯한 출판사 식구들, 예쁜 삽화로 책의 맛깔을 더해준 임익종 화백, 보기 좋게 책을 만들어준 장광석 디자이너에게 고마운 마음을 전하고 싶어. 또 책 내용을 꼼꼼히 읽어 오류를 줄여준 경희대 구만옥 교수, 바쁜 중에도 원고를 읽어준 교육평론가 이범, 과학에 밝은 아우 신동수에게도 고마움을 표해. 마지막으로 묵묵한 아내의 응원도 고마웠고, 무엇보다도 아빠 원고를 읽고 토론해준 지영아, 지용아, "고마워!"

2010년 7월 28일 신동원

《한국 과학사 이야기》 길잡이 글
과학을 이해하고 깨달아 너희들이 행복해지기를 바란다

■ 이 책은 한국 과학사의 온 영역을 다 다뤄. 하늘의 과학, 땅의 과학, 생물의 과학, 몸의 과학인 의학 등으로 나눴어. 1권과 2권이 여기에 해당돼. 나머지 위대한 기술과 발명들, 현대 과학 100년은 3권에 묶었어. 어린이를 위한 책이든, 어른을 위한 책이든 이렇게 한국 과학사 전 영역을 포함하는 건 우리나라에서는 이 책이 처음이야.

■ 책 읽기에 앞서 《한국 과학사 이야기 1~3》이 어떤 기준으로 내용을 선정했는지 설명해 줄게. 물리, 화학, 생물, 지구과학 등으로 나누지 않고, 하늘, 땅, 생물, 몸의 과학으로 나누었는데, 왜 이렇게 나누었는지를 이해하려면 우선 오늘날의 과학과 옛 과학이 서로 같지 않다는 점을 알아야 해.

■ '과학'이란 말의 '과(科)'는 천문학과, 물리학과, 화학과, 지질학과, 생물학과란 말에 담긴 '과'를 뜻해. 오늘날에는 거기서 그치지 않고 기술과 공학까지 똑같은 방식을 따르고 있어. 우주항공공학과, 기계공학과, 금속공학과, 도자기공학과, 생명공학과 등 이런 식으로 말이야. 과학 분야들은 서로 밀접히 연관되어 있어.
과학을 이루는 여러 '과'들과 그것이 응용되는 기술과 공학이 모두 '과학' 하나로 파악할 수 있게 된 건 17세기 이후 서양에서 그렇게 발전해 왔기 때문이야. 이를 영어로 '사이언스(Science)'라고 했고, 19세기 후반 일본 학자들이 이를 '과학'으로 번역해 오늘날까지 쓰고 있어.

■ 옛적 한국을 비롯한 동양 사회에서는 자연과 기술에 대한 학문이 '사이언스(Science)'와는 퍽 달랐어. 이름도 달랐지. 동양에서는 자연에 대한 학문을 격물학(格物學), 이학(理學) 또는 물리(物理)라고 했어. 모두 '사물의 이치를 캔다'는 뜻이야. 《한국 과학사 이야기》 1권과 2권은 이런 전통 과학에 관한 것들이야. 이 책을 읽으면 이웃 중국과 함께 한국의 전통 과학이 매우 높은 수준에 도달했다는 걸 알 수 있을 거야.

■ 《한국 과학사 이야기》 3권 5부에서는 위대한 기술과 발명들을 다루었어. 창의적 아이디어가 기술 발전의 원동력이라는 점에서는 '기술'이 '과학'과 비슷한 모습을 띠기도 하지만, 기술은 과학과 별로 상관없이 발달했어. 기술은 자연에 대한 탐구가 아니라 사람이 생활하고 생존하는 데 꼭 필요한 것들이었어. 또 기술끼리도 별로 연관이 없었어. 석굴암, 석빙고, 온돌, 고려청자, 한지, 거북선, 수원 화성 들이 우리나라 기술을 잘 나타내는 본보기들이야.

■ 이어지는 《한국 과학사 이야기》 3권 6부에서는 현대 과학 100여 년의 역사를 만날 수 있어. 옛 한국 과학과 완전히 달라서 따로 묶었어. 100여 년 전부터 지금까지 서양 과학을 받아들여 높은 수준에 도달하기까지의 이야기야. 우리나라가 세계의 보편적인 과학을 받아들인 뒤, 일제의 식민지, 한국 전쟁이라는 혹독한 시련을 딛고 IT(정보기술), BT(생명공학), NT(나노기술) 강국으로 우뚝 선 것에 대해 세계 사람들은 무척 놀라워하지.

■ 이 책을 읽을 때 주의할 점 하나. 옛 과학 기술과 오늘날의 과학 기술의 성격이 다르고 했지? 그래서 오늘날 잣대로 옛 과학을 바라보면 문제가 생겨. 역사적 사실을 정확히 밝히고, 그래서 비약이 없도록 조심해야 돼. 지나친 애정은 판단을 흐리게 하고, 분별력이 없어지면 다른 사람들이 그 주장을 신뢰하지 않게 되지. 국수주의의 폐해라는 말이 이걸 뜻해.

알게 모르게 한국 과학사 연구자는 옛 과학 기술 중 특별히 훌륭한 점만을 골라서 부각시키는 경향이 있어. 과장하게 되면 안 하니만 못한 결과를 낳아. 경계하고, 경계할 일이야. 이 책에서는 한국 과학을 과대평가하지도 않았고 한계가 있는 것은 또렷이 밝혔단다.

■ 소재를 선정할 때에는 세계인이 공감할 수 있는 내용을 담으려고 노력했어. 한국 과학사에는 원래 훌륭한 것이 안 알려져 있는 것도 참 많아. 처음 접하는 내용이라 어렵더라도 천천히 읽어 보렴.

■ 이 책을 어떻게 썼는지도 알려 줄게. 나는 한 주제를 쓰기 위해 수많은 책과 논문을 읽었단다. 의학의 역사는 내가 수십 년 동안 공부한 분야지만, 다른 분야는 한국 과학을 연구한 많은 연구자들이 없었다면 글을 쓸 수 없었을 거야. 그래서 이 책에서는 각 분야를 연구하고 있는 우리나라 학자들 이름도 그대로 밝혔어. 한국 과학을 연구하는 학자들을 기억해 주렴.
간혹 아직 연구가 덜 된 분야가 있었는데, 그런 부분은 일일이 옛 사람이 쓴 글을 찾아 읽어 다시 엮었단다. 어린이 책일수록 더 정확해야 한다고 늘 생각했거든.

■ 글을 쓰면서 가장 신세를 많이 진 사람은 나의 은사님(김영식, 박성래, 유경로, 전상운, 허정 선생님) 빼고는 카이스트 학생들이었어. 몇 년 동안 같이 수업했던 모든 학생들도 여러 면에서 내게 많은 깨우침을 주었어. 카이스트 학생들과 내가 한국 과학사를 공부하는 방법은 '발로 뛰고 머리를 맞대어 토론하는' 거야. 나는 학생들에게 '왜'라고 묻고, 학생들이 직접 의문점을 해결해 나가는 방식이지. 직접 현장에 가서 보는 것은 가장 중요하고 연구의 시작이 돼. 그리고 나서 '이전 사람들이 어떻게 생각했는가?'를 찾아 배우고, '나는 달리 생각해.' 하며 자신의 생각을 토론하는 거야. 더 나아가 자신의 생각을 입증할 증거를 찾고 논리를 세우면 그만큼 과학은 발전해.

■ 인류가 과학을 발전시켜 온 방식과 내가 카이스트 학생들과 수업한 방식은 같아. 수업한 방식을 《한국 과학사 이야기》 글에 그대로 적용했어. 어린이들과 함께 공부한다고 생각하며 글을 썼어. 어린이와 주고받는 이야기가 나오는데, 글에 나오는 어린이는 곧 너희들이야. 내 질문에 대답도 해 보고 스스로 답도 찾아보며 이 책을 함께 읽어 나갔으면 해.

■ 앞서 말한 것처럼 딸아이 지영이가 6학년 때 이 책을 썼어. 지영이가 읽고 있는 책이 참 많더구나. 《한국 과학사 이야기》가 그 많은 책 가운데서 어린이들이 재미있게 읽고 사랑을 많이 받길 바라며 썼어. 과학이 항상 쉽지만은 않아. 과학을 전공한 나도 공부하면서 어려운 게 있어. 조금 어렵더라도 마음이 무거워질 필요는 없어. 가수가 꿈인 친구는 '음악과 도량형 이야기'를, 화가가 꿈인 친구는 '암각화 이야기'를 먼저 읽어봐. 한국 과학을 이해하고 깨달아 행복해지길 원한 것이지, 다 외우라고 책을 쓴 건 아니라는 것을 알아주렴.
어려운 정보는 팁이나 '비밀노트'에 담아 두었어. 그러니 어려운 부분은 나중에 도전해도 좋아. 반대로 더 공부하고 싶은 친구들을 위해서는 참고한 책과 더 읽어 볼 책을 추천해 두었으니 찾아 읽어 봐. 한국 과학사의 새로운 모습은 반갑게 맞아 주고, 또 어려운 것을 점점 알게 되는 기쁨도 느껴 보길 바란다.

차례

머리말 4

1부 하늘

하늘에 대한 과학의 탄생 11

1 고인돌에 왜 별을 새겼을까 14
2 무덤 속에 새겨진 별자리를 찾아서 22
3 첨성대의 수수께끼를 풀어라 33
4 천재지변; 하늘에는 별똥비가 내리고 땅에는 불길이 솟고 42
5 천 년 전 하늘로 가는 비밀 통로, 천상열차분야지도 53
비밀노트 김정호도 천문도를 그렸다 65
6 일식 예보 15분의 오차를 줄여라 67
비밀노트 조선 후기의 관측기구 78
7 측우기, 왜 만들었을까 80
8 해시계 앙부일구로 시간 읽기 90
비밀노트 조선 시대에 만든 여러 가지 해시계 100
9 자동으로 울리는 물시계 자격루의 비밀 102
비밀노트 동양과 서양 과학의 아름다운 만남, 혼천시계 114
10 지구가 스스로 돌아야만 하는 까닭은 118
11 우리가 만든 최초·최고의 달력, 칠정산 127
비밀노트 달력에 대해 더 알고 싶은 것들 138
12 우리나라 수학의 역사 144
13 음악과 도량형의 뿌리는 하나 154

2부 땅

'땅의 과학'이란 무엇일까 167

1 풍수지리, 좋은 땅을 찾아서 170
2 혼일강리역대국도지도에 담긴 외침 180
3 우리 땅의 정보를 모두 모아라 190
비밀노트 《세종실록》 지리지에서 찾을 수 없는 '**독도**' 199
4 대동여지도 속 길을 걸어 보자 201
비밀노트 조선의 10대 전국 지도 215
5 뭍길 따라, 물길 따라 222
비밀노트 파발에 대해 더 알고 싶은 것들 234
6 조선의 광물과 쇠 부림 236
비밀노트 그림과 시로 배우는 쇠 부림 246
7 우리가 그린 세계, 세계가 그린 우리나라 249

참고 자료 / 사진 자료 제공 258
찾아보기 262

하늘에 대한 과학의 탄생

인간은 우주의 한 자락이야. 하지만 평소에 이런 생각을 하며 사는 사람은 거의 없어. 어린이들은 대부분 학교 가기, 숙제 하기, 친구 만나기, 텔레비전 보기, 게임 하기 등 바쁘게 살잖니. 어른들도 마찬가지지.

또 사람들이 하루의 낮과 밤, 네 계절의 변화를 늘 생각하며 사는 것은 아니야. 밤이 되어도 불빛이 늘 환하고, 여름에 에어컨이 있는 방에서는 더위를 못 느껴. 우리가 낮과 밤 또는 계절에 민감한 때는 정전이 되거나, 태풍이 불거나, 폭우가 내리거나 한 때지.

끝없이 넓은 바다에서 혼자 배를 타고 깜깜한 밤중에 표류하게 되었다고 상상해 봐. 방향을 말해주는 건 하늘에서 빛나는 별들뿐이겠지. 이런 상상도 해 보자. 우리가 해, 달, 지구의 운행에 대해 아무런 지식이 없을 때 태양이 가려지는 일식을 겪는다면 어떨까? 대낮에 갑자기 해가 사라져 깜깜해지면 두려움은 엄청날 거야.

옛 사람들은 하늘의 규칙성을 알아내려고 했어. 같은 자리에서 1년 동안 끈질기게 관측하면서 많은 별들이 일정한 궤도로 움직이고 있다는 사실을 알게 되었지. 또 더 오랜 시간을 두고 관측했을 때에는 어떤 행성은 12년을 주기로 해서 같은 자리로 온다는 사실을 알게 되었고. 대낮에 해가 사라지는 현상인 일식, 밤에 달이 사라지는 현상인 월식도 일정한 규칙을 가지고 있다는 사실을 알게 되었어.

이렇게 인류는 천체의 운행을 관측하면서 깨달음을 얻어 갔어. 해와 달, 행성, 뭇별 들이 규칙적으로 움직이고 있다는 놀라운 사실이지. 이것이 바로 '천문학'이란다. 천문학을 하면서 두려움이 해소되기도 했고, 놀라운 규칙성에 대한 경외감이 생겨나게 되었지.

사람들은 하늘의 질서를 알아내기 위해 끈질기게 관측한 것을 체계적으로 구성해 냈는데, 바로 그것이 천문학이라는 '과학의 탄생'을 뜻해.

모든 문명이 그래왔듯 우리나라도 천문학을 발전시켜 왔어. 오늘날 눈으로 보면 옛 천문학은 많은 것이 과학적인 것과 그렇지 않은 것이 범벅 되어 섞여 있어. 하지만 옛 사람들은 오늘날 우리가 하늘에서 알아내는 것보다 훨씬 더 많은 것을 읽어 내려고 했어. 무슨 말이냐 하면, 옛 사람들은 오늘날 천문학보다 관심 영역이 훨씬 넓었다는 거야. 이게 매우 중요해. 왜냐면, 이런 관심을 놓쳐 버린다면 옛 사람들의 하늘에 대한 과학을 현대인의 관점으로 이해하고 평가하는 오류를 범하게 되기 때문이지. 예를 들어 우리들은 점을 치기 위해 별을 탐구하는 게 우스꽝스럽다고 생각할지 모르지만, 옛 사람들에게는 그게 계절이나 방위를 알아내는 것 못지않게 중요했어. 그런 가운데 오늘날 과학 지식의 원천이 되거나 오늘날의 시각에서 봐도 대단한 것을 알아내기도 했어.

자, 그러면 이제 우리나라의 천문학을 찾아 시간 여행을 떠나 볼까?

1 고인돌에 왜 별을 새겼을까

역사에 관심을 가지는 사람은 늘 맨 처음에 대한 질문을 던져. 이를 테면 인류 문명은 언제부터 시작했을까, 한반도에는 언제부터 사람들이 살았을까, 하는 질문들 말이야.

마찬가지로 우리나라의 천문학에 대해서도 이런 질문을 해 보자.

"근데 우리나라에도 천문학이 있었어요?" 그럼! 하늘에 대한 과학은 모든 문명에서 나타나지.

"언제부터 천문학을 한 거예요?" 모든 옛 기록을 뒤져 천문학 내용을 찾아봤어.

우리나라 첫 천문 관측 기록

고려 때 김부식이 정리한 《삼국사기》를 보니 눈에 띄는 글이 있네.

신라 혁거세 (기원전 54년) "4월 1일 일식이 있었다."

백제 온조왕 (기원전 13년) "일식이 있었다."
고구려 유리왕 (기원전 7년) "화성이 심성 별자리에 머물러 있었다."

日蝕
날 일 / 좀먹을 식
달이 태양의 일부나 전부를 가리는 현상

塹星壇
구덩이 참 / 별 성 / 제단 단

모두 삼국이 시작할 무렵이야. 이때 세 나라 모두 천문을 관측하여 기록을 남겼다는 것을 알 수 있어.

단군이 나라를 열었을 때가 기원전 2333년쯤이지. 그럼 삼국 시대까지 2000여 년 동안에는 천문학 관련 기록이 없었을까?

《고려사》의 지리지를 보면, '강화도 남쪽 마리산(마니산) 산마루에 참성단

강화 마니산 고려, 조선 시대에도 참성단에 관원이 파견되어 하늘의 별에 대해 실제로 제사를 지냈다는 기록이 있어. 고려, 조선 왕조도 단군 조선의 전통을 이어받았다는 뜻을 밝히는 거지. 오늘날에도 개천절에 참성단에서 천제(하늘에 지내는 제사)를 지내지. 조선 시대 후기의 지도란다.

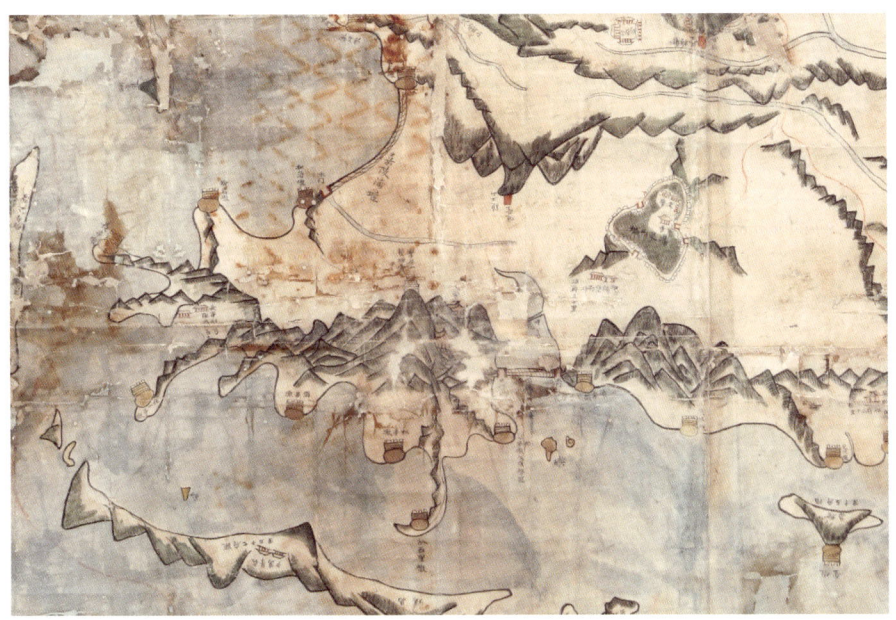

이 있는데, 민간에서는 그곳을 단군이 하늘에 제사를 지내던 단이라고 한다.'
고 나와 있어. 단군왕검이 '하늘'의 뜻을 받들어 나라를 세우고 통치했다는
거야. 나라가 창건될 때부터 하늘에 제사를 지냈음을 강조하고 있어.

그런데 '민간'에서 그런다 하더라는 건 무슨 뜻일까? 확실하지 않은 하나의 전설에 불과하다고 본 거야.

몇몇 기록과 전설을 찾아보았는데, 빈약할 뿐더러 실체도 분명치 않아. 우리나라 옛 천문학을 알아낼 뾰족한 수가 없을까?

"별이 있는 유물을 찾아내면 되잖아요." 그런 게 어디에 있지?

"혹시 어디다 그린 거나 새긴 것이 남아 있지 않을까요?" 이런 생각만 해도 대단한 거야. 이런 생각을 하지 않는다면, 아무리 주변에 유물이 널려 있어도 주목하지 않고 의미를 찾아내려고 하지 않을 게 분명하기 때문이야.

의문을 품은 순간부터 학자들은 바빠져.

'옳지! 옛 돌멩이가 분명한 선사 시대의 고인돌부터 낱낱이 조사해 보자!'

선사 시대 바위에 새겨진 별자리

우리나라 고인돌은 언제 만들어졌을까? 이에 대해 명확히 정리된 것은 없어. 연대 측정 결과, 가장 오래된 고인돌은 기원전 3000년 무렵이고, 늦은 것은 기원전 410년 무렵도 있어.

우리나라가 남한과 북한 모두 '고인돌 천국'이란 건 잘 알고 있지? 한반도에 고인돌이 2만 5000개쯤 있는데 이는 세계 고인돌의 절반이나 되는 거야. 무척 많아서 일일이 찾아다니는 일도 만만치

경상남도 함안에 있는 도항리 고인돌

않겠지? 그래도 포기할 순 없지.

위 고인돌을 볼래?

"앗, 웬 동그라미들이 새겨져 있어요! 구멍도 여러 개 있고요." 혹시 별을 그린 게 아닐까?

"이게 별이라는 걸 어떻게 알 수 있어요?" 이게 우연히 새겨진 동그라미들이 아니라 별을 그려 넣은 거라면 알아낼 방법이 있지. 선사 시대 사람들은 맨눈으로 본 하늘의 별을 그려 넣었을 테니까 눈에 잘 띄는 별자리일 거야.

얼마 전까지만 해도 고인돌의 구멍은 위인이 알에서 태어났다는 전설과 연관된 신비로운 구멍이라고 생각했는데, 그 구멍들이 별을 새긴 것이라는 한결 올바른 해석을 내리게 되었지.

이런 일은 북한의 고고학자들이 먼저 시작했어. 북한의 고고학자는 지

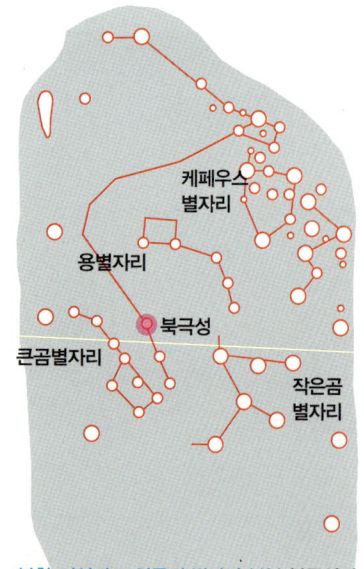

북한 지석리 고인돌의 별자리 부분 북극성의 위치는 지구의 자전 때문에 현재의 위치와는 조금 다르단다.

석리 고인돌을 보고 이렇게 말했을 거야.

"그래, 가장 중심에 있는 구멍은 북극성이 틀림없어. 밤에 별들의 움직임을 보면 하늘의 모든 별들이 한 별을 중심으로 회전하는 것처럼 보이는데 그 중심이 되는 별이 바로 북극성이기 때문이지.

중앙의 별이 북극성이면 나머지 별들은 그 주변의 별들이겠지.

북극성이 포함된 'ㄹ'자 모양의 별자리는 용별자리이고, 북극성 왼쪽은 친숙한 북두칠성이 포함된 큰곰별자리, 오른쪽은 작은곰별자리, 또 저 멀리 오각형 닮은 별들은 케페우스 별자리와 꼭 일치하네. 만세! 이 구멍들은 별자리를 새긴 자국임에 틀림이 없다!"

북한 지역에서 이와 같은 별자리 고인돌이 여럿 더 발견되었고, 남한에서도 최근에 별자리 고인돌이 발견되었어. 우리나라에서 고인돌을 만들던 시

울주 천전리 암각화(탁본) 청동기 시대의 바위 그림이야. 왼쪽은 일부분을 확대한 사진이란다. 여기에도 고인돌과 비슷한 무늬가 새겨져 있어.

기에 천문 관측이 넓은 지역에 걸쳐 꾸준히 이루어졌다는 걸 알 수 있지.

별이 새겨진 고인돌로 당시 천문학의 수준을 가늠할 수 있을까? 별들의 위치로 보아 선사 시대 사람들이 비교적 정확하게 별을 새긴 것은 틀림없지만, 그것은 눈에 보이는 '모든' 별들을 관찰하여 새긴 것이 아니었어. 북극성을 중심으로 해서 가장 분명하게 보이는 별만 골라서 새겼을 뿐이지. 그래서 숫자도 적고, 또 별을 새긴 목적이 천문학 수준을 자랑하려는 데에 있지 않기 때문에 이것을 보고 선사 시대 천문학의 수준을 평가하기는 어려워.

문명을 만들어간 사람들

"그렇다면 선사 시대 사람들은 왜 고인돌에 별을 새겼나요?" 고대 천문학 수준을 알아내기보다 더 힘든 질문이구나. 고대 천문학 수준을 알아내기 위해서는 현대의 지식과 비교해 보는 게 가능하지만, 별을 새긴 '까닭'을 알아내는 데에는 조그만 단서조차 없으니까.

하지만 과학적 상상력으로 추론해 볼 수 있어. 별을 '고인돌'에 새긴 사실을 기억해 봐. 대체로 고인돌이 지배자의 무덤과 관련되어 있다는 점, 이러한 고인돌에 다른 존재가 아닌 영원하게 보이는 우주의 별들을 새겼다는 점, 이 둘을 연관해서 생각해 보렴. 과학자들도 이렇게 생각하고 몇 가지 의견을 내놓았지.

- 죽은 이의 영혼이 영원히 죽지 않기를 바라는 불사(不死)를 뜻할 것이다.
- 고대에서 별의 움직임은 보통 농사를 짓는 데 꼭 필요한 절기를 파악하는 것과 관련되니까 풍요를 기원하는 뜻을 담았을 것이다.
- 고인돌이 지배자와 관련이 많다는 점에서 고인돌에 새긴 별들은 지배자의 권위를 내비친 것이다.

이러한 추론은 모두 수긍할 만해. 한 가지, 또렷하게 알 수 있는 사실이

있어. 이 땅에서 기원전 3000~기원전 500년 무렵에 살았던 인간들의 모습이 깬 돌, 간 돌을 이용해 수렵이나 사냥만 하던 원시인의 모습과 같지 않다는 점 말이야. 그들은 분명히 우주의 흐름을 오랜 기간 관찰하여 유형을 파악해 내고, 더 나아가 그 의미를 진지하게 생각하는 '문명인'이었던 거야.

게다가 별의 분포를 한 자리에 새기는 행위는 별에 대한 지식을 배웠다는 의미도 있어. 별에 대해 잘 아는 사람이 그림을 그려서 이건 무슨 별 저건 무슨 별 하며 가르치는 거지. 또 별이 새겨진 고인돌이 여러 곳에 널리 퍼져 있다는 것은 별에 대한 지식을 서로 교류하고 점점 지식을 쌓아 갔다고 볼 수 있어. 이게 바로 문명이란다. 한국의 문명!

선사 시대 사람들이 별을 관찰하고 기록을 남겼다는 사실을 알았지? 고인돌에 별자리를 새긴 까닭을 분명하게 밝혀내지는 못하지만, 유물을 찾아내고 상상을 펼치면서 우리는 선사 시대 사람들의 생각과 문화를 헤아려 보는 소중한 경험을 하게 된단다.

▼
- 한국 과학사를 시작하는 글이라서 우리나라 고대의 별자리 역사에 대해 다뤘어.
- 고인돌 별자리 내용은 박창범 선생의 《하늘에 새긴 우리 역사》에 잘 나와 있어. 북한의 성과는 《조선기술 발전사》에 정리되어 있지. 이밖에 최근에 김일권 선생의 《우리 역사의 하늘과 별자리》에서도 우리나라 옛 별자리에 얽힌 이야기를 재미있게 들려주고 있어.

2 무덤 속에 새겨진 별자리를 찾아서

고구려 고분 벽화에도 별자리 그림이 그려져 있다는 걸 알고 있니?

고대 사회 왕이나 왕족의 무덤은 보물창고나 다름없어. 고구려 고분은 세계 문화 유산으로도 선정되었어. 남아 있는 옛날 문물이 많지 않기 때문에 학자들은 옛 무덤 발굴에 큰 기대를 걸어. 무덤 속에 함께 묻힌 많은 부장품을 몰래 찾으려는 도굴꾼도 눈독을 들이지.

고구려 고분은 북한과 만주 지역에 걸쳐 100여 개가 있는데, 그중 20여 곳의 벽화에서 하늘을 관측한 그림이 발견되었어.

고인돌에 별을 새긴 이후 몇천 년이 지나 만들어진 무덤의 깊은 곳에 별자리가 그려져 있다니, 수천 년 사이에 얼마큼 달라졌을까?

古墳
예 고 / 무덤 분

고구려 무덤에 그린 별자리

가장 먼저 만나보고 싶은 '작품'은 평양 가까이에 있는 강서큰무덤에 그려진 사신도야. 작품이란

강서큰무덤의 사신도

북쪽을 담당한 현무 | 동쪽을 담당한 청룡
서쪽을 담당한 백호 | 남쪽을 담당한 주작

말을 쓴 까닭은 사신도가 말 그대로 훌륭한 미술 작품이기 때문이야. 한국 고대 예술을 대표하는 걸작! 벽화가 그려진 7세기 당시 미술 작품으로서 세계에서 가장 으뜸이라고 생각해.

나와 같은 생각을 한 사람이 있어. 윤이상이란 작곡가를 아니? 독일에 살던 윤이상 선생은 화보집에 실린 사신도를 본 순간 웅대한 고구려의 혼을 느꼈대. 사신도라는 작품이 작곡가의 예술적 영감을 흔든 거지. 윤이상 선생은 오로지 이 사신도를 보려고 북한에 갔어.

'직접 가서 보고 느끼고 싶다!'

레오나르도 다빈치나 미켈란젤로의 작품을 보러 이탈리아를 가듯, 사신도를 보러 가는 건 이상한 일이 아니었지. 윤이상 선생은 사신도를 보고 이렇게 표현했어.

'청룡은 플루트! 백호는 오보에! 현무는 바이올린이야! 그래, 주작은 첼로구나!'

독일로 돌아온 뒤 사신도를 본 느낌을 〈이마주〉라는 곡으로 담아냈단다.

"그런데, 사신도가 천문학이랑 관련이 있어요?" 그래, 현무, 청룡, 백호, 주작, 이 네 신물은 하늘의 동서남북 각 방위를 지키는 성스러운 동물이란다. 그리고 하늘의 좌표 기준이 되는 별자리 28수가 사신과 관련이 있어. 네 방위를 지키는 사신은 곧 우주 전체의 수호신인 셈이지.

강서큰무덤의 사신도는 별자리를 그린 것은 아니고 사신의 형상만을 그려 네 벽을 두른 거야.

宿
별자리 수

28수(항성)와 행성

'28수'는 움직이지 않는 별자리, 즉 항성 28개를 말해. 우리가 잘 알고 있는 다섯 행성(화성·수성·목성·금성·토성)은 움직이지. 이 다섯 행성의 좌표를 정하기 위해 달이 움직이는 길 근처에 있는 움직이지 않는 별자리 28개를 정한 거야. 달이 28일에 한 바퀴 도니까 28수 각 별자리는 달이 가는 길 하루 정도 거리마다 있어. 이미 있는 별자리에서 고른 것이기 때문에 28수 각각의 거리는 동일하지 않아서 어떤 것은 조금 멀리 떨어져 있고, 어떤 것은 조금 가까이 있단다.

28수는 서양 천문학에서는 쓰지 않는 동양의 독특한 별자리야. 고인돌 천문도에서도 보이지 않던 것이니까 그 이후에 생긴 것임을 알 수 있지. 중국 고대 천문학에서 등장한 개념으로 고구려인들이 받아들여 쓰게 된 거란다.

'행성'이란 28수와 달리 날마다 움직이는 별을 말해. 옛날에는 화성·수성·목성·금성·토성 다섯 개만 알았어. 현재는 천왕성, 해왕성까지 포함하지. 해와 달을 비롯해서 화성·수성·금성·목성·토성 등 다섯 개의 행성은 동양 천문학에서 가장 주의 깊게 지켜봐야 할 별들이었어. 왕조의 길흉과 가장 관련이 높다고 본 별이었으니까.

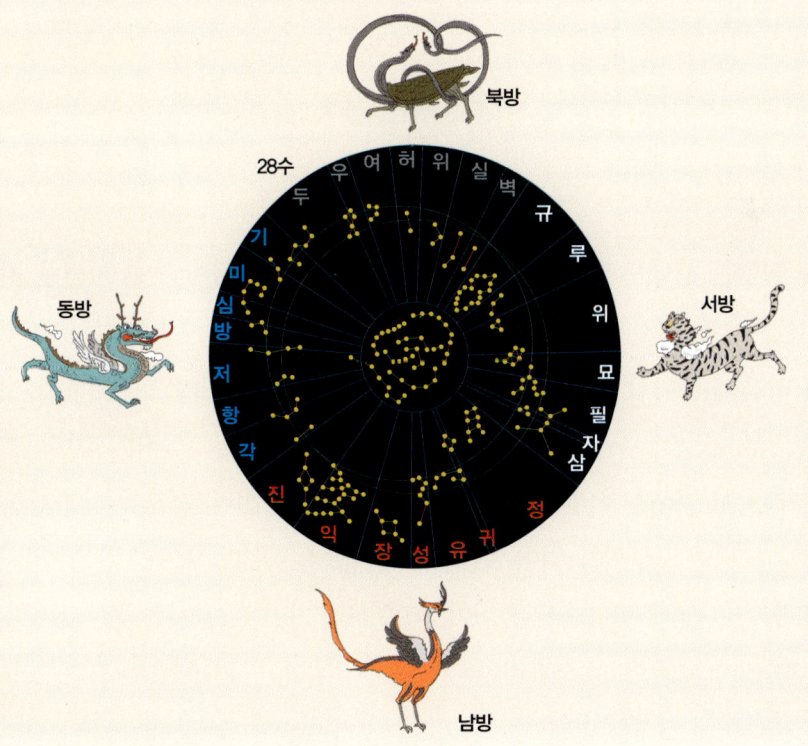

자, 문제 하나 풀어 볼까?
'오늘 밤 형혹(화성)이 어디에 있는지 관찰해서 그 위치를 설명해 보세요.'
조금 어려우니까 힌트 하나 줄게. 화성은 북쪽에서 요사스럽게 붉은빛을 낸단다.
"음, 그런데 그 위치를 찾더라도 어떻게 설명해야 되지? 아, 어려워요." 옛 사람들은 이럴 때 28수를 활용해 말했어. 화성은 28수 중 '두'(북두성)와 '우'(견우성) 사이에 있단다.
그렇다면, 하늘의 풍경을 이런 시로 표현해 보는 것은 어떨까?
맑은 바람은 천천히 불어오고 물결은 일지 않았네
술을 들어 손님에게 권하고 시를 읊노라니
달이 동쪽 산 위에 떠올라 북두성과 견우성 사이를 서성이네
이는 송나라 시인 소동파의 걸작 〈적벽부〉라는 시의 한 구절이야. 밤에 술을 마시며 본 하늘을 멋지게 표현한 거지.
행성은 한때 '혹성'이라고 번역되기도 했어. 혹성이란 이름은 일본 사람들이 붙인 거란다. 일본어에서는 태양을 도는 별들인 '행성'과 움직이지 않고 홀로 빛나는 별인 '항성'이 발음이 똑같아. 그래서 '행성'을 '혹성'이라는 새로 만든 말로 바꾼 거였어. 왜 '혹성'이냐 하면 잘 가던 다섯 별이 갑자기 거꾸로 가는 듯 보이는 이른바 역행 현상이 있는데, 이 때문에 무엇에 홀린 것 같다고 해서 붙인 이름이야. 실은 지구가 공전하는 것 때문에 그렇게 보이는 것이지. 오래전부터 우리 조상들은 이 다섯 별을 행성이라 불렀고, 또 우리말에서는 행성과 항성의 발음이 같지 않으니까 일본 사람이 붙인 혹성이란 말을 써서는 안 되겠지?

고분을 만든 사람은 벽에 사신을 그려 넣음으로써 무덤에 묻힌 사람을 지켜 주기를 바랐던 거겠지.

다음에 찾아갈 곳은 평안남도에 자리 잡은 '덕화리 2호 고분'이야. 6세기 초에 만들어진 이 무덤의 네 벽에는 사신도와 함께 인물 그림이 그려져 있어. 여기에는 사신뿐만 아니라 별자리가 그려져 있지. 천장을 자세히 관찰하면 글자 4개가 보여. 글씨를 읽어 보니, 유(柳), 정(井), 위(胃), 벽(壁). 이 글자는 모두 28수 가운데 네 별자리 이름이야. 이를 보면 거기에 그려져 있는 나머지 15개 별자리가 모두 28수를 표현한 것임을 알 수 있어. 원래 28수를 다 그렸을 테니까 나머지 13개는 현재 남아 있지 않는 거야. 28수 모든 방향이 다 그려져

덕화리 2호 고분의 천장 천장 꼭대기의 팔각형 고임 부분부터 아래로 거북등무늬를 그리고 그 안에 구름무늬와 세 발 달린 까마귀 삼족오(三足烏)가 그려져 있어. 삼족오는 태양을 상징해. 그 오른쪽 아래의 작은 원이 별이야. 벽성(壁星)이란 글씨가 써 있어.

있고 또 별자리 이름까지 붙였어. 이건 별자리 그림으로 유명한 무용총과 각저총보다 더 완벽한 거야. 무용총과 각저총은 28수 중 단지 한 방위만 그려져 있거든.

천문학의 국제화

마지막으로 찾아갈 곳은 바보 온달과 평강 공주의 묘로 짐작되는 무덤이야. 이 또한 6세기 초에 만든 것으로 추정해. '진파리 4호 고분'이라고 불러. 무덤방을 둘러보면, 네 벽에 사신과 신선, 구름무늬, 연꽃무늬가 그려져 있어. 우리가 관심을 가지고 있는 별들은 천장에 있는데 덩굴무늬, 연꽃무늬, 물레무늬 등과 함께 그려져 있지.

여기에는 무려 136개 이상의 별들이 있어. 고구려 고분 별자리 중 가장 많은 별들이 담겨 있지. 오른쪽 사진과 그림을 한번 봐.

"아니, 고인돌 별자리와 비슷해요!" 그렇지. 천 년도 넘는 시간 차이가 있는 유물들이지만, 그 기나긴 세월 동안 별자리 관측과 기록에 대한 전통이 줄곧 이어지고 있음을 알 수 있어. 그런데 별들의 크기가 작은 것도 있고 큰 것도 있어. 왜 이렇게 크기를 달리해 그렸을까?

"밝기에 따라 크기를 다르게 그린 것 아닐까요?" 맞아. 학자들도 그렇게 생각하고 있어.

중국의 고분에서 발견된 별자리 그림 가운데에는 이렇게 크기를 달리해 그린 별자리 그림이 없으니까, 이를 고구려의 전통이라고 말해도 될 거야.

그렇지만 고구려 별자리 안에 들어 있는 사신도나 28수를 비롯한 온갖 별들의 위치와 이름은 같은 시대 중국의 책이나 그림에서 보이는 것과 큰 차이가 없다는 것 또한 사실이야. 누가 먼저인가 따지기에 앞서 이는 중국의 여러 지역, 또 고구려를 비롯한 중국의 이웃 지역에서 별을 관측하여 만든 천문학을 융합한 거란다. 이를 멋지게 '천문학의 국제화'라고 표현해 보자. '문명의 확산'이라고 표현해도 좋아. 별뿐만 아니야. 나중에 다루겠지만 날짜를 다루는 달력도 국제화하는 모습을 띠었단다.

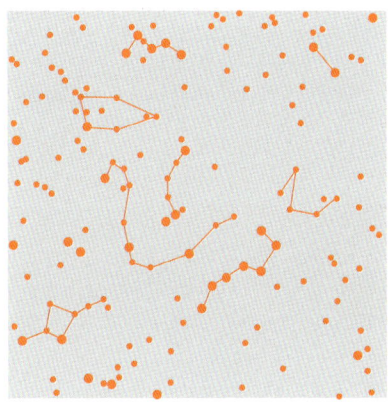

충청북도 청원군 아득이 마을에서 발견된 고인돌이야(기원전 500년경).

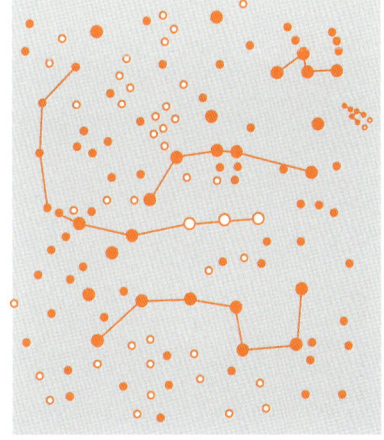

평양 진파리 4호분(6세기경) 천장이야. 붉은색으로 보이는데, 자세히 보면 별을 금박으로 그려 놓았어. 북극 삼성을 중심으로 그린 별자리가 위 고인돌의 별자리와 비슷해.

남두육성
남쪽 하늘인 궁수자리에 있는 국자 모양의 여섯 개의 별. 북두칠성의 모양을 닮은 데서 유래한 이름이야.

문명의 확산 과정(보편화의 과정)은 많은 영역에서 이루어졌어. 그 가운데에서 지역마다 전통에 따라 특별한 예술 작품이 다양하게 나왔지. 고구려가 별의 크기를 달리했다든지, 다른 지역의 사신도를 뛰어 넘는 역동적인 사신도를 생산해 낸 것이 그 예란다. 또 고구려 사람들은 중국 사람들이 무덤에 그리지 않은 남두육성을 즐겨 그려 넣었어.

한·중·일의 천문도

일본에도 '천문학의 국제화' 사례가 있어. 7세기 후반에 만들어진 기토라 고분에는 일본이 자랑하는 천문도가 있어. 한국, 중국, 일본에 남아 있는 유물 가운데 가장 오래되고 번듯한 천문도야. 기토라 고분의 천문도는 별자리 30여 개에 별의 수는 약 550개나 되지. 고구려 고분보다 5~6배 더 많아.

일본 기토라 고분이 '국제화'의 사례인 까닭은 기토라 고분의 특징이 기원전 1세기 무렵에 중국의 사마천이 쓴 《사기》의 〈천관서〉에 이미 온전한 틀이 나타나 있기 때문이지. 중국에서 가장 오래된 천문도인 〈순우천문도〉(1247년)나 한국의 온전한 천문도인 〈천상열차분야지도〉(1395년)도 같은 원칙을 따라 그림을 그렸어. 서로 영향을 주고 받은 게 틀림없어.

그런데 흥미로운 점은 기토라 고분에 표현된 하늘의 모습이 일본에서 바라본 게 아니라는 사실

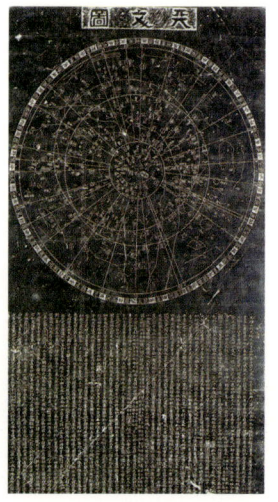

중국의 〈순우천문도〉 13세기에 그려진 이 천문도보다 무려 600~700년 앞섰다는 점에서 기토라 고분 천문도의 높은 가치를 짐작할 수 있어.

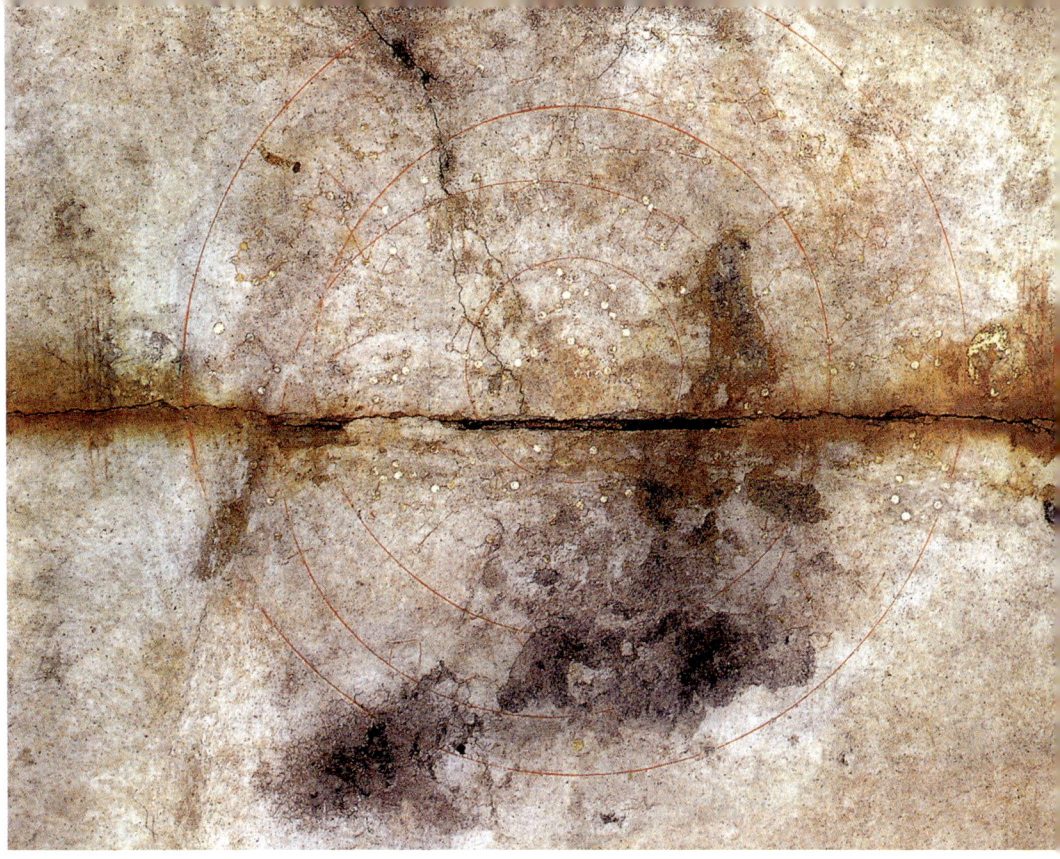

일본 기토라 고분의 별자리 28수는 물론이고 북극성 언저리 동심원인 주극원, 적도를 빙 두른 적도원, 태양의 궤도인 황도 등을 완벽하게 갖췄어. 이 천문도는 고구려 천문학을 토대로 그려진 거야.

이야. 그걸 어떻게 아냐고? 자기가 서 있는 위치(위도)에 따라 눈으로 볼 수 있는 별에 한계가 있기 때문에 알 수 있단다. 온대 지방에서는 열대 지방에서 보이는 어떤 별들을 전혀 보지 못하고, 반대로 열대 지방에서는 온대 지방에 떠 있는 많은 별들을 보지 못하는 경우가 생기는 것처럼 한·중·일도 차이가 있어.

　　기토라 고분에서 관측자의 위치를 추정해 보니 위도가 39~40도 사이가 나온 거야. 일본의 중심지인 아스카의 위도 34.5도도 아니고, 또 당나라의 수도 낙양의 위도 34.6도도 아냐. 고구려의 수도인 평양의 위도 39.0도와 가장 가까워. 게다가 기토라 고분의 벽화 모습이 고구려와 매우 흡사하기 때문에 일본 학자들도 기토라 고분의 천문도는 고구려 천문학을 기반으로 그려진 거라고 이야기한단다. 고구려는 자신의 위치에서 독자적으로 별을 관측하여 그것을 하나의 그림으로 담는 일이 가능했다고 추정할 수 있지.

자, 우리나라를 넘어 중국과 일본의 천문도까지 살펴보았어. 이들 천문도를 통해 하늘과 별에 관한 지식이 한 나라 안에서만 계승된 것이 아니라 세 나라가 공유하고 있었으며, 그것이 대륙을 건너고 바다를 건너 교류되었다는 것을 알 수 있었어.

▼
- 고구려 벽화는 한국 고대의 문화와 생활을 담은 보물창고야. 천문학에 대한 것도 담겨 있지.
- 고구려 별자리에 대해서는 김일권 선생의 《우리 역사의 하늘과 별자리》, 전상운 선생의 《한국 과학사》, 박창범 선생의 《하늘에 새긴 우리 역사》가 많은 도움이 되었어. 북한 지역 고분에 대해서는 《조선 기술 발전사》도 참고했어.

3 첨성대의 수수께끼를 풀어라

앞 장에서 본 일본 기토라 고분의 천문도와 신라의 첨성대는 공통점이 있어. 동아시아에 남아 있는 유물로 '최초'라는 거야. 기토라 고분 천문도는 온전한 천문도 중 가장 오래된 것이고, 첨성대는 남아 있는 천문대 가운데 가장 오래된 것이지.

瞻星臺
볼 첨 / 별 성 / 대 대

혹시 앞의 글을 읽고 일본의 기토라 고분 천문도에 대해서 '뭐, 고구려 거 가져다가 새겨 놓은 게 별건가?' 하고 생각한 친구가 있는지 모르겠네. 그렇다면 중국 사람이 '우리는 신라 첨성대보다 수천 년도 더 앞서 천문대를 만들었다는 기록이 있다!'면서 '첨성대 그까짓 거!' 한다면 기분이 어떨까?

과학 문화재를 볼 때에는 열린 자세가 필요해. 남을 존중하는 만큼 내가 대접받을 수 있다는 생각이 중요하다는 뜻이야. 문화재가 남아 있다는 것 자체가 소중하며, 국적을 떠나 옛 사람들의 과학에 대한 치열한 열망을 읽어 낸다면 대단한 소득이지. 그런 다음에 구체적인 사실을 이해하고 토론한다

100년 전 첨성대 모습 지금은 주변을 정비해서 사방이 확 트이는 자리에 있지만, 불과 100년 전만 해도 첨성대 주변은 온통 논밭이었어. 고려나 조선 사람들은 첨성대를 동양 최초의 천문대요, 한국 과학의 우수성을 확인하는 유물로 생각하지 않았어. 오히려 멸망한 옛 신라의 허망함을 노래하거나 선덕 여왕이 여왕 주제에 첨성대를 짓더니 얼마 안 있어 나라가 기울게 됐다고 비웃곤 했지. 첨성대가 처음 만들어졌을 때에는 왕궁인 월성궁과 함께 자리하고 있었겠지만, 고려와 조선 시대에는 왕궁이 파괴되어 밭 사이에 팽개쳐져 있었지.

면 더할 나위 없이 좋고.

첨성대에서 하늘을 관찰했을까?

첨성대를 직접 본 적 있니? 너희들 키보다 5~6배 정도 클 거야. '어, 제법 큰데.' 하는 사람도 있겠지만, '애개, 겨우 요만해? 생각했던 것보다 훨씬 작은데.' 하는 사람도 적지 않았을 거야.

사실, 첨성대를 천문대로 보자면, 수수께끼 그 자체야. 첨성대를 실제로 관찰해 보면 오늘날 한국을 대표하며 동양에서 가장 오래된 천문대라는 찬사가 도저히 설명이 안 돼.

'별을 관측하려고 세운 거겠지.' 과학을 공부하는 우리는 이런 정도의 추측으로 만족할 수 없지.

'첨성대는 엄청난 비밀을 품고 있는 건축물임에 틀림없어!' 첨성대의 진면목을 알아내려면 이런 가정으로부터 출발해야 해.

첨성대 관련 기록을 찾아보자. 삼국 시대의 역사를 다룬 김부식의 《삼국사기》(1145년)에는 첨성대라는 이름조차 나오지 않아. 그 뒤 일연의 《삼국유사》(1281년경)에 기록이 단 하나 있을 뿐이야.

> 《별기》라는 책에 선덕 여왕 때 돌을 갈아서
> 첨성대를 지었다는 기록이 있다.

이로부터 이름이 첨성대라는 것, 선덕 여왕 때(재위 632~647년) 건립되었다는 것, 돌을 갈아서 만들었다는 것을 알 뿐이야. '천문대'라고 하지 않았어.

아, 고려 말 안축이라는 사람이 〈첨성대〉라는 시를 지은 걸 찾았어. 우리 역사상 처음으로 첨성대가 '하늘을 살핀' 천문 관측을 하던 곳이라고 했어.

> 지나간 시대의 흥망이 세월이 지나
> 천 자 높이의 석대(돌 받침)만이 하늘에 솟아 있네
> 어떤 사람이 오늘날 하늘을 살핀다면
> 문성(글 밝은이 별)이란 별 한 점이 사성(사신 별)이란 별로 되었다 하리

조선 시대 들어서 첨성대에 대한 좀 더 자세한 기록이 있어. 《세종실록》의 부록으로 실린 〈지리지〉(1454년)는 전국의 유물을 기록하고 있는데, 경주 지역에 첨성대가 나와 있어. '당 태종 때인 633년에 지어졌다'는 새로운 사실이

옛 그림 속 첨성대 《세종실록》 지리지에 실린 첨성대 설립 연도 633년은 새로 밝혀진 것이 아니라 선덕 여왕(재위 632~647년)이 왕위에 오른 1년 뒤의 날짜에 맞춘 거야. 또 어떤 기록에는 647년이라고도 되어 있는데 이는 재위 끝 무렵에 맞춘 것이지. 위 그림은 조선 후기에 펴낸 《집경전구기도첩》에 실린 경주 지도야.

더해져 있고, '가운데가 비어 있어서 사람이 올라가게 되어 있다'는 실제 체험을 적었어. 또 '돌을 쌓아 만들었는데 위는 네모지고 아래는 원형이다. 높이가 19.5척, 위의 둘레가 21.6척, 아래 둘레가 35.7척이다.' 하며 첨성대 크기를 잰 결과도 있어. 《세종실록》 지리지에서도 첨성대를 '천문 관측소'라고 하지는 않았군.

100여 년 뒤 나온《신증동국여지승람》또한 전국의 유물을 상세히 담았는데, 여기서 '속이 통해 있어서 사람이 오르내리면서 천문 관측을 한다.'고 했어. 그런데 이 책은 첨성대가 만들어진 지 800여 년이나 지나서 나온 거야. 새롭게 찾아낸 기록을 인용한 건지, 아니면 자신들의 추측을 적어 놓은 건지는 분명치 않아.

첨성대에 대해 믿을 만한 역사 기록은 여기까지가 전부야. 이 기록만으로 첨성대를 천문대라고 분명히 말할 수 있을까? 천문대라고 한다 해도 현대인들이 생각하는 천문대와 같다고 할 수 있을까?

진짜 첨성대 속으로

지난 수십 년 동안 우리는 상상하지 못할 정도로 과학자들이 첨성대를 활발하게 연구했어. 이집트의 피라미드, 영국 스톤헨지의 거석들의 수수께끼를 풀 듯 첨성대의 수수께끼를 풀어내려고 했지. 고려나 조선 때보다 첨성대에 대한 애정이나 관심이 오늘날 훨씬 더 높아졌기 때문이라고 생각해.

첨성대를 연구한 어떤 사람은 쌓은 돌의 수를 또박또박 세었더니 28단 360여 개인데, 이는 28개 별자리와 1년의 날 수를 표현하기 위한 것이라 했어. 또 어떤 사람은 호리병 같이 생긴 첨성대의 모습이 불교의 우주관을 표현한 수미산을 본뜬 것이라 했지. 또 어떤 사람은 첨성대가 우뚝 서서 해시계 구실을 했을 것이라고도 했단다. 또 첨성대가 별을 점치는 의식을 행하는 제단이었을 것이라 추정한 사람도 있고, 또 다른 사람은 첨성대 꼭대기의 '우물 정(井)' 자 모습이 우물에서 세계가 나왔다는 신라인의 세계관을 반영하는 것이라 했어. 아마 이 모든 것이 진실일지도 몰라. 하지만 이 가운데 어느 것도 정답이라고 판단을 내릴 만한 결정적인 증거는 아직 없어.

1921년에 찍은 첨성대 사진 수학여행을 간 고등학생들이 첨성대에 올라갔구나. 이때까지만 해도 중요한 과학 유물로 인정받지 못했기 때문에 첨성대를 특별히 보호하지 않았어.

나는 첨성대 안에 들어가 본 적이 있단다. 비록 모조품이었지만 대전에 있는 국립중앙과학관에서 거의 비슷하게 만든 거였어. 첨성대의 중간쯤에 있는 창에 사다리를 대고 오르는 것은 어렵지 않았어. 하지만 안에 들어가서 사다리를 타고 꼭대기까지 오르기에는 너무 가파르고 좁았지. 첨성대가 호리병 모양이어서 위쪽의 경사가 급하기 때문이야.

이번에는 다른 천문대를 다 끌어와 비교해 보자. 비교해 보면 특징이 더 잘 살아나지. 고려 때 개경의 첨성대나 조선 때 관천대 등은 서로 비슷한 특징을 지녔지만, 신라 첨성대의 구조는 이들과 크게 달라. 나머지 것들은 평평하게 쌓아 올려서 그 위가 제법 넓지만 첨성대는 꼭대기 부분에 겨우 궁색한 공간만 있을 뿐이야. 이 공간에 천문 관측 기구를 아예 못 놓을 정도는 아니

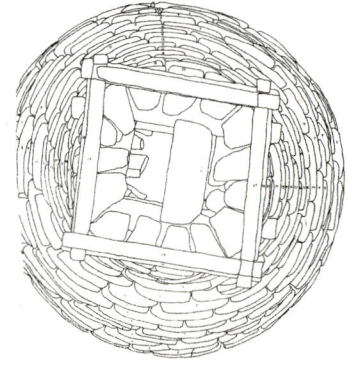

첨성대를 위에서 내려다본 모습 우물 정(井) 자의 모양이 잘 보이니? 꼭대기의 이 '井'자 모양 돌까지 해서 첨성대는 28단이야.

지만, 큰 기구를 놓기는 불가능해. 다른 천문대는 계단을 통해 오르내리기도 쉬워. 중국 원나라에 세워진 천문대도 마찬가지야.

이를 보면 신라 첨성대를 만든 사람은 겉모습은 수려하게 만들었지만, 관측할 때의 편리함을 가장 먼저 따지지는 않았던 것 같아. 그렇다면 관측의 불편함을 감수하면서까지 추구했던 다른 가치가 있었을 거야.

최근의 학자들이 밝힌 첨성대에 담긴 '수'나 '비례'의 정확한 의미는 비록 틀린 것일지는 모르지만 첨성대를 설계한 사람은 '수'나 '비례'를 통해 첨성대에 어떤 비밀을 담으려고 했다는 것을 읽어낼 수 있어. 그 '수'가 하늘을 관측하여 알게 된 우주와 관련된 것은 분명해. 고구려 무덤 안에 별자리를 그린 의도와 크게 다르지 않아.

천문학의 제도화

첨성대가 천문 관측의 역할만 한 것은 아니지만 천문 관측이 신라 시대에 매우 중요했음을 알게 되었어. 고대 한국인들은 별을 통해 우주가 전하는 메시지가 있다고 믿었고, 그 메시지는 오늘날 천문학에서 중시하는 정확한 계산, 정확한 관측 그 이상의 것을 뜻하는 비밀을 품고 있단다.

예를 들면 이런 거야. '이번 전쟁에 이길까, 질까?' 하는 나라의 시급한 문제에 별이 대답해 준다고 믿었지.

"별점이 맞을까요?" 설사 그 대답이 옳은지 그른지 확신이 안 선다 해도 별점을 통해 어느 정도 불안함이 풀렸을 거야. 전쟁뿐만 아니라 별점은 인간의 주변을 감돌고 있는 온갖 길흉화복에 답을 해주며 발전해 왔지. 고려나 조선 때의 천문대보다 신라의 천문대 첨성대가 더욱 신비로운 존재로 비춰지는

까닭은 이렇게 별점 관측에 더 비중을 두었기 때문이야.

별점을 보려는 의미가 더 컸다고 해도 첨성대를 설치한 것은 과학적 의미가 있어. 신라가 이전보다 더욱 번듯한 형식으로 별을 관측하게 되었다는 점, 바로 이거야. 학자들은 이를 '천문학의 제도화'라고 말해. 제도화했다는 뜻은 별을 관측하는 기구를 만들고, 별을 보는 전문인이 있으며, 그들이 공부하는 책을 만들었다는 점 등을 모두 포함하는 거야. 이 가운데 관측소인 첨성대를 세운 것은 오늘날 기상청에 슈퍼컴퓨터를 마련하는 것과 같은 일이지. 선덕 여왕은 이렇게 선언을 하면서 그 증표로 첨성대를 만들었을 거야.

"국력이 왕성해진 우리 신라, 이제부터 천문학 제대로 한다!"

첨성대를 살펴보면서 첨성대 자체는 물론이거니와 신라의 천문학, 더 나아가 고대 사회에 대한 이해의 폭이 넓어졌다는 값진 수확을 얻었어.

▼
■송상용 선생이 주도한 1~3차 첨성대 대논쟁을 말하지 않을 수 없구나. 1973년, 1974년, 1981년에 걸쳐 첨성대를 연구해 온 모든 학자가 참여하여 첨성대의 정체에 대해 탐구했어. 그 결과 첨성대가 복잡한 수학 계산에 따라 지어졌으며, 단지 천문대로서 구실을 한 게 아니라, 정치·종교적 의미를 띤 구조물이라는 데까지 시각이 넓혀졌어.
■최근에 이문규 선생이 《한국 과학사 학회지》에 동아시아 천문학의 역사라는 폭넓은 관점에서 첨성대의 성격을 잘 정리한 것도 참고했어.
■2010년 또다시 첨성대 4차 대토론회가 열렸어. 이전과 달리 모든 학자가 첨성대가 별 보는 곳이라는 데 의견이 일치했어. 물론 얼마만큼 '과학적'인 천문대였는가에 대해서는 학자마다 견해가 서로 달랐단다.

4 천재지변 ; 하늘에는 별똥비가 내리고 땅에는 불길이 솟고

컴컴한 밤하늘을 휘익 가르는 별똥을 본 적이 있니? 별똥이 폭우처럼 쏟아져 내리는 별똥비(유성우)를 본 사람들은 엄청나게 운이 좋은 사람이라 할 수 있어. 자주 일어나는 일이 아니거든. 별똥비를 본다면 평생 잊지 못할 추억을 얻게 될 거야. 유명한 별똥비로는 핼리 혜성 별똥비, 페르세우스 별똥비가 있어.

그런데 말야, 그 별똥비가 천 년 전에도 똑같이 내렸어. 천 년 전에 별똥비가 쏟아졌다는 건 어떻게 알지?

"옛 기록을 찾으셨어요?" 그래, 우리나라에서는 기원전 1세기 무렵 이미 별똥비 기록이 등장하고, 고려 때부터는 아주 풍부하게 남아 있어.

핼리 혜성 '혜성'은 긴 꼬리를 끌고 움직이는 별이지. 옛날에는 혜성을 '성변(星變)'이라고 했어. 별에 이상이 생겼다는 뜻이야.

고려 시대 500여 년 동안의 천문 기록

고려 왕조 475년 동안 관측된 방대한 천문 기록이 《고려사》 천문지에 모여 있어. 고려 왕조가 멸망한 뒤 고려의 역사를 정리한 게 《고려사》인데 그 안에 천문에 관한 기록만 수천 개이고 책으로 세 권 분량이야.

그 가운데 별똥비가 모두 729번 나오는데 그 안에는 한 시간에 수백 수천 개의 별똥비가 쏟아지는 '별똥소나기'의 관측만 해도 10여 건이 담겨 있어. 그중 하나를 보도록 할까?

어떤 놈은 크기는 술잔만 하고 꼬리 길이는 긴 머리카락 비슷했고
또 어떤 놈은 크기가 계란만 한 것도 있었다
저녁부터 새벽까지 뭇별들이 싸우듯 흘러내렸다

가장 활발하게 핼리 혜성의 별똥비가 내리는 날은 5월 4일과 10월 22일이고, 페르세우스 별똥비가 내리는 날은 8월 13일이지. 우리나라 별자리를 연구한 안상현 선생은 1천 년 전에도 별똥비들이 오늘날과 똑같은 날짜에 나타났다는 기록을 찾아내어 세계 학계에 알렸어. 고려 시대 사람들의 관측이 매우 정확했음을 뜻하는 거야.

《고려사》에 세계에서 오직 하나밖에 없는 기록이 있어. 바로 '신성'의 폭발 장면이야. 신성은 폭발하면서 갑자기 빛나는 별이야. '객성이 나타났는데 크기가 모과만 했다'고 《고려사》에 적혀 있단다. 객성(신성)은 일시적으로 나타나거나 움직이는 손님

신성
신성은 광도가 보통 때의 수천 배에서 10만 배 이상까지 일시적으로 증가하면서 폭발하는 별이지. 옛날에는 객성(客星), 즉 '손님별'이라고 했어. 신성보다도 폭발력이 훨씬 강력한 별은 '초신성'이라고 해. 격렬하게 폭발한 뒤 광도가 평상시에 비해 수십만에서 수억 배까지 순식간에 높아져. 또 폭발하고 난 후 사라지는 별이기도 하지. 초신성은 인류 역사상 일곱 차례의 기록만 있는데, 1073년 첫 초신성 폭발 기록은 오직 중국과 고려만이 남겼어.

아르 아쿠아리

같은 별을 말해. 한국의 천문학자들이 1073~1074년의 이 기록을 계산한 결과 아르 아쿠아리라고 알려진 신성임을 확인했지.

《고려사》 천문지에 별 말고 또 어떤 기록이 있는지 보자. 일식, 월식, 흑점도 있구나. 일식에 대한 기록은 삼국 시대에도 나와. 신라에서는 모두 30번, 고구려에서는 11번, 백제에서는 26번이 있었어. 124년에 일어난 일식은 고구려와 신라에서 동시에 관측되었으니까 더욱 믿을 만해. 고려 시대에는 일식이 138번 기록되었어. 이건 그때 세계에서 가장 천문학이 발달해 있던 이슬람 천문학자들이 남긴 기록에 맞먹는 기록이지.

그럼, 옛 사람들은 일식 때 어떻게 했을까? 이것은 고려 문종 때인 1047년의 일이야.

옛부터 일식과 월식이 있을 때에는 …… 맹인들이 모여 북을 울리고, 임금은 흰 옷을 입고 대궐의 일을 피하며, 관리들은 자리를 지키며 해를 향해 두 손을 잡고 서서 해가 다시 밝아지기를 기다렸다.

임금은 흰 옷을 입고, 모든 관리들은 자기 자리에서 꼼짝하지 않고 두 손을 잡고 일식이 끝날 때까지 기다렸어. 몸 조심 마음 조심 한 거야. 일식이나 월식 모두 하늘이 임금의 잘못을 꾸짖는 것이라고 생각했기 때문이지. 일식이 태양이 달에 가리는 것이고, 월식이 달이 지구의 그림자에 가려 일어나는 현상인 걸 알진 못했어.

"근데, 왜 맹인들이 북을 쳤어요?" 해는 하늘의 눈이고, 일식은 하늘의 눈이 잠시 머는 것이라고 여겼어. 그래서 앞을 보지 못하는 사람이 북을 치며 하늘의 눈이 다시 밝아지기를 기원한 거야.

《고려사》에 태양의 흑점은 모두 42번 나와. 1151년(의종 5년)에 처음 흑점을 관측한 기록이 있어.

黑點
검을 흑 / 점 점
'태양 흑점'의 준말. 태양에 나타나는 어두운 반점을 말해. 평균 11.1년마다 한 번씩 나타나는데, 태양의 적도 부근에 나타나는 일이 많아.

태양의 검은 점이 마치 계란만큼 굵었다

이 기록은 유럽의 갈릴레오보다 무려 450년쯤 앞선 거야. 유럽에서는 1610년 갈릴레오가 자신이 만든 망원경으로 태양의 흑점을 관측했지. 그런데 그때 유럽 사람들은 태양에 검은 점이 생긴다는 사실을 인정하지 않았어. 우주는 흠이 없이 완전무결하다고 생각했기 때문이야. 우리는 그렇게 생각하지 않았고, 하늘에서 본 것을 그대로 관찰하여 기록으로 남겼던 거지.

1151년 3월부터 1278년 8월 사이에는 8년에서 20년마다 태양 흑점이 관측되고 있는데, 이것은 현대 천문학에서 말하는 태양 흑점의 평균 주기인 7.3~17.1년과 거의 일치하는 거야. 물론 고려 사람이 그런 주기를 인식했던 건 아냐. 빠짐없이 관찰했기 때문에 현대 과학자들이 이런 주기를 찾아낸 거지.

한국 과학사 이야기 45

일식 138번, 흑점 42번 외에도 《고려사》 천문지에는 월식 211번, 혜성 76번, 낮에 나타난 별 168번 등이 적혀 있어. 역사책을 편찬할 때 선택된 것이 이만큼이니까 실제로는 훨씬 많았을 거야.

하늘을 관측한 까닭

"그동안 고려 시대의 천문학이 왜 알려지지 않았나요?" 고려 천문학은 신라의 첨성대 같은 최초의 유물이 남아 있는 것도 아니고, 조선처럼 최고 수준의 과학 유물이 여럿 남아 있는 것도 아니라서 그다지 관심을 못 끌었어. 화려했던 500여 년 고려 왕조의 처지에서 보면 참말로 억울한 일이지. 고려는 월식과 일식을 예보하는 능력을 갖춘 세계에서 몇 안 되는 천문학 문명국이었는데 말이야. 고려 475년 동안 지속된 천문학 관측 기록은 그 자체로 세계에 내놓을 만한 대단한 자랑거리야.

이웃 중국보다 우리의 천문 기록이 더 많아. 훨씬 더 오랫동안 관측을 했어. 그 까닭은 왕조가 자주 바뀐 중국과 달리 고려는 500여 년 동안 이어지며 안정되어 있었기 때문이야. 뒤이은 조선 왕조 500년도 마찬가지였어.

고려는 천문학을 담당하는 전문 관청을 두었어. 거기에는 관측기구를 갖춘 천문대가 딸려 있었고, 관측을 담당하는 관리들이 소속되어 있었어. 이들은 매일같이 관측하여 날마다 보고서를 올리도록 되어 있었지. 지방의 수령들도 하늘의 이상 현상을 보면 꼭 조정에 보고하게 되어 있었어.

근데, 오해하지 말아야 할 일이 있어. 이렇게 열심히 하늘을 관측했던 까닭이 오늘날의 천문학 연구와 성격이 크게 달랐다는 사실 말이야. 혜성도 발견하고, 초신성도 발견하고, 태양의 흑점도 발견했다고 하지만, 그건 어디까지나 하늘의 재앙을 읽어 내려는 이유 때문이었어. 일식 때 임금과 신하가 한 행동을 봐. 열심히 빌고, 또 빌었단 말이야.

해에 이상한 조짐이 나타나면 왕의 죽음을, 월식이 생기면 왕비의 죽음이 일어날지도 모른다고 점쳤어. 태양의 흑점도 왕이 죽는 걸 암시한다고 해석했어. 그럼, 혜성은 어떤 조짐이라고 읽었을까? 반란의 조짐이었어. 우리는 하늘의 혜성을 보고 '아, 멋있다!'고 탄성을 지르지만, 옛 사람들은 질서에 따라 착착 움직이는 하늘에 나타난 무질서한 이상한 존재, 그것도 밝게 빛나면서 꼬리를 끌고 움직이는 혜성은 아주 나쁜 조짐이라고 생각했어. 이처럼 별의 현상이 인간에게 영향을 끼친다는 생각은 《삼국지》에도 많이 나와. '하늘에 한 유성이 흘렀다. 아, 나 (제갈)공명이 죽으려나 보다.'

하늘을 관찰하는 일을 얼마나 중요하게 여겼던지 일식을 제때 예보하지 못한 담당 관리가 사형 직전까지 가기도 했어. '전라도에서 일식이 관측됐다.'는 지방관의 보고 덕분에 겨우 목숨을 건졌다고 해. 고려는 거란과 전쟁을 치르면서도 천문 관측은 중단하지 않았어. 전쟁에서 이길 건가 질 건가 그 조짐을 알아내려고 더욱 유심히 관찰했을 거야. 그렇기 때문에 매우 많은 천문 현상이 관측되었고 게다가 정확했지.

또 어떤 천재지변이 있었을까?

하늘의 이상 현상은 꼭 지구 밖의 우주에서만 일어나는 게 아니지. 1024년에 고려 현종은 비를 내려 달라고 절박하게 하늘에 빌었어.

가뭄이 심해서 백성들이 모여 하늘에 비를 내려 달라고 기도하고 있었다. 임금이 그 소리를 듣고는 스스로 음식을 물리치고, 목욕을 한 다음 향을 피우며 하늘에 기도하였다.
'과인에게 잘못이 있다면 즉시 벌을 내려 주십시오. 허물이 백성들에게 있다 하더라도 과인이 또한 그 벌을 받아야 하옵니다. 비를 내리셔서 백성을

구해 주소서!'
그러자 곧 큰비가 내렸다.

'농자천하지대본'이라, 농사는 천하의 근본이란 뜻이잖아. 가뭄은 백성들의 생명과 직결되는 문제였어. 가뭄을 하늘의 꾸짖음이라 생각했기 때문에 꾸지람을 받는 임금은 행동을 삼가야 했지. 음식도 줄이고, 옷도 허름하게 입고, 올바른 정치를 편다고 하면서 감옥도 비우고, 세금도 깎았어. 제사도 지냈지. 실제 하늘에 대해 부끄러움을 줄이고, 백성들의 고통을 함께한다는 뜻도 되지. 조선 시대에도 마찬가지였고, 오늘날이라고 예외는 아니야. 봄철 가뭄이 계속되어 저수지나 댐마저 말라 들어갈 때, 신문을 잘 봐. 대통령이 어떤 일을 하는지.

가뭄 말고 또 어떤 천재지변이 있을까? 비가 너무 많아 홍수가 지거나, 거센 바람이 불거나, 큰 눈이 내리거나, 벼락이 치거나 하는 것도 모두 하늘의 재앙이었지. 지진과 화산, 산사태, 화재, 곤충 떼의 습격 따위도 다 천재지변이야. 《고려사》에 고려 시대의 역사를 정리할 때, 이런 기상 이변들을 모아 '오행지'란 책에 포함시켰어. '오행'이란 목, 화, 토, 금, 수의 기운을 뜻해. 옛 사람들은 자연의 이상 현상이 이런 다섯 기운의 작용과 관련되어 있다고 본 거야. 오행지는 앞에 살펴본 천문지와 함께 온갖 우주와 자연 현상 기록의 저장 창고 구실을 했어.

오행지에는 모두 186번의 가뭄 기록이 실려 있어. 어, 이런 기록도 있네.

1002년(목종 5년) 6월 제주도 산의 네 곳에서 구멍이 뚫려
붉은 물이 닷새 동안 솟구쳐 나오더니 멈추었다.
그것이 모두 기와처럼 생긴 돌이 되었다.

제주 한라산 오늘날 제주도의 모습이야. 멀리 보이는 산이 한라산이란다. 지금부터 천 년 전인 고려 시대까지도 한라산이 화산 폭발을 했다니, 《고려사》 덕분에 알게 된 놀라운 사실이야.

이게 뭘 기록한 건지 알겠니?

"화산 폭발 아니에요? 우리나라에서도 화산이 터졌어요?" 그래, 맞았어. 우리나라 최초의 화산 폭발 기록이야. 5년 후인 1007년에도 제주도에 화산이 터졌지.

구름과 안개가 자욱하고 캄캄해지면서 땅이 천둥 때처럼 흔들리기를 이레 동안이나 밤낮 계속되었다. 그 다음에서야 날씨가 개기 시작하였는데, 산의 높이는 100여 길이나 되었고 둘레는 40여 리나 되었다. 초목은 없이 연

한국 과학사 이야기 49

기만 자욱하게 덮였는데, 쳐다보아서는 석유황 같아서 사람들이 무서워서 감히 가까이 가지 못하였다. 전공지가 바로 그 산 밑까지 가서 그 모양을 그려 바쳤다.

나라에서 전공지라는 관리를 제주도에 보내 관찰하게 했구나. 이게 한라산 분화의 마지막 모습이야. 한라산은 고려 시대에는 활화산이었고, 그 뒤부터 현재까지는 쉬고 있는 휴화산이지.

한라산 이야기 나오니까 백두산 이야기도 궁금해지지? 백두산은 고려 초인 1000년 무렵 큰 폭발이 일어나 현재의 천지가 생긴 걸로 추정되고 있어. 그때 날린 재가 일본 홋카이도 흙에서 발견된다고 하니까, 폭발이 얼마나 굉장했는지 짐작할 수 있지. 이후 기록을 보면 조선 시대에도 몇 차례 백두산에 조그만 화산 분출이 있었어. 1597년, 1668년, 1702년에 있었던 걸 보니, 백두산은 수십만 년 전부터 화

活火山
살 활 / 불 화 / 메 산
休火山
쉴 휴 / 불 화 / 메 산

산 활동이 지속되었고, 조선 시대부터 지금까지는 잠깐 쉬고 있는 중이구나.

화산에 대한 기록은 지진에 비하면 적어. 지진은 고려 시대에 84번이 나오고, 조선 시대에는 490차례 보여. 표현도 여러 가지야. '땅이 요동친다', '땅이 갈라졌다', '땅이 함몰되었다', '땅이 타오른다', '산이 무너졌다', '산이 이사를 갔다', '산이 울었다' 등등. 이런 건 강도가 센 지진을 표현한 거야.

지진이 나면 '해괴제'라는 이름이 다소 해괴한 제사를 지냈지. 해괴는 '괴이한 일을 푼다'는 뜻이야. 여하튼 삼국 시대에도 97번 지진이 있었다는 기록을 보니 고려, 조선까지 끊임없는 지진 기록은 우리나라도 결코 지진의 안전지대가 아니라는 걸 오늘날 우리에게 알려 줘.

하늘과 땅에 나타난 현상이 모두 나쁜 조짐만 있었던 건 아냐. 나쁜 조짐은 '재앙과 이상한 현상'이란 뜻으로 '재이(災異)'라고 했고, 좋은 조짐은 복되고 운이 좋다고 해서 '상서(祥瑞)'라고 했지. 어떤 걸 상서롭게 여겼는지 잠깐 보도록 하자.

한꺼번에 세쌍둥이 이상 낳은 걸 아주 좋게 여겼어. 세쌍둥이 이상 낳으면 나라에서 상으로 곡식을 내렸어. 조 40가마를 내렸다는 고려 때(1035년) 기록이 있어. 지금도 이런 일이 생기면 모두 기뻐하며 축하해 주잖아. 신문이나 방송에도 많이 나오고 말야. 고려 시대에 세쌍둥이 기록이 12번 나와. 식물 가운데 신령스러운 버섯인 금지, 흰 노루나 흰 꿩 같은 동물 들도 상서롭게 생각했어.

근데 이런 하늘과 땅의 조짐을 읽는 것이 우리나라나 중국에만 있던 건 아냐. 서양에서도 하늘과 땅에 나타난 조짐을 읽었어. 과학이 발달하지 않았던 시대에는 모든 게 지금보다 불확실했어. 그런 상태에서 앞날이 어떻게 될지 궁금할 수밖에 없었는데, 그런 궁금증을 풀기 위해 점성술이 발달했지. 그 점성술에서 천문학, 기상학이 싹을 틔운 거야. 유명한 천문학자 티코 브라

천문학과 점성술이 공존한 시대

티코 브라헤는 지구가 우주의 중심이라는 옛 생각을 굳게 믿고 있었어. 그렇지만 자신이 실제 관측한 결과가 지구 중심설과는 잘 맞지 않고 태양 중심설에 더 맞았어. 그래서 그는 지구가 여전히 우주의 중심이면서도 새로운 관측 사실과 완전히 부합하는 우주 모형을 꾸며냈어. 그러니까 태양 중심설과 지구 중심설을 교묘하게 절충했어. 오성(목성, 화성, 토성, 금성, 수성)이 태양을 돈다는 점에서 태양 중심설인데, 그 태양이 지구를 돈다는 점에서는 지구 중심설인 셈이지.

티코 브라헤의 제자 케플러는 스승의 주장을 받아들이지 않았어. 지구를 포함한 모든 행성이 다 태양을 돈다고 강력하게 주장했어. 게다가 케플러는 지구가 정확하게 원을 그리면서 태양을 도는 게 아니라 타원형으로 돈다는 사실을 밝혀냈어. 그 결과 실제 관측치

티코 브라헤

요하네스 케플러

와 행성의 운행에 관한 정확한 법칙을 얻게 되었지. 그걸 케플러의 제2법칙, 즉 타원궤도의 법칙이라고 해.

이들이 활동한 16~17세기를 서양의 과학 혁명 시대라고 해. 그런데 이 둘 모두 천문학자이면서 점성술사였어. 티코 브라헤와 케플러가 살던 시대는 천문학과 점성술의 경계가 분명하게 나뉘지 않았단다.

헤나 요하네스 케플러도 점성술사였거든. 옛 중국과 우리나라는 하늘과 땅의 여러 현상을 왕의 정치와 연관 지어 보았다는 것이 서양과 달라. 옛 서양에서는 천문이나 기상을 정치와 연관 짓는 일은 거의 없었지.

▼
■하늘과 땅에 나타난 '재이'와 '상서'에 대해서는 박성래 선생의 《한국 과학 사상사》에 매우 잘 정리되어 있어. 박성래 선생은 옛날 천문, 기상, 땅에 대한 관측이 지금의 과학과 매우 다른 동기에서 비롯되었다는 사실을 강조했어. 오늘날 우리에게 필요한 기록만을 쏙 뽑아 특정한 조상들의 과학 정신을 강조한다면 그건 문제야. 왜냐하면 당시 사람들의 생각을 파악하는 게 진짜 학문하는 자세이기 때문이야. 박성래 선생은 옛 사람들의 하늘과 땅에 대한 생각을 그들의 '과학 사상'이라고 했어.
■혜성에 관한 내용은 한국천문연구원 양홍진 박사의 〈한겨레〉 신문 인터뷰 글을 참고했어.

5 천 년 전 하늘로 가는 비밀 통로, 천상열차분야지도

얼마 전까지만 해도 〈천상열차분야지도〉(국보 228호) 하면, 만화 '은하철도 999'를 떠올리는 학생들이 있었어. 이름이 꼭 하늘을 달리는 기차 같다나? 하지만 이제는 만 원짜리 돈에 실린 덕분인지 우리 옛 별자리 그림, 즉 천문도라는 것을 아는 학생도 적지 않은 것 같아.

天文圖
하늘 천 / 글월 문 / 그림 도

〈천상열차분야지도〉 이름에서 천상(天象)은 '하늘 위'가 아니라 '하늘의 모습'을 뜻하고, 열차(列次)는 '차례대로 늘어놓았다'는 뜻이야. 분야(分野)는 우리가 지금 사용하는 분야와 똑같은 말인데, 원래 뜻은 '구획된 땅'을 뜻해. 마지막 글자 도(圖)는 '그림'을 뜻하지.

자, 그럼 '천상열차분야지도'의 뜻은? '하늘의 모습을 차례로 늘어놓고 그 하늘 아래 땅을 배당한 그림'이야. 와, 꽤 어렵구나. 천문도에 이런 이름을 붙인 건 처음이야. 그냥 천문도라고 하면 될 텐데 왜 이렇게 복잡한 이름을

지폐 만 원의 뒷면 배경의 별자리 그림이 〈천상열차분야지도〉란다.

썼을까? 천문도 안에 담긴 내용을 더욱 정확하게 말하기 위해 이렇게 쓴 거야. 훨씬 그럴듯해 보이지 않니?

천상열차분야지도 꼼꼼히 들여다보기

〈천상열차분야지도〉 안에 별이 몇 개나 있는지 세어 볼까? 가운데 동그라미 안에 꽉 차 있는 게 모두 별이야. 실제로 하늘의 별을 세는 것처럼 복잡하지. 이를 하나하나 세어 본 학자들 말로는 290여 개 별자리, 1460여 개 별이래. 이 별에는 모두 이름이 있어. 한자로 적혀 있는 게 보이지? 옛날 학생들은 이 별 이름을 다 외워 시험을 치렀어.

"아니, 이 많은 걸 어떻게 다 외워요? ㅠㅠ" 외우는 방법이 다 있지. 노래를 만들어 불러 보는 거야.

"우리가 잔꾀 내어 써먹는 방법을 조상님들도……?" 〈보천가〉라는 노래인데, 제목의 뜻은 '하늘을 밟아 거니는 노래'야. 제목도 멋지구나.

자, 그러면 28수 가운데 '우(牛) 별자리'(북방 현무 8수 중 하나) 노래를 모두 다 잘 알고 있는 〈독도는 우리 땅〉 가락에 맞추어 불러 볼까?

견우(牛, 소 우) 별은 여섯 개의 주홍색 별로
은하수의 둔덕 가까이 있네.

《천상열차분야지도》(숙종본) 지금 여러 곳에서 종이에 새긴 선명한 천상열차분야지도를 흔히 보게 되는데, 그건 태조 임금 때 돌 판에서 찍어낸 탁본이 아니야. 숙종(1687년) 때 태조 때의 천상열차분야지도가 심하게 닳자, 이 걸 모방해 똑같은 걸 만들었어. 여러 박물관에서 볼 수 있는 건 숙종 임금 때 다시 만든 것을 탁본 뜬 거야. 그래 도 원본은 똑같은 거지.

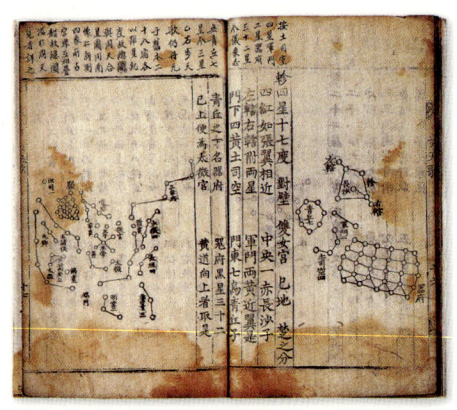

《보천가》 별자리 배치를 설명한 시야. 별자리 이름의 뜻을 연결하여 더욱 기억하기 쉽게 되어 있지. 《보천가》는 수나라 사람이 지은 것으로 알려져 있어. 이후 중국과 우리나라에서 암송 시험 교재로 활용하였지. 세종 때 나온 《천문유초》에는 별자리가 385개로 늘어났어. 시대에 따라 파악한 별자리 수는 차이가 있단다.

은하수 쪽으로는 두 개 뿔(별)이 나고,
배 아래에 다리 하나가 없다네.
견우 별 아래로 아홉 개의 검은 별
그 이름은 천전(天田, 하늘 밭)이지.
천전 아래로 아홉 개 이어진 것은
구감(九坎, 아홉 구덩이)이라 한다네.
견우 위 세 개의 주홍색 별은 하고(河鼓, 강의 북)라 하고
하고 위 세 개의 주홍색 별을 직녀 별이라 하네.

《보천가》에는 별마다 다 이런 노래가 붙여져 있어. 어때, 별 이름 외우기에 도전할 마음이 생기니?

"별들을 크게 땅에다 그려 놓고 노래 제목처럼 노래 부르며 뛰어다니면서 익히면 더 쉽겠어요. 그런데 《보천가》를 보면 별자리가 몇 개씩 모여 있어서, 전체를 한눈에 볼 수는 없네요." 그렇지? 그래서 눈으로 보이는 모든 별을 하나로 모아 놓은 게 바로 〈천상열차분야지도〉야.

"그렇군요. 우주 전체를 보여주는 큰 그림이네요!" 그럼, 이제 본격적으로 〈천상열차분야지도〉를 탐구해 볼까? 먼저 가운데 그려진 원을 들여다보자. 이 원은 지름이 76cm야.

❶ 옛 사람들은 하늘에도 왕이 사는 곳이 있고, 관청들이 있고, 또 백성들이 사는 데가 있다고 생각했어. 가장 가운데 위치한 것이 왕궁인 자미

원, 그 아래가 관청 지대인 태미원, 왼쪽에 위치한 것이 일반 백성들이 사는 천시원이지. 자미원은 사계절 언제라도 볼 수 있는 북두칠성이나 카시오페이아 같은 별자리가 있고, 태미원의 별들은 비교적 자주 보이는 별들이야. 천시원의 별들은 1년 내내는 아니지만 어느 땐가는 볼 수 있는 별들이 들어 있어. 잘 보이는 것과 그렇지 않은 것을 신분 사회에 맞추어 해석한 거야. 하늘의 질서가 땅에서 이루어지는 정치 질서의 근원이 된다고 생각했기 때문이지.

❷ 안에서 바깥으로 그어진 긴 선들을 세어 봐. 모두 28개야. 앞서 말한 28수를 나타내. 28수 사이 간격은 들쭉날쭉해. 잘 보이는 별을 뽑아 정했기 때문이야. 달과 다섯 행성이 지나가는 길목에 놓여 있기 때문에 28수가 중요했지.

❸ '열차'는 차례를 뜻한다고 했지? 12차 사이의 간격은 어떠니? 모두 간격이 일정해. 1차는 30도씩 똑같아. 12년에 하늘을 한 바퀴 도는 목성의 주기 12년과 같아. 목성이 1년에 1차(30도)씩 움직여 우주를 도니까 각 해에 어디에 있나를 보면서 하늘을 12개로 나눠 볼 수 있는 거야. 제사 지낼 때

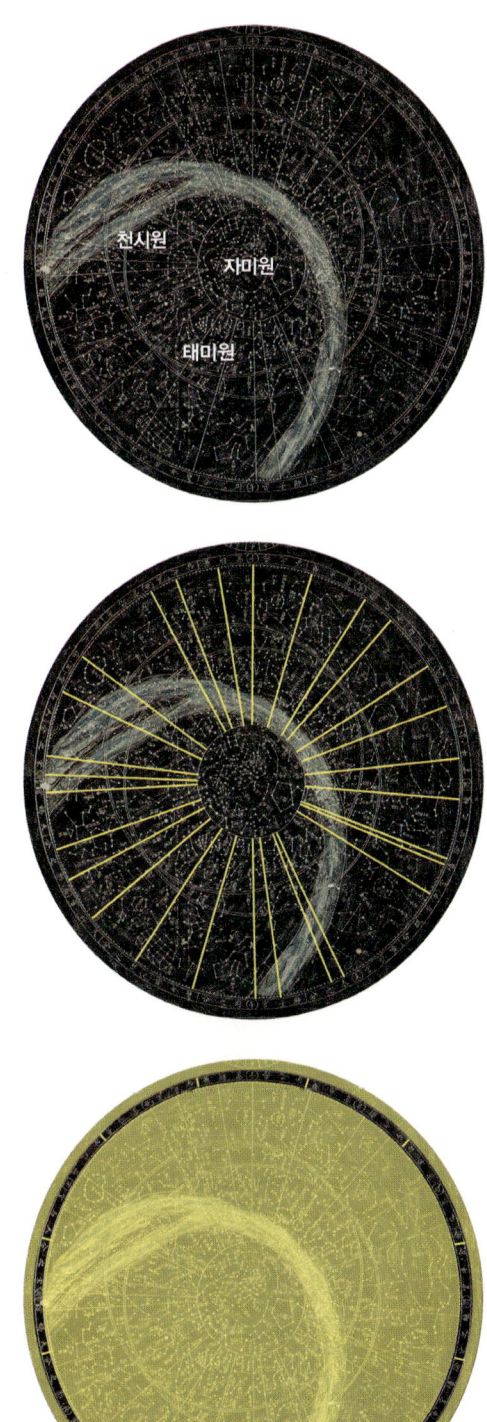

'유 세차 ○년 ○월 ○일 ○시'라고 시작하는데, 여기서 '세차'가 12년 중 어느 한 해에 속한다는 뜻이야.

❹ '분야'는 하늘에 대응하는 구획된 땅을 말했는데, 그 땅은 중국을 중심으로 한 천하 땅덩어리를 12등분해 놓은 걸 말해. 정나라, 송나라, 연나라……, 이런 식이지. 12개 차 끄트머리에 황도 12궁이 그려져 있고 각각 한 나라씩 들어 있지. 〈천상열차분야지도〉 원의 맨 가장자리에 적혀 있는 나라 이름이 그거야. 우리나라는 어디에 있을까? 동방 7수의 마지막 두 별자리인 미수와 기수와 북방 7수의 첫 별자리의 영역에 속한다고 보았어.

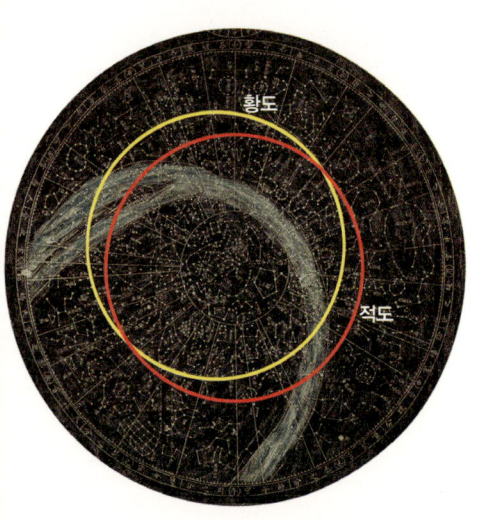

❺ 황도와 적도 원도 그려져 있어. 황도는 태양이 가는 길이고, 적도는 땅의 남반구와 북반구를 중앙으로 가르는 선이지. 지구가 23.5도 기울어져 있기 때문에 황도와 적도 사이의 각도도 이만큼 기울어져 있어. 적도를 기준으로 북쪽 사람들이 보는 별과 남쪽 사람들이 보는 별이 완전히 달라. 그건 지구가 둥글기 때문이지. 〈천상열차분야지도〉는 서울에서 보이는 별을 모두 그린 거야.

❻ 그림에 표시해 둔 견우별과 직녀별을 봐. 견우와 직녀 사이를 지나는

굵은 먹 흔적 같은 게 뭘까? 바로 은하수야. 견우별과 직녀별이 큰 강물처럼 흐르는 은하수를 사이에 두고 떨어져 있어. 오직 7월 7일 칠석날에만 이 두 별이 만난다는 옛이야기 알지? 실제로 칠석날 즈음에 이 두 별이 가까워지는 것처럼 관측된단다. 은하수를 옛 사람들은 '은한'이라 했어. 순우리말로는 '미리내'라고 해.

고구려부터 이어진 천문학 전통이 담기다

〈천상열차분야지도〉는 별의 밝기에 따라 별의 크기를 다르게 그렸어. 이것은 고구려 천문학의 성격을 고스란히 담는 것이기도 해.

별 사이의 위치는 어떻게 잡을까? 그냥 보이는 대로 그린다고? 말도 안 되지. 하늘의 별 사이에는 정해진 거리가 있고, 시간에 따라 일정 간격으로 변해 나가기 때문에 각 별들의 좌표를 정해야 해. 북극성으로부터 각 별 사이의 각도와 거리를 재는 방식을 썼단다.

옛 천문학자들은 천문 관측기구를 가지고 끈질기게 관측해서 일목요연하고 정확하게 별들을 그려 넣을 수 있었어. 〈천상열차분야지도〉를 처음 봤을 때 우리는 별이 많은 것에 놀랐지만 꼼꼼히 들여다볼수록 오랜 기간 끈질기게 별을 관측했던 옛 천문학자들의 땀방울을 느끼게 되지.

"〈천상열차분야지도〉에는 별 그림만 있는 게 아니네요. 바깥에 네모, 동그라미 안에 글자들이 빽빽이 적혀 있어요!" 글자까지 보이는 걸 보니 제법 고수가 된 것 같구나. 별자리 그림을 만든 까닭과 역사, 그것을 정확히 읽는 데 필요한 세부 정보가 글로 표현되어 있어. 해가 왕을 상징하고 달이 여성을

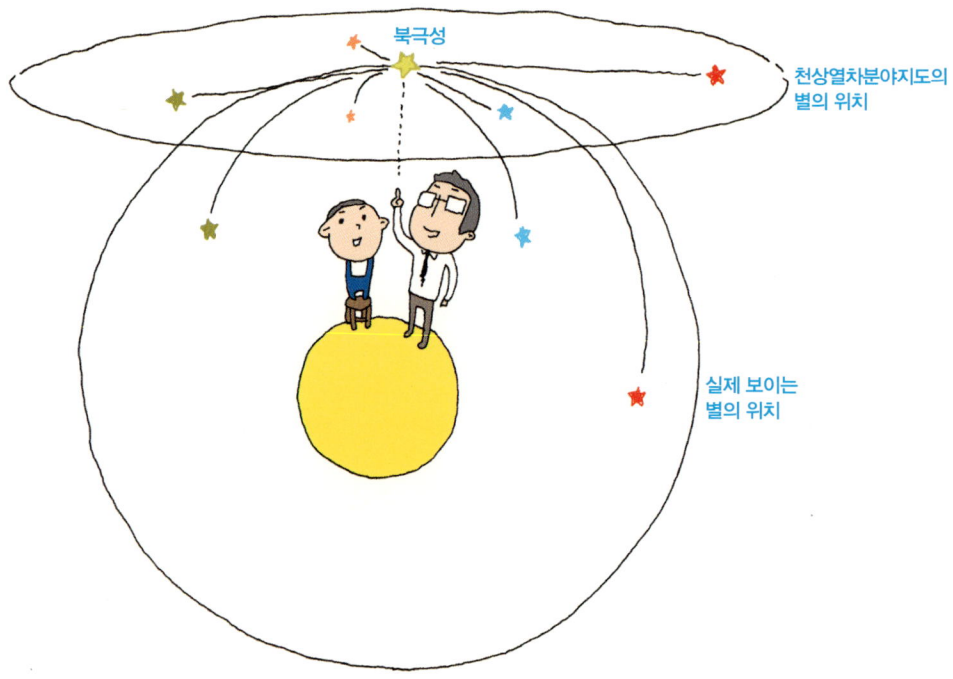

하늘의 별을 평면에 그리는 방법

관찰하려는 별이 하나 있다고 치자. 그 별의 좌표를 정하는 거야. "동쪽 방향 하늘에 있음. 북극성에서 한 뼘 정도 아래 위치함." 이렇게 해서는 별의 위치를 정할 수 없어. 정확하지 않기 때문이지.
정확해지려면 어떻게 해야 할까? 북극성이 북극 하늘 중심 쪽에 있으니까 그걸 기준으로 잡아. 북극에서 얼마만큼 떨어져 있는지 정해야 하는데 실제 거리는 알지 못하니까 각도 거리를 써. 다행히 천체는 구를 이루니까 360도(당시에는 365.25도) 기준으로 하여 얼마만큼 떨어져 있는지 알아보면 되겠네.
내가 관측하는 곳, 북극성, 관측하는 별 이 셋을 이으면 일종의 삼각형이 형성되지. 북극성과 내 관측 지역이 고정되어 있기 때문에 별마다의 각도를 알아낼 수 있어. 사전 지식을 가지고 있고, 각도를 알아낼 도구가 있다면, 조작법을 배워서 금방 알아낼 수 있어.

상징한다는 말이 들어 있네. 오늘날 지식과 달리 '별이 해에서 나온 것'이라고 했어. 이는 태양을 엄청 중요하게 생각했기 때문이란다.

오늘날 우리는 우주의 모습이 어떻게 생겼다고 알고 있니? 끝이 안 보이는 무한 공간? 호두 껍데기 속의 공간? 유한하지만 계속 팽창하

고 있는 블랙홀 우주?

여러 가지 설 가운데 가장 널리 받아들여진 건 혼천설이라서 〈천상열차분야지도〉에서도 맨 먼저 적었어. 이밖에도 다섯 가지 설이 더 새겨 있어. 동그란 하늘이 네모난 땅을 덮고 있다는 개천설, 하늘이 텅 비어 끝없이 펼쳐져 있다는 선야설, 하늘과 땅 모두 정지하여 움직이지 않는다는 안천설, 하늘은 북쪽이 높고 남쪽이 낮다는 흔천설, 높은 하늘이 달걀 껍데기 같이 생겼다는 궁천설이 그거야. 이치가 맞지 않다고 해서 사람들이 받아들이지 않았다고 썼네.

혼천설 계란으로 비유하면 안의 노른자가 땅이야. 흰자위에서 위 부분이 하늘이고 아래 부분이 바다지. 그래서 해는 밤에 져서 바다 속으로 잠겼다가 새벽에 다시 바다 위로 떠오른다고 생각한 거야.

여기까지 공부하느라 고생 많이 했어. 이제 〈천상열차분야지도〉 맨 마지막 부분이야. 한문을 해석해 볼게.

천문도가 새겨진 돌 비석이 옛날(고구려) 평양성에 있었는데, 병란 후에 강물에 빠뜨려 잃어버렸고, 세월이 이미 오래되었으므로 복사본조차 남지 않았다.
아아! 우리 전하(조선 태조)께서 천명을 받으시던 첫해에 어떤 이가 하나도 남아 있지 않았다고 여겼던 복사본 하나를 바쳐 왔다.
전하께서는 이를 보물로 귀중하게 여겨 서운관에 명하여 다시 돌에 새기게 하셨다. 천문학자가 말하기를
"이 그림은 세월이 오래되어 별의 좌표가 이미 차이가 나므로 마땅히 좌표를 다시 측량하여 사계절의 저녁과 아침에 남중하는 별을 정한 다음에 새로 별을 그려서 후세에 보여야 합니다." 하니, 임금이 옳다고 하셨다.

〈천상열차분야지도〉는 조선을 세울 때에 고구려 때 만들어진 천문도를 구해 거기에 덧붙인 거란 말이 쓰여 있어. 고구려 천문도를 바탕으로 별자리 모습은 그대로 두고 하늘의 기준 별인 28수의 위치를 새로 관측한 결과에 따라 고쳤지.

또 고구려 천문도를 얻었을 때 태조 이성계가 매우 기뻐했음을 알 수 있어. 자신이 고려 왕조를 무너뜨리고 새 왕조를 세운 것이 고구려의 왕통을 잇는 하늘의 뜻이라고 생각했기 때문이야. 〈천상열차분야지도〉는 조선을 세운 지 불과 3년이 지난 1395년에 만들어졌어. 하늘을 그린 천문도는 왕의 위엄을 나타내기에 좋았을 거야.

천상열차분야지도의 의미

현대 학자들의 연구 결과에 따르면, 〈천상열차분야지도〉는 중국 한나라와 당나라의 관측치를 반영한 것으로 밝혀졌어. 당나라는 세계 제국이었고 그때 서양 점성술이 수입되어 중국 고유 천문학에 영향을 주었지. 이렇듯 문화는 서로 섞이고 합해지기도 해.

그렇지만 별의 밝기에 따라 별의 크기를 다르게 그린 고구려 천문학의 성격은 고스란히 담아내었어. 또 현재 중국에서 가장 오래된 천문도인 〈순우천문도〉(1247년)보다 늦게 만들어졌지만, 〈천상열차분야지도〉 안에 담긴 별자리는 고구려 천문도를 바탕으로 했으니까 〈순우천문도〉보다도 800여 년 앞선 별자리 모습을 담은 그림이라 할 수 있어.

조선 초 임금의 위엄을 상징했던 〈천상열차분야지도〉는 조선 후기에도 큰 인기를 끌었어. 왕은 돌에 새겨진 〈천상열차분야지도〉를 탁본하여 대신들에게 나누어 주곤 했지. 또 사대부들도 〈천상열차분야지도〉를 베껴 그려서 소장했어. 그건 우주를 논하는 사대부들에게 어울리는 일이기도 했어.

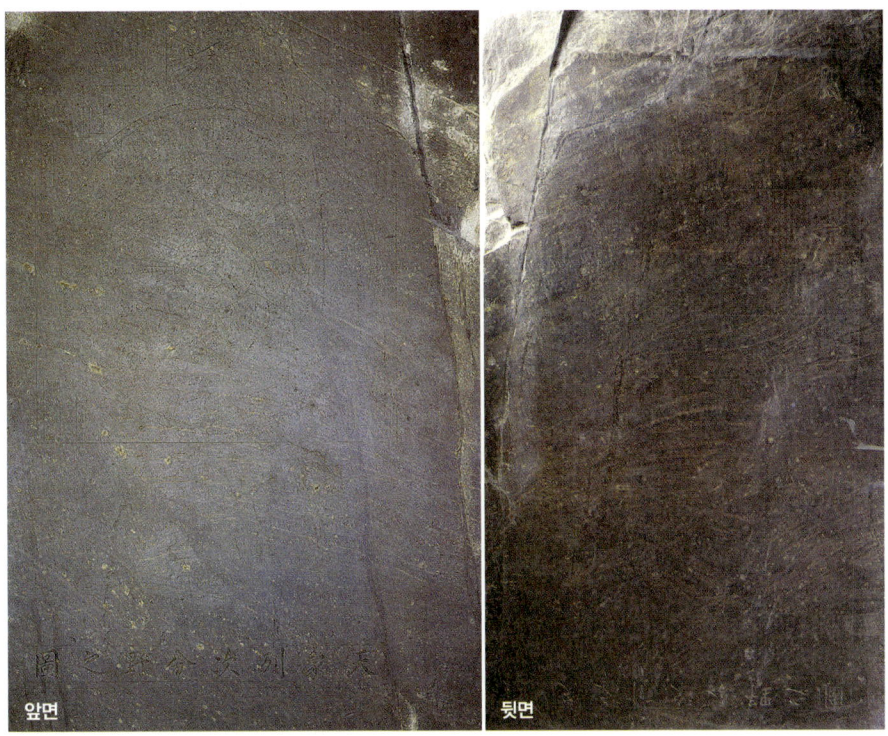

앞면　뒷면

조선 태조 때 만든 〈천상열차분야지도〉 1395년 돌 판에 새겨 만든 〈천상열차분야지도〉는 똑같은 그림이 위와 아래만 바뀌어 앞, 뒷면에 새겨져 있어. 앞면과 뒷면 중 어느 게 진짜일까? 현재 많이 손상되지 않은 부분을 편의상 앞면(왼쪽)이라고 하자. 뒷면은 상한 데가 많고 닳아서 잘 안 보이는 별자리가 많지. 유경로 선생은 원래 진짜는 뒷면이라고 보았어. 왜냐하면 옛날에는 지금처럼 세워 두지 않고 눕혀 놓았기 때문에 지금 뒷면이 원래 〈천상열차분야지도〉 구실을 했고, 지금의 앞면은 뒤에서 별 상처 없이 보존되었다는 거지.
그렇다면 왜 두 면에 새겼을까? 돌 하나를 구해 새기다가 조금 고칠 곳이 생겼는데, 새 돌을 구하기보다 뒷면을 활용해서 썼다는 거야. 눕혀 놓는데 무슨 상관이었겠어. 그러니까 나중에 국립고궁박물관에 가서 〈천상열차분야지도〉를 보거든 앞면, 뒷면 이야기를 해주면서 다른 사람을 놀라게 하렴.

그럼, 현재의 우리에게 〈천상열차분야지도〉란 어떤 의미가 있을까? 박물관을 아름답게 하는 과학 문화재일까? 한민족이 얼마나 과학적인 민족이었는지를 증명하는 수단일까? 이런 사실에만 얽매여서는 안 될 거야.

〈천상열차분야지도〉는 옛 하늘과 오늘의 하늘 사이를 연결하는 비밀 통로야. 그 통로를 따라가 보면, 옛 하늘에 도달하지. 거기서 옛 사람들의 별자리에 관한 지식도 알 수 있고, 하늘과 세계에 얽힌 설화도 들을 수 있어. 그

것을 가지고 다시 오늘날로 오면, 우리는 새로운 우주를 상상하고 꿈꿀 수 있지 않을까?

비밀노트

김정호도 천문도를 그렸다

조선 후기 우리나라에 들어온 서양 천문도

17세기에 서양의 별자리 그림이 전해지면서 적지 않은 변화가 있었어. 베이징(북경)에 사신으로 간 사람들이 중국에 온 예수회 선교사들이 그린 서양식 천문도를 가지고 왔거든. 서양에서 나온 지 10여 년도 채 안 되었을 때 우리나라에 들어왔지. 조선 사람들 눈이 휘둥그레졌어. 서양 천문도는 남북의 하늘이 모두 그려져 있었어. 〈천상열차분야지도〉는 우리나라에서 관측 가능한 북반부 하늘의 별만 그렸으니까 1장이잖아. 반면 서양 천문도는 2장짜리로 남쪽 하늘과 북쪽 하늘을 나눠서 별을 다 담았지.

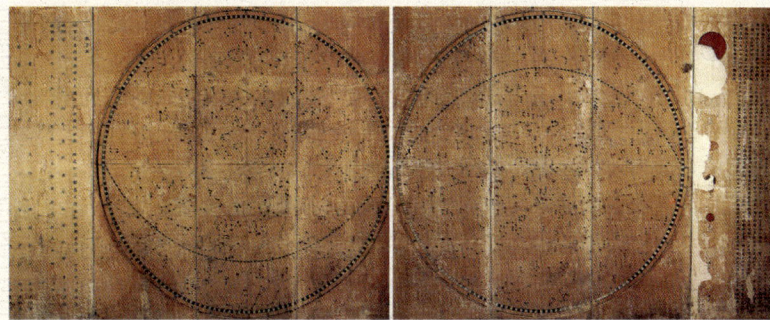

〈**신법천문도**〉 서양식 천문도는 두 개가 있었어. 1634년에 아담 샬이 그린 〈적도남북총성도〉, 1723년 쾨글러가 그린 〈황도남북총성도〉가 그거야. 이름에 '총성'이란 말이 모두 들어 있지? '총성'이란 말은 남과 북, 또는 모든 별을 뜻해. 위 〈신법천문도〉는 쾨글러의 〈황도남북총성도〉를 1743년에 베껴 그린 거야. 가로 4.51m, 세로 1.83m로 상당히 커. 속리산 법주사에 소장되어 있어.

김정호의 천문도 〈혼천전도〉

김정호가 우리나라 국토만 지도로 그린 게 아니라 하늘도 그렸어. 〈대동여지도〉를 그린 김정호 말이야. 〈혼천전도〉라는 천문도가 그거야. 조선 후기에 조선 사람이 독창적으로 그린 유일한 천문도란다. 다른 건 서양에서 온 천문도를 다 베껴 그린 거였어. 언뜻 보면, 김정호의 천문도는 〈천상열차분야지도〉처럼 보여. 근데 자세히 따져 보면 그렇지 않아. 서양 천문학의 알맹이가 정리되어 있어. 우리 옛 지도를 연구한 오상학 선생이 이 지도가 김정호가 만든 것이라고 밝혔어. 〈혼천전도〉는 실제 천문도 구실을 전혀 할 수 없어. 서양 천문학의 새로운 원리는 밝혔지만, 실제 그린 별의 수는 오히려 줄어들었어. 게다가 천문도 안에 둥글게 표현된 황도나 적도 그 어느 것도 한가운데에 위치해 있지 않아서 시간과 24절기를 나타내는 선들이 제 구실을 못하게 되었지. 왜냐고? 〈혼천전도〉는 서양의 천문학과 천문도 제작 방법을 그대로 받아들인 게 아니라 동아시아의 천문도와 서양 천문도를 섞어 버린 거야. 그러니 상징적 천문도라 봐야 해. 아, 이를 과학 정신의 퇴보로 봐야 할까, 아니면 동서의 문화를 절충한 창조물로 봐야 할까?

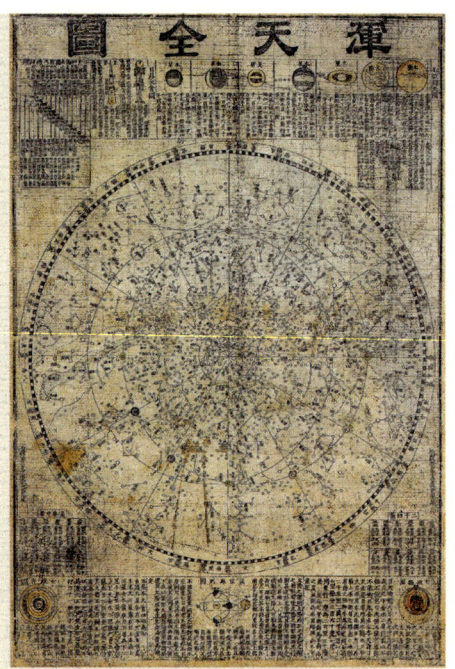

〈혼천전도〉 김정호가 그린 천문도야. 소형 목판본이라서 민간에 널리 퍼졌어. 혼천이란 '끝없이 넓은 하늘'이란 뜻이야. 둥근 원 안에는 별자리 336개(1449개 별)가 그려져 있어. 〈천상열차분야지도〉가 몇 개였더라. 정확하게 293개 별자리, 1467개 별이야. 〈천상열차분야지도〉에는 없던 남쪽 하늘의 별이 121개 더 늘어났으니까 실제로 북쪽 하늘의 별은 139개가 줄어든 셈이야. 3,083개 별이 그려진 쾨글러의 〈황도남북총성도〉에 견주어 봐도 크게 줄었어. 별자리 그림 둘레에는 서양 천문학에 대한 내용이 일목요연하게 정리되어 있어.

▼
■ 천상열차분야지도는 카이스트 학생들과 함께 펴낸 《우리 과학의 수수께끼 2》의 내용을 많이 참조했어. 이밖에도 유경로, 박창범, 전상운, 문중양 선생 등 많은 분들이 천상열차분야지도를 꼼꼼히 연구했어. 최근에 나일성 선생이 한글 이름으로 새긴 멋진 천상열차분야지도를 제작했어.
■ 조선 후기 서양 천문도에 관한 내용은 문중양 선생의 《우리 역사 과학 기행》을 주로 참조했으니 더 궁금한 친구들은 읽어 보렴.

6 일식 예보 15분의 오차를 줄여라

지금 시계를 한번 봐. 나는 이 글을 쓰다가 시계를 보니 아침 9시 31분이군. 우리가 쓰고 있는 시간이 어떻게 결정되지? 현재는 그리니치 천문대를 기준으로 하여 세계 표준시를 정하고 각 나라의 경도에 따른 각 국의 표준시를 결정하지.

엄밀히 말하면 각 나라마다 다른 건 아니야. 우리나라만 해도 일본 도쿄를 기준으로 쓰고 있으니까. 아직 여기에 딴죽 거는 사람 못 봤어. 오랫동안 익숙하게 써 왔기 때문일 거야.

> **經度**
> 지날 경 / 법도 도
> 지구 위의 위치를 나타내는 세로로 된 좌표

그럼, 백 년 넘게 도쿄를 기준으로 시간을 정했으니 지금부터 앞으로 백 년은 서울을 기준으로 하자고 한다면 어떨까? 기준만 달라졌지 시간은 똑같은 거잖아. 그래도 일본 사람들 펄쩍 뛸걸. 오래된 국제적인 약속이니까 바꾸는 것은 불가능해 보여.

한국 과학사 이야기 67

그리니치 천문대 영국 그리니치에 있어. 오늘날 세계는 그리니치 천문대를 기준으로 하여 세계 표준시를 정하고 각 나라의 경도에 따라 나라마다 표준시를 결정해.

조선 시대 천문학 혁명

우리나라 천문학에서 이 비슷한 일이 세종 때 있었어. 세종이 '이제 서울을 기준으로 한다.'는 결정을 내렸어. 이전에는 중국 베이징에서 본 북극성을 기준으로 하늘을 기록했어. 여기서 '서울'이란 중국이 아니라는 뜻이지. 세종의 결단으로 이제 조선의 서울에서 관측된 하늘을 천문의 기준으로 삼게 된 거야.

수백 년 쓰던 관행을 떨쳐 낸다는 것은 쉬운 일이 아니야. 세종은 왜 이렇게 큰 결단을 내린 것일까? 옛 사람들은 좋은 날, 좋은 시간이 철저하게 하늘의 운행에 따른다고 생각했어. 순조로운 하늘의 기운이 길흉을 좌우한다고 믿었지. 그러니 베이징의 하늘을 기준으로 하면 어디 그게 서울의 기운과 일치하겠어? 당연히 어긋나지. 베이징과 서울의 거리만큼 시간 차이가 나니까. 나라의 중요한 일은 더욱 엄격하게 날짜와 시간을 지켰지.

하늘의 기운과 인간의 기운이 정확하게 대응하고 있다는 생각을 하는 한, 날짜와 시간에 신경을 쓸 수밖에 없었던 거야. 그래서 심지어는 서울과 강릉도 차이가 나는 만큼 강릉 시간은 달리 써야 한다고 주장했던 사람도 있었어. 이런 태도는 오늘날과 무척 다르지. 우리에게 시간은 그저 사람들이 생활하기 편리하도록 만든 약속이잖아. 그러니까 도쿄 시간을 쓰든 베이징 시간을 쓰든 옛 사람처럼 그 차이에 민감하지 않은 거지.

세종 때 이런 일도 있었어. 일식 예보가 15분 틀렸던 거야. 세종은 노발대발하며 담당 관리에게 곤장을 내리쳤지. 그런데 그건 예보관의 실수가 아니었어. 예보하는 데 썼던 공식에 오차가 있었던 거야. 하늘에 관한 공식이 완벽하게 딱 들어맞지 않았거든. 하늘이 365일 딱 맞춰 도는 게 아니라는 걸 몰랐어. 실제 지구가 해를 한 바퀴 도는 데는 365.2421……일이 걸려. 그리고 해와 달의 운행이 딱 들어맞지도 않아. 지구가 정확히 360일 만에 해를 한 바퀴 돌고, 달이 딱 30일 만에 지구를 한 바퀴 돈다면 오차는 없었을 텐데. 게다가 해와 달, 행성 사이에는 인력이라는 복잡한 상호 관계도 있고 은하계도 돌고 있어. 그래서 역법을 처음 만들었을 때에는 잘 들어맞다가 날이 지날수록 작은 오차들이 쌓여 나중에는 눈에 띄게 커지는 거야. 인류 역사는 그 오차가 참기 힘들 정도로 커지면, 새로 역법을 정하는 식으로 해결해 왔어. 세종은 일식 예보가 잘못되자 달력을 정확하게 만들어 이런 일이 다시 벌어지지 않게 하라는 명을 내렸어.

서울을 기준으로 하여 천문학을 다시 세우고, 달력을 정확하게 다시 만들라는 명령을 지키기가 쉬웠을까? 이전에 축적해 놓은 것 가지고는 턱도 없

曆法
책력 역 / 법 법
달력을 만드는 방법. 천체의 주기적 현상을 기준으로 하여 한 해의 절기나 달, 계절에 따른 시간을 정하는 방법을 말해.

지. 하늘 관측에 관한 혁명이 일어나야 가능한 일이야. 자, 그렇다면 먼저 무엇이 필요했을지 생각해 볼까?

"정보를 모아야지요." 그래, 먼저 그때까지 알려진 최고 수준의 정보를 수집해야지.

"수집한 정보를 이해하려면 천문학을 알아야 해요." 그렇지. 그런데 무척 어려워서 우리 조상님들 천문학이랑 수학 공부하느라 꽤 골치 썩었어.

"하늘을 관측하는 기구도 만들어야 해요." 정확하게 관측하려면 정밀한 관측기구가 반드시 필요하지.

"다음은 천문대를 세우고요." 맞았어. 일을 전문적으로 수행하기 위해서 그것도 중요한 일이었지.

"먼 하늘을 볼 망원경도 만들어야지요." 요건 아니야. 망원경은 이때 개발하지 못했고 오로지 눈으로만 관측했어. 그래도 망통이라는 긴 통을 썼어. 유리 렌즈 없는 망원경이라고 할까. 확대해서 보지는 못하지만 특정한 별만을 상세히 관찰할 수 있어.

"이제 하늘을 보면 돼요." 그래, 정밀한 관측도구를 써서 오랜 기간 하늘을 관측했어. 관측한 자료가 쌓이면서 해와 달, 각 별들의 좌표와 운행 정보를 정확하게 읽어 내고 예보하는 게 가능해졌지. 날짜와 시간도 정확히 결정할 수 있게 되었고 말야.

천문학 혁명을 이끈 과학자와 과학 기술

이러한 천문학의 혁명을 이끈 과학 기술자는 누구일까? 다른 사람들은 몰라도 장영실은 잘 알고 있지? 장영실의 아버지도 대단한 장인으로서 태종 임금이 아끼던 사람이었어. 장영실의 어머니가 천한 신분이라서 장영실의 신분도 미천했지만, 장영실은 부친의 재주를 이어받아 태종 때에 관리로 발탁된 거였어.

장영실은 조선 시대에 가장 정교한 기계 장치인 자격루와 옥루를 만들었지. 그건 다음 장에서 자세히 이야기해 줄게.

관측기구는 엄청 정밀해야 해. 모든 것의 표준을 정하는 근본으로 구실하기 때문이야. 청동, 나무, 흙 등 재료의 성질도 잘 알아야 기구의 형태를 오차 없이 만들겠지. 거기에 새긴 눈금이 틀린다는 건 상상도 못할 일이고. 나라에서 쓰는 관측기구는 용이나 거북이 같은 장식을 해서 아름다우면서도 위엄이 있게 만들었지.

천문 관측기구 제작 때 장영실을 거느렸던 인물이 이천이야. 이천은 천문학 이론에 정통했던 사람이야. 게다가 이미 금속활자와 화포 제작을 지휘하면서 금속 다루는 법을 잘 알았지. 이천과 장영실은 실과 바늘 같은 단짝이 되어 이 일들을 해냈어.

'정확성, 정교함, 아름다움!'

일성정시의(복원품) 세종 때 만든 시계야. 살아 움직일 것 같은 용이 멋지게 조각되어 있는 부분은 시계의 자루란다. 시간을 측정하는 기능은 위쪽 동그란 부분이지. 이렇게 관측기구는 정확하고 정교하면서도 아름답게 만들어졌어.

이 세 요소는 장인이나 과학자가 추구하는 이상이야.

이천과 장영실 앞에는 정초, 정흠지, 정인지 같은 학자가 있었어. 그들은 천문에 대한 옛 책을 조사하고 공부했어. 이천이나 장영실은 관측기구를 설계하고 제작했고, 그 관측기구를 통해 얻은 자료를 연구하여 완수한 사람은 과학자 이순지야. 이순지가 완성한 책들을 보면 알 수 있지. 조선이 자랑하는 역법 《칠정산》 내편과 《칠정산》 외편, 하늘의 별들에 관한 내용을 정리한 《천문유초》. 이뿐 아니야. 역대 천문학자들의 천문 논의를 집대성한 《제가역상집》도 썼어. 참, 《칠정산》의 공동 저자인 김담을 까먹을 뻔했네. 이천과 장영실처럼 이순지와 김담도 떼려야 뗄 수 없는 단짝이었어. 한 마디로 환상의 드림팀이었지.

정초, 정흠지, 정인지 선수가 공을 뻥 차서 주니, 이천과 장영실 선수가 받아 질주하고, 김담 선수가 골을 넘겨받아서 이순지에게 어시스트, 이순지, 이순지, 슛~ 골인! 이 선수들을 기용한 것은 천재 감독 세종 임금이야.

한국 과학사 이야기 73

아나운서와 해설자도 있었어. 김돈과 김빈. 관측기구의 기능에 대해 상세히 해설한 글을 썼어. 이게 없었다면 우리는 그때 '승부' 장면이 어땠는지 생생히 알 수 없었을 거야. 김빈은 그 감격을 다음과 같이 노래했어.

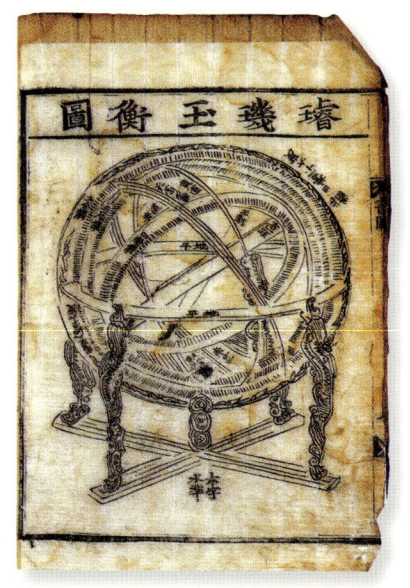

선기옥형 '혼천의'의 옛말이야. 선기옥형은 북두칠성에서 온 말이란다. 북두칠성의 제1성에서 제4성까지를 선기, 제5성부터 제7성까지를 옥형이라 해. 둘을 합쳐 천체를 측량하는 기구의 대표 이름으로 썼어. 원래 선기는 천체를 관측하는 데 쓰이는 기계를 뜻하고, 옥형이란 옥으로 만든 저울대를 뜻해. 중국 순임금은 왕위에 오른 뒤 제일 먼저 선기옥형을 정비했다고 해.

천지 법칙에 따라 알맞게 조정하여
해시계와 물시계를 만들었도다.
황제 때부터 만들었으나 시대마다 법이 달랐네.
우리 임금님(세종) 밝은 지혜 있으시어
먼저 선기옥형 관찰하고 다음에 물시계 만드셨네.
기계 장치 튕기는데 번개처럼 빠르고
기계 장치 닿을 적에 시각 신들 직책 다하니, 귀신 같아서 보는 이마다 놀라네.
거룩하고 크나큰 물시계는 천체의 법칙 따라 만들었으니, 천지조화를 짝지었고 범위가 틀림없네.
이에 짧은 시간 아껴 쓰니 모든 공적이 빛나도다.
표준을 세웠으니 무궁토록 빛나리라!

장영실에 관한 이야기도 기록했어.

장영실은 동래현 관노로서 성정이 정교하여 항상 궁궐 내 제작을 도맡아 했다.

세종 때 천문학자들은 자신들이 만든 관측기구에 대한 자부심이 컸어. 천문학을 하는 데 핵심 중의 핵심이었으니까. 중국에서 활용했던 모든 관측기구를 조선에서도 모두 제작했어. 어떤 게 있었는지 한번 볼까? 크게 세 가지 종류였어.

해시계 해시계는 아주 오랜 옛날부터 써 오던 건데, 특색 있는 걸 만들었어. 잘 알려져 있는 오목 해시계인 앙부일구라는 것도 이 중 하나지. 앙부일구 외에도 현주일구, 천평일구, 정남일구, 일성정시의 등이 있어. 이 중 정남일구와 일성정시의는 낮에는 해시계로, 밤에는 별시계로 작동하는 다목적 시계였어.

옥으로 만든 앙부일구

물시계 물시계는 자격루와 옥루가 있었어. 자동으로 시간을 알려주는 시계였어. 최근 자격루는 복원이 되었는데, 옥루는 구조에 대한 자세한 기록이 남아 있지 않아서 아직 복원을 못했지.

소간의 혼천의, 간의, 소간의가 있었어. 혼천의는 중국 고대의 천문사상을 압축한 상징적인 관측기구야. 간의는 토르퀘툼이라는 이슬람의 유명한 관측기구를 보고 중국 사람들이 만든 도구야. 가장 중요한 관측기구지. 소간의는 조선에서 간의를 작게 만든 것이야. 실제 쓰임은 소간의가 가장 많았던 것으

소간의(복원품)

로 추측되고 있어.

　　우리나라에서는 삼국 시대 또는 그 이전부터 천문 관측을 해 왔지만, 서울을 기준으로 하는 역법을 만들지는 않았어. 중국 것을 받아 와서 우리나라에 맞게 조금 고쳐서 썼지. 이 오랜 관습을 바꾼 게 세종 임금이야. 폭넓게 정보를 수집하고, 체계적으로 학습하고, 독자적으로 관측기구 모두를 새로 만들고, 그것으로 오랜 시간 관측하여 우리나라만의 자료를 얻어 다시 그것을 역법 또는 달력으로 바꾸는 작업을 했던 거지.

　　서울을 기준으로 하고 일식 예보 15분의 오차를 바로잡는 일은 이렇게 거대한 작업을 해야만 이룰 수 있는 거였어.

조선을 빛낸 세 쌍의 천문학자들

우리나라 천문학자 유경로 선생은 조선을 빛낸 세 쌍의 과학자를 따로 추려 높이 평가했어. 한 쌍은 세종 때의 이순지와 김담이야. 둘은 선후배 사이였어. 무슨 일을 했는지 앞에서 봤지. 두 번째 쌍은 18~19세기 초 서명응과 서호수였어. 이 둘은 아버지와 아들 관계야. 아버지 서명응은 특히 수학에 밝았는데, 우주 구조, 별자리 등을 다룬 '비례준'이라는 글과, 구면 천문학이라는 서양 천문학을 해설하고 천문기구를 설명한 '선구제'라는 글을 썼어. 아들 서호수는 조선 3대 천문학 책 중 두 책인 《국조역상고》와 《서운관지》의 편찬을 주도했어. 《국조역상고》는 조선 시대 달력, 시계, 별의 운행, 관측기구 전반을 정리한 책이야. 3대 천문학 책 중 나머지 하나로 세종 때 만들어진 《제가역상집》을 완전 개정한 성격을 띠었어. 《서운관지》는 관측 기관인 서운관의 내력과 활동, 천문기구를 정리한 책이야. 성주덕이 쓰고, 서호수는 일을 주관했지. 서호수의 아들은 서유구야. 서유구는 농업에 관한 농학에 밝아 《임원경제지》를 썼어. 다음 책에서 서유구를 만나게 될 거야.

세 번째 쌍은 18세기 초의 남병철, 남병길 형제야. 형 남병철은 특히 천문학에 밝았고, 동생 남병길은 수학을 잘했어. 형 남병철은 한 번 본 건 절대 잊지 않는 대단한 천재였어. 대제학이란 높은 벼슬까지 지냈어. 중국 시헌력의 어려운 수학 계산을 이해하기 위한 《해경세초해》 같은 책을 썼어. 3살 어린 동생 남병길은 천문학에 정통해서 1인자란 말을 들었어. 벼슬도 높아 예조판서까지 지냈어. 각 별들의 정확한 좌표를 계산한 《성경》, 대단히 어렵고 복잡한 수학책인 《유씨구고술요도해》 등 10여 편의 천문학, 수학 관련 책을 썼어.

유경로 선생은 이들의 업적에 대해 이렇게 말했어.

"세종 대의 이순지-김담으로 이룩된 조선 천문학이 남병철-남병길 형제에 의해서 훌륭하게 마무리된 것에 감사하지 않을 수 없다."

비밀노트

조선 후기의 관측기구

　세종 때 만든 관측기구는 이후 200여 년 동안 잘 쓰였어. 그런데 17세기 이후 더 정밀한 서양의 관측기구가 들어오면서 변화가 생겼어. 우리나라에는 하늘을 관측하는 기구인 혼천의, 둥근 하늘의 모습을 담은 구형인 혼상이란 게 있었는데, 여러 개의 원형 장치를 복합해 만든 혼천의는 엄청 복잡했어.

　서양 고대의 천문학자들은 납작하게 만든 원 모양의 관측기구를 발전시켜 왔어. 이 관측기구 이름이 아스트롤라베야. '아스트로'가 별을 뜻하고 '라베'는 기구란 뜻이니까 글자 그대로 '별 보는 기구'란 뜻이야.

　아스트롤라베 제작자들은 3차원 입체의 하늘을 2차원 평면에 담아내려고 했어. 어떻게 했냐고? 공 모양의 하늘 남쪽 끝에 영사기를 놓았다고 생각해 봤어. 그 공 절반을 자른 단면인 적도면을 스크린처럼 쓴 거야. 이렇게 하면 둥근 하늘의 모든 좌표와 별들이 적도면 스크린 안에 비춰지겠지.

　그렇지만 3차원을 2차원으로 바꾸었기 때문에 정확하게 대응되지는 않았어. 고대 그리스 과학자가 처음 만들었을 때는 엉성한 측면이 있었지만, 8세기 이후 아라비아 과학자들이 그걸 매우 높은 수준으로 개량했어. 이 기구가 중국에 들어왔을 때 그것이 혼천의나 간의보다 간편하면서도 정확했어.

　관측 지점에 따라 위도가 다르기 때문에 아스트롤라베는 각 위도에 맞는 판을 계속 갈아 끼워서 썼어. 중국 사람은 이걸 개량해서 판을 갈아 끼울 필요 없게 만들었어. 개량한 아스트롤라베를 혼평의라 이름을 붙였지. 중국 사람은 이걸 또 개량해서 간평의를 만들었어. 간단하고 평편하다는 뜻이야. 중국에서는 간평의를 낮에 해만 관측하는 것으로 개량해서 썼어. 별 시계 기능은 포기했지.

　우리나라에서도 혼평의와 간평의를 모두 만들어서 썼단다.

혼천의

혼상

아스트롤라베

혼평의

간평의

▼
■세종 때의 천문학에 대해서는 전상운 선생의 연구를 빼놓고는 이야기하기 힘들 거야. 맨 먼저 가장 충실하게 연구한 학자란다.
■아스트롤라베를 비롯한 서양식 관측기구에 대해서는 문중양 선생의 《우리 역사 과학 기행》에도 상세히 잘 나와 있어.

7 측우기, 왜 만들었을까

측우기를 모르고 있는 친구는 별로 없을 거야. 딸아이 지영이에게 물어보니, "비의 양을 측정하는 기구야." 이렇게 자신있게 대답하더라. 측우기 글자를 풀어 봐도 비를 측정하는 기구란 뜻이니까 딱 맞는 대답이지.

測雨器
헤아릴 측 / 비 우 / 그릇 기

지영이에게 더 물어보았어. 언제 누가 만들었지?

"세종 때 장영실이 만들었어. 세계 최초로!" 비를 어떻게 측정하는데?

"그릇에 빗물을 받아 재는 거야. 눈금자를 넣어서 읽어." 근데, 그걸 왜 만들었지?

"농사에 도움이 되라고 만든 거지." 비의 양을 재는 게 어째서 농사에 도움이 된다는 걸까?

"오랫동안 측정하면 몇 월에 비가 얼마만큼 내렸는지 알게 되니까 그걸 활용하는 거지."

측우기를 만들게 한 세자 문종

지영이가 알고 있는 건 거의 다 맞는데, 그렇지 않은 것도 있어. 먼저 장영실이 만들었다는 게 확실치 않아. 장영실이 만들었다는 딱 부러진 기록이 없어. 우리가 앞에서 공부한 관측기구들은 누가 만들었는지 적어 놓았잖아. 근데 측우기는 그러지 않았어. 오히려 세종의 아들인 세자 문종이 측우기 아이디어를 냈다는 거야. 그 기록을 볼까?

위의 그릇을 측우기, 아래의 돌은 측우대라고 해.

1441년 4월 심한 가뭄이 계속되자 세자께서 크게 걱정하셨다.
비가 내리자 세자가 그릇을 만들게 하여 거기에 고인 물의 양을 측정했다.

이걸 보면 세자 문종이 측우기를 발명했다고 해도 되겠지. 근데, 세자가 직접 측우기를 만들었겠니? 당연히 솜씨 좋은 과학 기술자에게 시켰겠지. 그때 과학 기구를 가장 잘 만드는 장인이 장영실이니까 측우기도 장영실이 만든 거라고 추측한 거야. 관측기구 만들 때에도 정밀한 과학 원리를 알아내는 것은 이천 같은 천문학자가 담당했잖아. 세자 문종이 과학을 엄청 잘했거든. 조선의 로켓 신기전 알지? 이 무기를 개발한 사람이 세자 문종이야.

이쯤에서 질문 하나 할게. 측우기와 자격루, 어느 게 더 만들기 쉬울까?

"에이, 비교할 걸 비교하셔야지요? 자격루 만드는 게 백배 더 힘들었을걸요. 측우기는 그냥 그릇만 만들면 되잖아요. 자는 있었을 테고. 측우기는 우리도 만들 수 있겠어요." 그래, 대답 잘했다.

장영실 동상 오른쪽의 네모난 돌이 측우대란다. 장영실의 대표 업적이 측우기 제작이라고 생각했나 봐. 그런데 장영실이 측우기를 만들었다는 기록은 없어. 이 동상은 카이스트에 있어.

기술의 어려움과 쉬움 정도를 따지면 자격루가 태양이라면 측우기는 반딧불이라 할 수 있어. 달리 말해 자격루는 당시 온 세계에서 오직 장영실만 만들 수 있는 거였지만 측우기는 구태여 장영실이 아니라도 다른 사람이 제작할 수 있었다는 거지. 자, 그렇다면 이제 측우기 하면 누굴 떠올려야 할까? 장영실일까, 세자 문종일까? 당연히 세자 문종을 떠올려야 옳겠지.

"그릇을 이용해 고인 비를 재는 게 뭐 대단한 과학인가요? 세계 최초라서 대단한 건가요?" 이건 좀 설명이 필요하겠구나.

어제 비 내렸지. 얼마만큼 내렸는지 말해 보렴.

"많이 내렸어요. 엄청 많이 내렸어요." 음, 큰 비니까 말 그대로 호우구나. 많이 내렸다는 건 알겠는데 '엄청'이 얼마인지 감이 잘 안 잡히네.

"길에도 빗물이 흘러 신발이 다 젖었어요. 개천도 넘쳤다니까요. 뉴스를 보니 한강에 잠수교도 잠겼대요." 이제 좀 비의 양이 그려지는군. 그래, 뉴스에서 얼마나 내렸다고 하더냐?

"어제 하루에 400밀리리터 내렸다고 하네요." 우리나라 한 해의 평균 강수량이 1200밀리리터니까 넉 달치 비가 하루에 다 퍼부은 거로구나.

그냥 '엄청'이라는 말보다는 '넘치거나 잠긴다'고 하는 게 더 분명하고, 그보다는 '400밀리리터'라는 말이 더 정확하게 느껴지지. 이렇게 수로 표현되면 자연 현상을 훨씬 더 정확하게 이해하게 되지. 수치를 기본으로 1년 평균 강우량 또는 10년 동안 4월 한 달 평균 강우량 등도 알 수 있어. 세종 때 측우기 그릇을 만들어 비의 양을 잰 것은 과학의 역사상 이런 일을 최초로 했다는 걸 뜻해.

"다른 나라에서는 측우기 같은 걸 만들지 않았나요?" 비는 지역이나 계절에 따라 특징을 지니고 있기 때문에 경험으로 대략 짐작할 수 있어. 가랑비, 소나기, 장맛비, 집중호우, 여우비 등 이런 표현을 들어도 대충 비의 양을 짐작할 수 있고, 개천이나 강을 봐도 비가 얼마나 내렸는지 쉽게 나타나서 비의 양을 알 수 있잖아. 그래서 강우량을 정확하게 재야 할 필요성을 특별하게 못 느꼈던 거야. 다른 나라도 마찬가지였지. 그런데 왜 세종 때 비의 양을 정밀하게 재야만 했을까?

측우기로 비의 양을 잰 까닭

앞에서 세종 임금이 얼마나 정확함을 추구했는지 봤지? 하늘의 현상을 정확하게 읽어 내려고 했잖아. 비도 하늘의 현상이야. '그 아버지에 그 아들'이라고, 세자 문종도 똑같았어. 앞쪽에서 봤던 기록의 나머지 부분이야.

> 세자께서는 드디어 기다리고 기다리던 비가 내리자 비가 얼마나 내렸는지 알려고 했다.
> 그래서 비가 올 때마다 얼마만큼 깊이 땅을 적셨는지 파고 보았다.

수표 강우량을 측정할 때 측우기와 더불어 생각나는 게 또 하나 있지. 바로 수표야. 수표는 개천이나 강의 깊이를 재어 간접적으로 강우량을 측정하는 지표야. 수표는 측우기를 만들던 해에 같이 만들어 청계천과 한강변에 두었어. 청계천에 둔 것은 큰 돌에 눈금이 새겨진 나무 기둥을 꽂은 형태였고, 한강변의 것은 바위에 눈금을 새긴 모습을 띠었어. 수표는 측우기만큼 정확하지 않아. 그렇지만 눈으로 물의 양을 직접 볼 수 있지. 특히 이채로운 것은 눈금에 위험 수위를 표시했다는 점이야.

정확하게 알지 못했기 때문에 구리를 부어 그릇을 만들어 측정을 했다.

세자 문종이 처음에는 땅을 파서 물기 있는 곳까지 재는 방법으로 비의 양을 쟀어. 중국에서도 썼던 방법이고, 또 세종 이전 때까지 써 오던 방법이야. 이러면 어떤 문제가 생길까?

"요기까지인지 조기까지인지 정확하게 알기 힘들어요." 맞아. 게다가 흙의 성질에 따라 스며든 양이 서로 다르겠지. 그래서 세자 문종은 철로 그릇을 만들어 이런 문제를 해결한 거야. 이처럼 오차가 없도록 노력하는 게 바로 과학이란다.

측우기를 단순히 비의 양을 재는 데에만 쓰지 않았다는 기록을 찾았어. 정조 임금 때 측우기를 다시 제작하면서 '측우기명'이라는 글을 짓도록 했는데, 여기에 보여 줄게.

임금이 거친 옷을 입고, 죄수를 풀어 주고, 기우제를 지내셨다.
백성들은 '임금님 정성이 너무 지극하셔서 설사 비가 내리지 않는다 해도 그 마음 잊지 않으리'라 했다.
그런데 기우제를 지낸 뒤 단비가 밤새 1자 2치(36.36cm) 내렸다.
임금은 너무 기뻐 세종 임금 때처럼 측우기를 제작하여 뜰에 놓고 비의 양을 재라고 하셨다.

가뭄 끝에 단비가 너무 반가워서 얼마나 내렸는지 정확히 알아보려고 측우기를 만들라고 했구나. 우리나라의 자연재해 중 가장 심각한 게 가뭄이야. 한국 기후 특성상 1년 강우량의 대부분이 장마철에 몰아 내리지. 그러니 농작물을 심을 때나 한참 자랄 때에는 물이 부족해. 농사는 생명과 직결되니 가뭄 때 비를 기다리는 마음이 다른 지역보다 특별할 수밖에 없지.

측우기는 가뭄에 대한 임금의 지극한 관심을 드러내는 거야. 농사철에 한 달 이상 가뭄이 지속되면 농민은 농민대로, 통치자인 왕은 왕대로 마음이 까맣게 타들어가지. 한 달이 넘었는데도 비가 오지 않으면, 왕은 자신이 얼마나 고심하고 있는가를 행동으로 나타내게 돼. 반찬도 줄이고, 술도 끊고, 죄수도 풀어 주고, 세금도 받지 않아. 또 임금은 하늘에 기우제를 지내지. 며칠 간격으로 1차, 2차……5차, 6차, 7차 계속 지내. 그런 가운데 비가 내리면 얼마나 반갑겠어.

측우기가 비를 바라는 제사와 관련되어 있다니, 좀 실망스럽니? 이렇게 조선이 비의 양을 알아내려는 이유는 오늘날과 크게 달랐어.

서양에서는 1639년 카스텔리라는 사람이 처음으로 측우기를 만들었어. 우리가 1441년에 제작하였으니까 198년 뒤의 일이구나. 이탈리아의 카스텔리는 우리나라에서 꽤 유명한 과학자야. 왜냐하면 측우기 연도 비교할 때 꼭 나오는 사람이니까. 근데 이탈리아 사람들에게 물어보면 아무도 이 사람을 모른다고 해. 이탈리아에서는 레오나르도 다빈치, 갈릴레오 같은 과학자가 많아서 측우기 만든 업적의 중요성이 크게 떨어지기 때문이지.

한편 측우기를 만든 까닭은 강우량이 세금 매기는 일과 관련 있었기 때문이라는 주장도 있어.

"어. 웬 세금?" 측우기 제작을 호조에서 담당했는데 호조는 나라 재정을 담당하는 기구야. 다른 관측기구는 천문학 일을 맡은 관상감에서 만들었어. 왜 측우기만 호조에서 만들었냐는 문제를 제기했지. 세종 임금 때 세금을 땅의 비옥도에 따라 6등급, 한 해 수확량의 많고 적음에 따라 9등급으로 나누었어. 측우기 만든 때와 비슷한 때 시행되었어. 각 도에 측우기가 보급되었고, 각 지역에서는 강우량을 측정해 보고하도록 되었지. 그 지역의 강우량을 보면 어느 정도 등급이 맞는지 헤아릴 수 있었거든. 하지만 이런 견해는 일리는 있지만 직접적인 증거가 없어.

19세기에 만든 서양의 측우기 서양의 측우기는 계속 개량해서 더욱 정밀한 것으로 발전되었어. 이와 달리 조선에서는 세종 때 만든 측우기 그대로 사용했어. 왜 그랬을까? 우리나라는 '하늘의 뜻'을 읽어내려는 생각으로 측우기를 썼기 때문에 더 이상 개량할 필요가 없었던 것 아닐까?

측우기가 남긴 대기록

그럼 우리나라 측우기가 보잘것없는 거냐고? 절대 아니야. 세 가지 뛰어난 점이 있어.

첫째, 지금까지 말한 대로 빗물의 양을 오차 없이 재려고 한 생각 그 자체가 평범한 게 아니야. 오차를 줄이는 것이 곧 과학이잖아.

둘째, 조선 측우기의 규모가 현대 측우기의 규모와 상당히 비슷하다는 점이야. 조선 측우기의 지름이 20센티미터인데, 현대 측우기와 3센티미터밖에 차이가 안 나. 이게 뭘 뜻할까? 측우기는 비가 적게 오건 많이 오건 간에 정확하게 잴 수 있는 크기로 만들어졌다는 걸 뜻해. 달리 말해 상당히 과학적으로 설계되었다는 거지. 지름이 너무 크면 비가 조금 왔을 때에는 정확하게 측정하기 힘들어. 너무 작아도 오차가 커지게 된단다.

셋째, 이건 무척 중요하기 때문에 조금 자세히 말해야 해. 측우기 그 자체보다 오히려 더 가치가 있다고 할 정도니까. 바로 200여 년 동안 관측 자료가 남아 있다는 사실이야. 단, 서울 지역의 것만 남아 있어. 그래도 이건 세계에 하나밖에 없는 대기록이야. 단지 기구를 먼저 만들었다는 것보다 값진 거야. 관측이 중단 없이 지속되었음을 뜻하기 때문이야. 게다가 비를 잰 관측치를 예보에 활용하려고 했다는 점에서 더 큰 의의가 있어. 1년 전체 비의 총량을 아는 것은 물론이거니와 달마다의 월별 통계량을 알 수 있어. 이를테면 '5월의 평균 강우량이 얼마였으므로, 이를 고려할 때 이번 달에 비가 어느 정도 더 내릴 것이다.'는 식이지. 이런 사실은 조선 문명의 높은 수준을 말해 주는 거야. 한국 과학사 연구의 최고 권위자인 전상운 선생은 20세기 이전에

유일하게 남아 있는 조선 시대의 측우기 측우기가 '분리'된다는 거 알고 있는 사람? 아마 거의 없을 거야. 사진은 조선 시대 측우기로 단 하나 남아 있는 거야. 이 측우기는 3개로 나뉘기 때문에 조립을 해서 세워 둔단다. 지금 기상청에 있어.

이렇게 오랜 동안 꾸준히 강우량을 측정한 예는 세계사에서 찾아보기 힘들다면서 높이 평가했어. 우리가 측우기를 배우는 진정한 의미는 그때 운영되던 측우기 그 자체라기보다는 측우 시스템에 있는 거야.

앞에서 지영이가 말한 것 중에 어디 빠진 게 있나 보자. 아, 하나 있구나. 측우기가 농사에 도움을 주었다고 했네. 과연 그럴까? 지금까지 공부한 걸 볼 때, 측우기가 어떤 점에서 농사에 도움이 되었을까?

"월별 강우량 통계를 알고 있으니까 비에 대한 정보를 어느 정도 활용할 수 있겠네요." 딱 그 정도구나. 오늘날 날씨를 미리 알려 주는 예보와는 차이가 너무나 커. 그래서 한국 과학사의 또 다른 권위자인 박성래 선생은 측우기는 농업의 발전과 직접 관련은 없다고 주장했어.

▼
■측우기 논쟁이 이태진 선생과 박성래 선생 사이에 있었어. 이태진 선생은 측우기가 농업 생산성 증가라는 목적에 따라 만들어졌다고 주장했고, 박성래 선생은 이를 반박했지. 박성래 선생은 측우기는 가뭄이라는 자연재해를 하늘의 재앙으로 인식한 당시 사람들이 그 재앙을 극복하기 위해 지낸 기우제와 비슷한 성격을 띤다고 주장했어. 이러한 학문적 논쟁은 과학이 더욱 발전하는 계기가 되지.
■측우기에 대한 글은 내가 학생들과 함께 쓴《우리 과학의 수수께끼 2》의 측우기 관련 글을 많이 참조했어.

8 해시계 앙부일구로 시간 읽기

우리가 늘 보는 시계는 째깍째깍 바늘이 가는 아날로그시계거나 반짝반짝 숫자가 바뀌는 디지털시계야. 또 무슨 시계가 있는지 알아?

"제 배꼽시계도 정확하니까, 시계에 포함시켜도 되지 않을까요?" 때가 되면 정확히 신호를 보내는 배꼽시계도 일종의 생체 시계라 할 수 있겠네. 시계의 원뜻은 '시간을 계측하는 장치'야. 어떤 시계든 시간을 알려준다는 공통된 임무를 띠지. 등잔불 심지 시계, 촛불 시계, 향불 시계도 있었어. 타는 시간이 비교적 일정해서 옛 사람들이 시계로 삼았던 것들이야. 또 해시계, 물시계, 천문 시계가 있어.

가장 오래된 시계, 즉 시간을 측정하는 기구는 뭘까? 해시계야. 해 그림자를 이용해 시간을 측정하는 해시계. 그림자를 잰다 해도 그냥 막대기를 꽂기만 하면 되는 게 아니야. 하루의 길이에 대한 관측 데이터가 있어야 시판의 간격을 정할 수 있어.

> **時版**
> 때 시 / 판목 판
> 시계에서, 시간을 나타내는 숫자나 기호를 그려 놓은 판

잘 알려진 오목 해시계 앙부일구도 그렇게 만들어진 거란다.

앙부일구 구석구석 살펴보기

이름 뜻부터 풀어 보자. '앙(仰)'은 앞쪽 또는 열린 쪽을 뜻해. 뒷면을 뜻하는 '배(背)'의 반대말이야. '부(釜)'는 가마솥을 뜻하지. '일구(日晷)'는 해 그림자라는 뜻도 있고, 해시계라는 뜻도 있어. 그러니까 앙부일구는 '솥 안쪽을 닮은 해시계'란 뜻이 되지.

그림자의 위치와 길이로 시각과 절기 두 가지를 모두 알 수 있어. 앙부일구가 보통 해시계처럼 평편한 게 아니라 움푹 파인 것은 천체의 모습을 오차 없이 반영하기 위해서야. 평면 해시계에서는 시간 간격이 일정하지 않다는 단

앙부일구 숫자는 없고 한자만 가득 써 있고, 여러 선이 그어져 있어서 굉장히 복잡해 보여. 하지만 앙부일구의 구조는 단순한 편이야. 이 단순한 해시계로 분 단위 시간까지 잴 수 있지. 그리고 시간뿐만 아니라 날짜도 알 수 있단다.

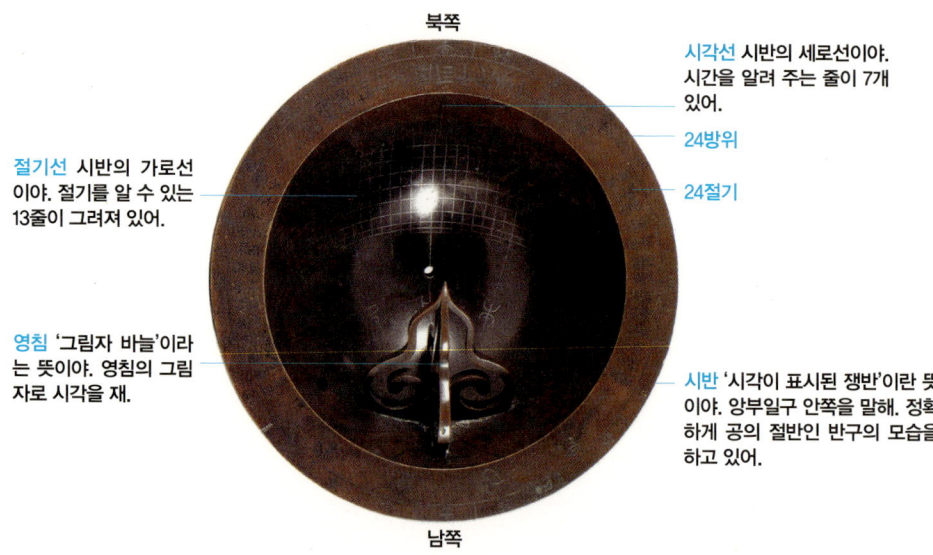

점이 있었어. 오목하게 만들어 오차를 없애서 각 시간 간격을 일정하게 한 거지. 오차를 줄이려는 노력은 모든 과학 기술에서 매우 중요해.

시반에는 그림자를 받기 위한 시각이 씨줄(세로선)로 묘시부터 유시까지 7개 글자가 새겨져 있지. 그림자가 있는 낮 시간만 표시한 거야. 오전 5시부터 오후 7시까지 말야. 세종 때에는 글자 옆에 각 띠에 해당하는 동물이 그려져 있었어. 글을 모르는 백성들도 시각을 알 수 있도록 한 거야.

- 묘시 오전 5시~오전 7시
- 진시 오전 7시~오전 9시
- 사시 오전 9시~오전 11시
- 오시 오전 11시~오후 1시
- 미시 오후 1시~오후 3시
- 신시 오후 3시~오후 5시
- 유시 오후 5시~오후 7시

씨줄과 함께 날줄(가로선)도 표시되어 있는데, 그건 계절 변화를 뜻하는 선이야. 이건 중국 원나라의 천문학자 곽수경이 처음 고안해 낸 건데 기막힌 생각이지. 왜 놀라운 생각이냐고? 그림자는 지구의 자전에 따라 하루 그림자의 위치가 바뀌기도 하지만, 지구 공전에 따라 절기마다 그림자 길이가 달라지는데 앙부일구는 그걸 이용해 시간뿐만 아니라 계절의 변화까지 알아내려고 한 거야. 절기선은 13줄 그려져 있어. 당시 계절의 변화는 절기로 표현되었지. 1년을 24절기로 나눴어. 근데 왜 24개 줄이 그려져 있지 않고 13개만 그려져 있냐고? 1년의 6개월인 동지에서 하지까지 길이와 하지에서 동지까지 길이가 같다고 가정했기 때문에 절반만 그린 거야.

이제 가운데 딱 놓인 꼬챙이 이야기를 할 차례군. 보통 해시계에서 그림자를 만드는 막대기를 앙부일구에서는 멋진 꼬챙이가 대신하고 있지. 이 꼬챙이를 영침, 곧 그림자 바늘이라고 해. 그림자 바늘은 정확하게 남쪽에 꽂혀 있고, 북쪽을 바라보게 설치했어. 바늘 끝은 솥의 정중앙에 머물러. 그래야 시간과 절기에 대한 가장 정확한 값을 얻을 수 있어. 이 그림자 바늘은 중국의 것과 다른 독창적인 거야. 중국 원나라에서는 빛이 통과하는 구멍 장치를 써서 시간을 재도록 했지.

"그런데 그림자 바늘이 왜 기울어져 있어요?" 이유 없이 기울여 단 것이 아니야. 이 기울기는 솥 밑바닥으로부터 딱 서울의 위도만큼 기울어져 있어. 세종 때 기준으로는 37도 20분이지(오늘날 기준으로 환산하면 37도 39분 15초). 이 당시는 원의 각도를 $365\frac{1}{4}$도로 썼어. 360도로 쓴 것은 서양 천문학을 받아들인 조선 후기부터야. 여하튼 이처럼 그림자 바늘의 각도를 서울에 맞춘 것은 이 시계가 우리나라의 시간을 재는 해시계임을 분명히 한 거야.

앙부일구 보고 시간과 절기 찾기

자, 이 정도 알았으면 공부는 충분해. 이제 실제로 체험을 해 볼까? 지금은 해시계를 갖고 다니며 볼 수 있는 사람이 없으니, 반대 방법을 써 보자. 시계 그림자를 보고 시각을 맞추는 것이 아니라, 특정한 날의 그림자가 해시계 어디쯤 위치해 있을까 생각해 보는 거지.

조선 시대의 시간

조선 시대에는 지금과 달리 하루가 24시가 아니라 12시진이었어. 그러니까 1시진은 지금의 2시간이지. 오늘날 하루라고 하면 보통 자정(밤 12시)에서 다음 날 자정까지를 말하는데, 12시진에서는 자시(밤 11시)부터 다시 자시까지를 하루라고 했어. 자・축・인・묘・진・사・오・미・신・유・술・해, 이렇게 열두 동물로 나타냈어.

맨 처음의 '자'는 쥐띠지? 띠 하나가 1시진. 1시진은 다시 '초'와 '정' 두 가지로 구분했어. 자시가 시작되는 밤 11시가 '자초', 밤 12시가 '자정', 이렇게 말이야. 그러니까 결국 옛 시간도 오늘날과 같이 24였다고 생각해도 괜찮아.

"그런데, 시보다 작은 분, 초도 썼나요?" 좋은 질문이야. 왜 안 썼겠어.

지금의 분과 비슷한 개념으로 '각'을 썼어. 우리가 시각이라 말할 때 그 '각'이야. 조선 후기에는 1각이 지금 15분이야. 1일을 96각으로 맞췄지. 그럼, 1시진은 몇 각일까? 1시진은 두 시간, 즉 120분이니까 15분으로 나누면 되겠지. 그래서 1시진은 8각이야. 앙부일구를 보면 씨줄(시각선) 사이가 8칸씩으로 나뉘어 있어. 그래서 시진과 각을 읽기 편했지.

어때, 이해되니? 조선 시대 시간은 세종 때가 아닌 조선 후기를 기준으로 설명했어. 왜냐하면, 세종 때에는 1일을 96각이 아니라 100각을 기준으로 했기 때문에 당시 12시진 시법과 딱 떨어지지 않아. 그래서 각 표시가 한결 복잡해서 그랬던 거야.

다음으로 넘어가기 전에 잠깐! 자칫 전통 천문학에서 '1시진=100각, 원의 각도=$365\frac{1}{4}$도' 라고 한 것이 실력이 없어서 그런 것일까? 그렇게 오해할까 봐 걱정이 돼. 해시계에서 불편한 것은 맞아. 하지만 다른 천문 계산에서는 옛 것이 엄청 편리해. 천문학 계산에서 '1각=100분'이고, '1일=100각'이니까 '1일=10,000분'이 되잖아. 그럼 나눗셈할 때 얼마나 편했겠어. 또 365도를 쓰면 1일이 1도야. 이 또한 복잡한 천문 수학 계산에서 엄청 편한 구실을 했지. 이런 차이는 과학 수준의 차이라기보다는 관행과 관점의 차이에 불과해. 알겠지?

그럼 문제 나간다. '3월 14일 오후 1시의 그림자는 어디에 있을까?' 어때, 그림자 위치를 찾을 수 있겠니? 24절기와 12간지 표를 보면서 천천히 찾아보렴.

"오후 1시는 미시네요. 미가 양을 뜻하니까 양 그림 있는 선에 그림자가 있어요." 음, 출발이 좋아. 그다음, 날짜는 절기로 찾으면 돼.

"절기는 잘 모르겠어요. 가르쳐 주세요."

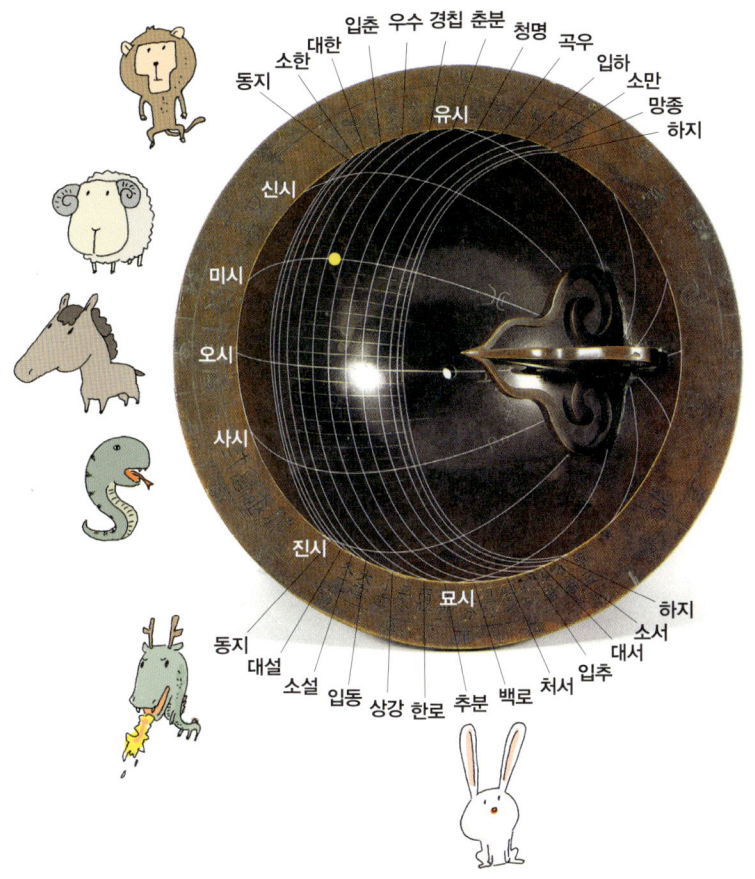

24절기

소한	양력 1월 6일경	입하	양력 5월 6일경	백로	양력 9월 8일경
대한	양력 1월 21일경	소만	양력 5월 21일경	추분	양력 9월 23일경
입춘	양력 2월 4일경	망종	양력 6월 6일경	한로	양력 10월 8일경
우수	양력 2월 19일경	하지	양력 6월 21일경	상강	양력 10월 23일경
경칩	양력 3월 6일경	소서	양력 7월 7일경	입동	양력 11월 7일경
춘분	양력 3월 21일경	대서	양력 7월 23일경	소설	양력 11월 22일경
청명	양력 4월 5일경	입추	양력 8월 8일경	대설	양력 12월 7일경
곡우	양력 4월 20일경	처서	양력 8월 23일경	동지	양력 12월 22일경

12간지

자시(쥐)	오후 11시~오전 1시		오시(말)	오전 11시~오후 1시
축시(소)	오전 1시~오전 3시		미시(양)	오후 1시~오후 3시
인시(호랑이)	오전 3시~오전 5시		신시(원숭이)	오후 3시~오후 5시
묘시(토끼)	오전 5시~오전 7시		유시(닭)	오후 5시~오후 7시
진시(용)	오전 7시~오전 9시		술시(개)	오후 7시~오후 9시
사시(뱀)	오전 9시~오전 11시		해시(돼지)	오후 9시~오후 11시

절기는 농사에 너무 중요했기 때문에 꼭 알아야 할 상식이야. 공부해 보도록 하자. 1467개 별이름 외우는 것도 봤는데 24개쯤이야! 요령을 알면 훨씬 쉽단다. 우선 사계절과 관련해서 자주 쓰는 4절기를 먼저 알아 두면 편해. 동지, 하지, 춘분, 추분이 그거야. 동지는 밤이 가장 긴 날, 하지는 낮이 가장 긴 날이고, 춘분, 추분은 밤과 낮의 길이가 똑같은 날이야. 근데, 춘분과 추분의 날짜는 몰라도 하지, 하지와 동짓날은 기억해 두자꾸나. 하지는 6월 21일경, 동지는 12월 22일경이야. 24절기 표를 보면서 문제를 계속 풀어 보렴.

"음, 3월 14일이면 경칩(3월 6일경)과 춘분(3월 21일경) 중간쯤이에요. 양이 그려진 씨줄을 따라 들어가 경칩과 춘분 중간 부분에 그림자 바늘 끝의 그림자가 놓여요!" 딩동댕.

근데 이 시계는 낮이 엄청 긴 지방에 가면 쓸 수 없을 것 같다는 느낌이 뇌리를 스치네. 왜 낮이 긴 곳에서는 쓸 수 없을까? 우리나라에 맞춰서 만들었기 때문이야. 앙부일구는 서울에서 1년 중 아무리 낮이 길더라도 그림자가 벗어나지 않는 지점(최대치의 그림자 길이)까지만 새긴 거지.

신라 때의 해시계(복원품) 우리나라는 오래전부터 해시계를 써 왔어. 원판에 막대기를 꽂은 이런 해시계는 어느 지방에서든 쓸 수 있지.

해시계의 단점과 장점

해가 뜨지 않는 날에 해시계를 쓸 수 있을까? 또 밤에는?

"그림자가 보이지 않으니까 시간을 못 읽어요." 해시계의 결정적인 단점이 밤과 흐린 날에 못 쓴다는 거야. 그래서 다른 시계가 필요했어. 시간에 따라 일정 간격을 유지하는 것들을 시계에 응용한 거야. 향불, 촛불, 등잔 심지는 실제로 시계 구실을 했어. 굵기와 길이를 일정하게 해 주면 시계가 되었지. '1시간용 촛불' 이런 식으로 말이야. 근데 정밀하지 않을 뿐더러 값이 비싸잖아. 시간 재려고 비싼 초나 등잔을 계속 태울 수 없지. 절에서 향 쓰는 정도는 허용됐어. 예불은 시간에 맞춰 드려야 하니까.

"옛 사람들은 밤 시간을 잘 몰랐겠네요?" 흐린 날이나 밤에는 물시계를 써서 밤 시간을 알았어. 뚝뚝 떨어지는 물로 시간을 잴 생각을 한 건 정말 기발해. 항아리 아래쪽에 조그만 구멍을 뚫어 놓고 물을 채우면 한 방울씩 나오는 게 놀랄 정도로 일정하다는 걸 안 거야. 근데 물시계는 만들기가 복잡하고 물을 부어 주는 등 관리가 필요해. 해시계는 해만 있으면 다른 것은 전혀 필요 없어. 해시계 최대의 장점이야!

절기와 기후

"어? 근데 24절기가 음력 아니었나요?" 하나만 물어보자. 농사짓는 게 태양과 관련이 클까, 아니면 달과 관련이 클까? 당연히 해와 관련이 크지. 1년의 변화는 이렇듯 태양을 기준으로 했기 때문에 그런 점에서 태양력의 성격을 띠지.

한 달을 정할 때는 달의 운행을 기준으로 하여 열두 달을 구성했지만, 절기는 농사에 참고하기 위해 15일마다 달라지는 기후를 참조하여 정했어. 그래서 절기는 1년에 24번이야. 날씨를 뜻하는 기후란 말도 여기서 나왔어. '기(氣)'는 15일을 뜻하고, '후(候)'는 '기'를 3등분한 5일이란다. 기준이 되는 절기부터 알아보자. 하지(6월 21일경)와 동지(12월 22일경) 사이 절반 부분에 추분이 있고, 동지와 하지 절반 사이에 춘분이 있어. 그러니까 춘분은 3월 21일, 추분은 9월 23일경이 돼. 이 4개 사이에 또 쉬운 4절기가 있어. 바로 봄, 여름, 가을, 겨울이 시작한다는 입춘, 입하, 입추, 입동이 그거야. 날짜도 딱 중간이야. 입춘은 2월 4일경, 입하는 5월 6일경, 입추는 8월 8일경, 입동은 11월 7일경이지.

나머지 부분은 기계적으로 외울 수 없어. 계절의 특징을 파악해 알아두면 돼. 이 8절기 사이에 2개 절기씩 들어 있는데 날씨 변화를 생각한다면 쉽게 이해될 거야.

봄 앞 절반인 입춘과 춘분 사이에는 우수, 경칩이 있어. 봄비 시작하는 날이 우수(2월 19일경)이고, 봄비 젖은 땅속에서 겨울잠 자던 개구리가 놀라 튀어나온 날이 경칩(3월 6일경)이야. 봄 후반기인 춘분과 입하 사이에는 청명과 곡우가 있어. 맑은 봄 날씨가 청명(4월 5일경)이고, 단비가 내려 곡식의 싹을 키우는 때가 곡우(4월 20일경)야. 청명은 식목일, 한식과 겹쳐 있어 외우기 쉽지.

여름 앞 절반인 입하에서 하지 사이에는 소만과 망종이 있어. 햇볕이 충만하고 만물이 자라서 가득 찬 것, 달리 말해 신록이 우거진 게 소만(5월 21일경)이고, 곡식의 씨를 뿌리는 날이 망종(6월 6일경)이야. 여름 후반인 하지와 입추 사이에는 작은 더위인 소서(7월 7일경)와 큰 더위인 대서(7월 23일경)가 있어. 대서 무렵 엄청 더워질 때 신나는 여름방학이 시작되지.

가을 앞 절반인 입추와 추분 사이에는 처서와 백로가 있어. 더위가 꺾인다는 뜻이 처서(8월 23일경)야. 낮에는 햇볕이 뜨거워도 아침저녁으로 찬바람 솔솔 불지. 백로(9월 8일경)는 흰 이슬이란 뜻이야. 진로와 비슷한 뜻이지. 가을 기운 때문에 풀에 맺힌 이슬이 더욱 하얗게 빛난다고 느껴질 때야. 가을로 접어든 추분과 입동 사이에는 한로와 상강이 있어. 한로(10월 8일경)는 찬 이슬, 상강(10월 23일경)은 서리가 내린다는 뜻이야. 어때, 몸이 움츠러드는 게 슬슬 찬 계절이 느껴지지 않아? 상강 무렵 많은 동물들이 겨울잠 자러 들어가지.

겨울 앞 절반인 입동과 동지 사이에는 소설과 대설이 있어. 겨울에는 눈이 내려야 제멋이지. 처음에는 조금씩 내린다고 해서 소설(11월 22일경)이고 나중에 많이 내린다고 해서 대설(12월 7일경)이야. 대설 무렵 눈이 많이 내리면 풍년 든다고 해. 겨울 후반기인 동지와 입춘 사이에는 큰 추위가 기다리고 있어. 겨울방학 때야. 소한과 대한이 그거야. 조금 춥다고 해서 소한(1월 6일경), 크게 춥다고 해서 대한(1월 21일경)이라 했어. 근데, '대한 친구가 소한 집에 놀러 가서 얼어 죽었다.'는 말이 있어. 실제로 대한 때보다 소한 때가 훨씬 더 춥다는 뜻이지. 이는 24절기를 만든 중국 기후와 한국 기후가 다르기 때문이야.

비밀노트
조선 시대에 만든 여러 가지 해시계

앙부일구는 다른 천문기구와 함께 이천과 장영실이 함께 만들었어. 오목 해시계 알수록 괜찮은 시계야. 손목시계 버리고 이거 들고 다니면서 시간 재 볼까? 근데 너무 크고 무거워서 흠이야.

그래서 조상들은 작게 만들어 들고 다녔어. 휴대용 해시계로 시간을 보려면 신경 써야 할 게 두 가지 더 있어.
우선, 해시계가 기울어지지 않아야겠지. 기울어지면 그림자가 왜곡돼. 수평을 유지하기 위해서는 물을 이용했어. 주로 시판 사방에 홈을 파서 물이 흘러내리지 않게

규표 해 그림자를 받는 면이 평평하지? 오목 해시계인 앙부일구와 달리 규표는 평면 해시계야.

하는 방법을 썼어. 해시계의 오목히 파진 곳에 물을 부어 지남침만 띄워서 보기도 했고, 아예 한쪽에 나침반을 만들기도 했지.
다음은, 나침반을 보고 남북 방위를 정확하게 일치시켜 줘야 해. 요게 해시계 측정의 핵심이었잖아. 그림자 바늘 끝이 북쪽을 향하도록 말이야. 그러고 나서 그림자 닿는 곳을 읽어야 바른 시간을 알 수 있지.

여러 가지 휴대용 앙부일구

나침반 없이 방위를 알 수 있도록 만든 시계도 있어. 바로 정남일구야. 방위를 알아내는 관측도구에서 썼던 방식을 응용한 거야. 낮에는 해시계, 밤에는 별시

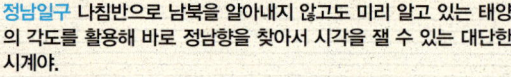
정남일구 나침반으로 남북을 알아내지 않고도 미리 알고 있는 태양의 각도를 활용해 바로 정남향을 찾아서 시각을 잴 수 있는 대단한 시계야.

계로 작동하는 다목적 시계였지. 원리는 무척 어려우니까 자세한 설명은 생략할게. 단, 이 시계가 중국 등 다른 나라에서는 전혀 볼 수 없는 매우 창의적인 세종 때 작품이란 것은 기억해 두자.

참, 조선 시대에 만든 해시계가 하나 더 있어. 간평혼개일구라는 게 그거야. 놀랍게도 이 시계는 천문 관측기구인 혼평의와 간평의를 시계로 계량했어. 원래 관측기구는 해의 위치를 재는 거고, 해시계는 그 그림자를 재는 거잖아. 근데 이 시계는 해의 위치를 재는 게 아니라 해 그림자의 위치를 재는 것으로 바꿔 놓은 거야. 그 둘을 모두 새겼어. 세계에서 하나밖에 없는 괴짜 시계야.

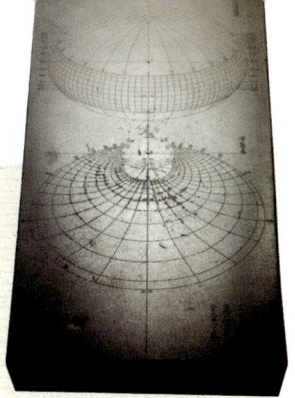

간평혼개일구 이 시계는 1785년 관상감에서 만든 거야. 가로 52.5cm, 세로 128.5cm로 상당히 큰데 한 돌에 두 개의 시계 판이 그려져 있어.

세종 때 만들어진 여러 해시계들은 조선 후기에도 널리 쓰였어. 특히 휴대용 앙부일구가 크게 인기를 끌었지. 근데 17세기 이후 서양 해시계가 들어오면서 그것도 개량해서 만들어 썼어.

지평일구 조선 후기에 만들어진 서양식 해시계야.

▼
시계와 시간에 대해서는 전상운 선생의 《시간과 시계 그리고 역사》와 남문현 선생의 《장영실과 자격루》, 국사편찬위원회에서 펴낸 《하늘, 시간, 땅에 대한 전통적 사색》, 문중양 선생의 《우리 역사 과학 기행》에 실린 글 등 좋은 글이 많아. 또 내가 학생들과 함께 쓴 《우리 과학의 수수께끼 2》에서도 해시계 이야기를 다뤘어.

9 자동으로 울리는 물시계 자격루의 비밀

자격루. 많이 들어 봤지? 그런데 자격루의 원리를 잘 아는 사람은 드물어. 아마 학교에서 '자동 물시계'라고 배웠을 거야. 자동 물시계라······. 어떻게 물시계가 자동으로 작동한다는 거지? 그것보다 먼저 물시계는 뭘까?

自擊漏
스스로 자 / 칠 격 / 샐 루(누)

물시계란 요즘 쓰는 말이고, 원래는 한 글자로, '누(漏)'라고 했어. '물이 뚝뚝 떨어진다'는 뜻이야. 뚝뚝 떨어지는 물로 시간을 측정하기 때문에 물시계라고 하게 되었지. 루(누) 자 앞의 '자격'은 '스스로 친다'는 뜻이야. '자격'은 아침잠을 깨워 주는 자명종과 꼭 같은 말이지.

자, 이름의 뜻풀이가 다 되었어. 자격루는 '자명 장치를 갖춘 물시계'란다.

자동으로 시간을 알려 주는 물시계를 만들라

너희들 시계 뜯어본 적 있어? 손목시계도 좋고, 뻐꾸기시계도 좋아. 일부러 뜯지는 않았어도 시계 속을 구경이라도 해 봤을 거야. 가장 눈에 띄는 게 뭐였어?

"톱니들이 여럿 들어 있어요." 톱니들이 어떻게 움직이지?

"초침, 분침, 시침의 톱니가 연결되어 돌아가요." 톱니바퀴는 저절로 가니?

"건전지가 있어서 움직이는 거예요." 건전지가 없으면?

"태엽 장치가 달린 시계는 건전지 없어도 되지요." 음, 제법 똑똑한 걸.

그럼 다른 질문을 해 볼게. 때가 되면 울리는 알람은 어떤 원리지?

"알람은 시계와 별도로 장치가 되어 있

자격루 현재 모습 자격루를 공부하기 전에 주의할 점 하나가 있어. 옛 만 원 권이나 유물 사진으로 나오는 자격루만 떠올려서는 안 돼. 그건 물시계 일부분만 남아 있는 거야. 자명 장치가 빠져 있는 거지. 현재 자명 장치 부분은 사라지고 남아 있지 않아. 사진은 장영실이 만든 것은 아니야. 장영실이 만든 것을 본떠 중종 때 새로 만든 거란다.

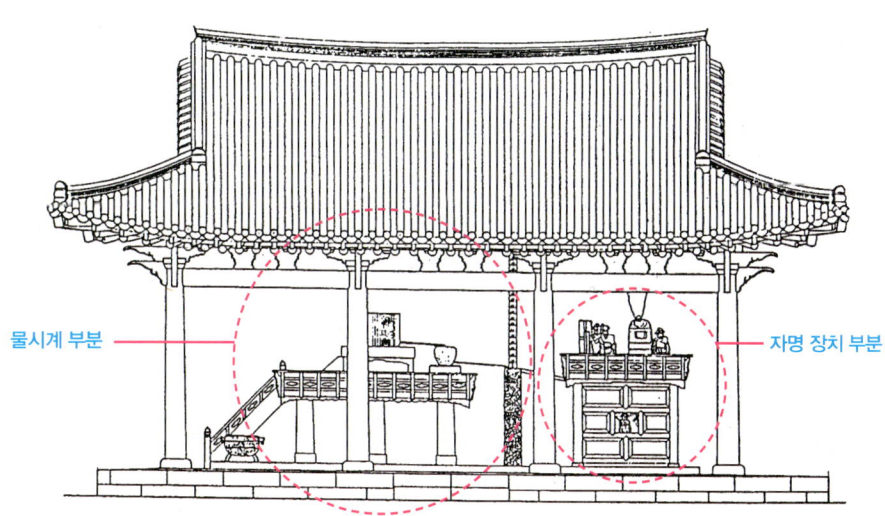

자격루의 온전한 모습 자격루가 만들어졌을 때에는 그림과 같이 보루각이라는 건물 안에 있었어.

한국 과학사 이야기 103

어요. 정해진 시간에만 울리도록 해 놓은 거예요." 맞았어. 알람은 정해진 시간이 되면 무엇인가가 닿거나 부딪쳐서 즉, 움직임이 일어나서 소리가 나는 거지.

좋아, 정말 잘 아는구나. 그럼 시계를 한번 만들어 볼래? '자명 장치를 갖춘 물시계를 만들어라. 한 터럭도 오차가 생기면 안 된다. 최소한 백 년 동안 작동해야 한다. 가능한 한 빨리 만들어라.' 이런 숙제를 받았다면 어떤 기분이 들겠니? 머리털 움켜쥐고 '으악' 비명을 지르는 모습이 보이는 것 같군. 나는 그렇게 어려운 숙제는 내지 않을 거야. 그런데 실제로 이런 과제를 낸 사람이 있었어. 바로 세종 임금이란다.

1431년 어느 날 장영실에게 다음과 같은 명령을 내렸지.

고대의 물시계 아주 오래된 물시계 그림이야. 우리나라에서는 삼국 시대부터 물시계를 사용했다는 기록이 있어. 자격루가 만들어지기 전에는 사람이 지키고 서서 시각을 보고 있다가 종을 쳐서 알렸지. 밤에도 시각을 알렸는데, 관리들이 졸다가 종 치는 것을 놓치는 일도 있었다고 해.

요즘 시계가 정밀하지 못하구나. 오차가 적은 정확한 시계가 필요하다.
또 밤마다 잠을 못 자고 물시계 시간을 측정해야 하는 천문 관리들이 안쓰럽다. 졸다가 시간 놓치면 큰일이지 않더냐?
네가 내 이런 고상한 뜻을 받들어, 사람이 일일이 손 안 대도 자동으로 시간을 알려 주는 정확한 물시계를 만들어 주면 좋겠구나.

명령을 받은 장영실은 3년 만에 자동으로 울리는 물시계를 만들었어. 그리고 자격루라고 이름을 붙였지. 시간이 매우 정확한 건 기본이고, 자동으로 시각을 알려 줘. 게다가 시간이 바뀔 때마다 시간에 해당하는 12띠 동물 모양 나무 인형이 탁탁 튀어나와. 딱 자시(밤 11시)가 되니까 쥐 인형이 툭 튀어나오고, 북이 '둥' 하고 울리는 거야. 앞 장에서 시간을 열두 동물로 나타낸 것 배웠지. 해시계에는 동물 그림을 그려 넣었는데, 물시계는 인형만 보고도 시간을 알 수 있게 했어. 하루 종일 지켜봐 봐. 시간에 따라 척척척 목각 인형이 돌아가고, 때맞춰 땡땡땡 종소리가 울릴 거야. 그리고 밤 시간 되면 둥둥둥 북소리가 들리는 시계였지.

장영실은 세종의 명령을 멋지게 해결했고, 세종은 무척 만족했어.

자격루 원리의 비밀

물시계를 정확하게 하려면 어떤 일이 필요한지 생각해 보자꾸나.

"물의 양을 일정하게 유지해야지요." 옳지, 시작이 좋아. 어떻게 하면 물 항아리(파수호)에서 나오는 물이 일정함을 유지할 수 있을까?

"물 항아리에 물이 많이 들어 있으면 압력이 높아 많이 나오고, 물이 적으면 적게 나오는 거 맞죠. 그러니까 물 항아리에 든 물 높이를 똑같게 해 주면 되겠네요." 대단한데!

 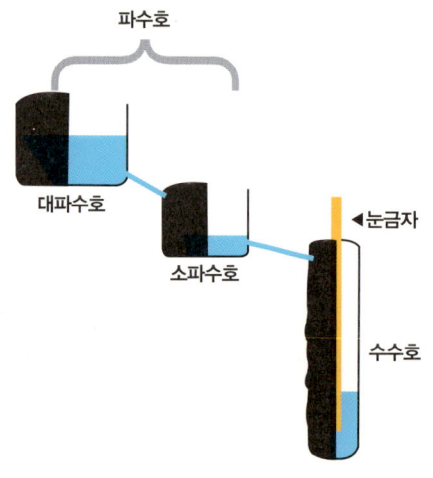

물시계의 3대 구성 요소 물시계에는 3대 구성 요소가 있어. 첫째 요소는 물 대주는 항아리, 파수호야. 물을 일정하게 뚝뚝 떨어지게 한단다. 둘째는 물을 받는 항아리, 수수호야. 자격루에서 용 모양으로 조각되어 있는 것이 수수호야. 이 물받이통 안에 고인 물로 시간을 측정하지. 셋째는 눈금자야. 눈금자는 수수호 안에 둥둥 떠 있고 시간을 나타내는 눈금이 새겨져 있어서 항아리에 고인 물은 곧바로 시간으로 표시돼.

"방법은 잘 모르겠어요." 빠져나가는 물 양과 들어오는 물 양을 같게 해 주면 되지. 그러려면 어떤 방법이 좋을까?

"마개를 사용하는 거예요! 수세식 변기 물통도 비슷한 원리 아닌가요? 변기 물을 내리면 다시 물이 차오르다가 어느 높이가 되면 마개가 움직여서 구멍을 딱 막아 버리잖아요. 그래서 물통에는 항상 같은 양의 물이 들어 있지요." 그래 좋은 방법이야. 그런데 자격루에서는 마개를 썼다는 흔적은 보이지 않아. 다른 방법이 없을까?

"그럼 아래 작은 항아리 전체에 늘 물이 꽉 차 있도록 위 큰 항아리에서 계속 물을 흘려보내면 어떨까요?" 그래, 우리 조상도 바로 그 방법을 썼어.

"아하! 자격루 물시계 물 항아리가 아래, 위로 연달아 이어 놓은 것이 바로 일정한 압력을 유지하기 위한 거였군요." 그래, 맞았다!

물시계가 정확하려면 또 필요한 것이 있어. 자격루에 대해 상세하게 기록한 '보루각기'라는 글을 보자.

역법인 수시력에 따라 자의 눈금을 정확하게 했다. 물시계 시간은 간의로 측정한 결과와 비교해도 털끝만큼도 차이가 없게 되었다.

간의는 세종 때 제작한 건데, 천체의 운행을 정확하게 측정할 수 있게 만든 천문 관측기구였어. 무엇보다 여기서 핵심은 "수시력에 따라 자의 눈금을 정확하게 했다."는 구절이야. 잘 기억해 둬. 수시력은 당시 세계에서 가장 정확하고 정밀한 달력이야. 달력이 얼마나 중요한지는 이 책의 '칠정산' 편에서 살펴보자.

어쨌든 가장 발달한 역법에 기초해서, 또 정확한 관측기구를 통해 얻어 낸 시간 값에 물시계에서 떨어지는 물의 양을 조절했어. 천체 시간에 물시계 시간을 정확하게 일치시켰다는 뜻이야. 무척 어려운 일이라서 장영실은 수많은 시도 끝에 그 값을 겨우 일치시켰을 거야. 물시계는 두루뭉술하게 시간을 재는 기계가 아니야. 표준시계로 써도 될 만큼 정확한 시계가 된 거지.

장영실이 만들어 낸 자격루

아 참, 세종 임금이 사람이 손을 안 대도 자동으로 시각을 알려 주는 시계를 만들라고 주문했잖아. 어찌 보면 자명 장치는 시계에서는 양념에 불과해. 달리 말하면 보완 장치인데, 이걸 만들어 내는 일이 진짜 어려웠나 봐. 누구도 이 일을 하지 못했대.

비록 여러 장인들이 있었으나 임금의 뜻을 맞추는 이가 없었는데, 오직 호군 벼슬 장영실이 임금의 지혜를 받들어 기묘한 솜씨를 다하여 부합되지

자격루의 작동 원리

자격루의 신기한 작동이 어떻게 일어났을까? 자명 장치는 나무 상자 안에 있어서 보이지 않지? 장영실이 이 문제를 어떻게 풀었는지 캄캄한 암흑 상자야. 표면에서는 분명히 뭔가가 일어나는데 안에서 무슨 일이 일어나는지 모를 때 우린 암흑 상자란 말을 쓰지. 아마 자격루의 작동 방식을 상세히 담은 '보루각기'라는 글이 없었다면 암흑 상자는 영영 열리지 않았을 거야. 다행히도 그 글이 남겨져 있어서 비슷하게나마 복원할 수 있는 길이 생겼어.

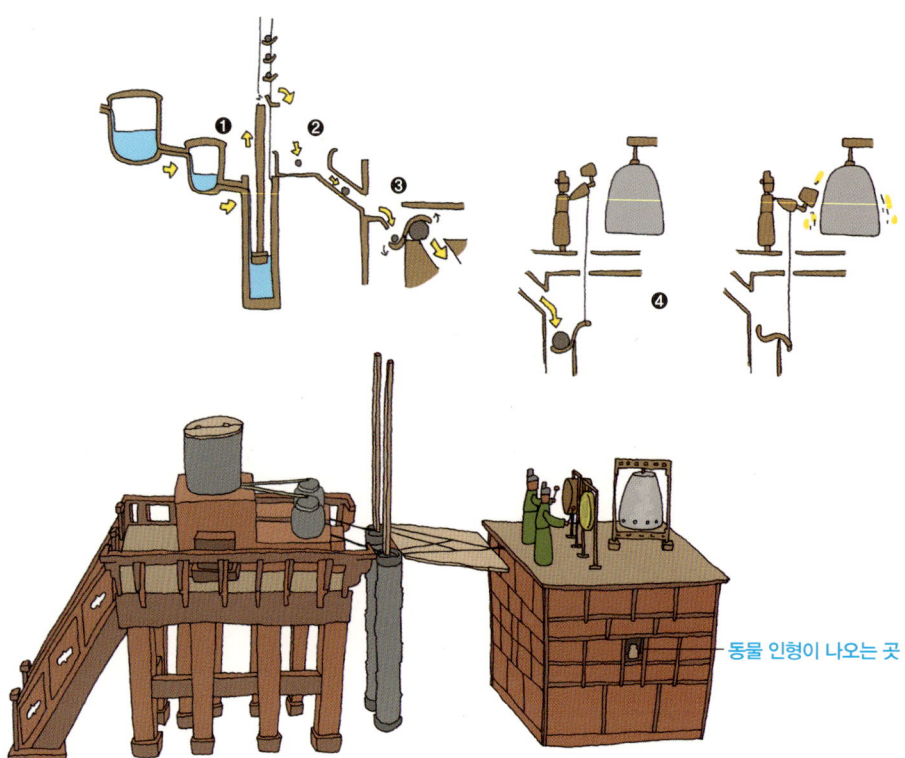

동물 인형이 나오는 곳

자격루가 사람의 힘을 빌리지 않고 어떻게 움직이는지 살펴보자. 자격루에서 특별히 신경 써야 할 부분이 다음 세 단계야.

우선, 물받이통인 수수호에 동일한 간격으로 같은 양의 물이 흘러 들어가야 해. 시간에 따라 차오르는 물이 일정해야 정확한 시간을 측정할 수 있지. 수수호에 물이 차면 시간마다 부표인 눈금자가 정확하게 떠올랐지.(❶)

다음은, 눈금자의 신호를 나무 상자 안으로 전달하는 일이야. 시진마다 떠오른 눈금자가 둥그런 구슬을 하나씩 건드려서 구슬이 굴러가게 했어. 구슬이 굴러가는 길은 경사져야 잘 굴러가겠지. 시진마다 구슬이 하나씩 필요하니까 모두 12개가 대기하고 있어야 할 거야.(❷)

이제, 구슬의 신호를 받아 나무 상자 안에서 인형도 돌리고 북도 치게 하는 단계야. 처음의 구슬은 크기가 작아. 그 작은 구슬이 떨어지면서 큰 구슬을 움직여서 인형을 돌리고 북도 치게 해.(❸) 전달되는 힘이 점점 커지고 그 힘을 두 군데로 전달하도록 되어 있어. 한쪽은 북을 울리게 하였고, 또 하나의 힘은 인형을 1시진만큼 움직이게 했지.(❹)

이것은 평생 동안 자격루를 연구한 남문현 선생 덕분에 알게 된 사실들이야. 그림을 봐도 어렵고 복잡하지? 고도의 기술이 들어간 시계라서 그래. 장영실이 만든 물시계 자격루는 말 그대로 세계적인 과학기술이지. 내가 여기서 세계적이라는 말을 썼는데, 그냥 쓴 게 아니야. 세계적이 되기 위해서는 그 분야에서 세계에서 어떤 일이 있었고 그 수준이 어떤지를 잘 알아야만 해. 그래야 걸 넘어서지. 고려 때에도 천문학에 관한 수준 높은 정보를 꾸준히 수집해 왔어. 세종 때에는 더욱 온 힘을 기울여 중국에 관리를 파견해 관련 정보를 모아 왔어. 이런 걸 바탕으로 해서 장영실이란 큰 장인이 자신의 재주를 맘껏 발휘했던 것이지.

> 않음이 없었으므로 임금이 매우 소중히 여겼다. …… 사람들이 모두 말하기를, 장영실은 우리 세종의 훌륭한 제작을 위하여 시대에 맞춰 태어난 인물이라고 하였다.
> —《연려실기술》

오랜 작업 끝에 장영실은 '떠억' 하니 그 어려운 임무를 완수하여 임금에게 자신이 제작한 자격루를 선보였던 거야.

실제로 이런 이치를 생각해 낸 장영실의 창의성은 정말로 놀라워. 당시 세계 최고 수준이라고 칭찬할 만하지. 근데, 이 모든 게 장영실 혼자서 생각해 낸 건 아니야. 자격루에서 12지신 인형이 등장하고 종소리가 울리게 하는 아이디어, 힘을 전달하기 위해 구슬을 사용하는 아이디어는 모두 이전에 있었던 거야. 송나라 때 소송이란 사람이 만든 물시계로부터 비롯한 게 틀림없어.

구슬을 쓴 것은 이슬람 천문학에서 따 왔을 거라고 학자들이 추측하고 있어. 아랍에서는 아래로 떨어지는 공이 사발 모양의 종 위에 떨어져서 소리를 내도록 하는 방식의 시계 장치가 오래전부터 있었거든. 이슬람은 일찍부터 천문학이 발달한 문명이었어. 이슬람의 천문학이 조선에도 잘 알려져 있다는 증거지.

장영실이 대단한 점은 앞선 기술을 모으고 이전의 것보다 한결 정교하게 만들어 냈다는 점이야. 세종은 이렇게 칭찬했어.

"내가 들으니 원나라 순제 때에 저절로 치는 물시계가 하나 있었다 하나, 그 만듦새의 정교함이 아마도 장영실의 정교함에는 미치지 못하였을 것이다. 만대에 이어 전할 물시계를 능히 만들었으니 그 공이 작지 아니하므로 호군(무관직 정4품)의 관직을 더해 주고자 하노라."

장영실의 자격루가 더 대단한 건 지속성이야. 기록을 보면 무려 50년 동

옥루 상상도 자격루를 만든 이후 장영실은 옥루라는 걸 만들었어. 자격루는 한양 사람이 모두 들을 수 있었지만 옥루는 임금님만을 위해 특별히 만든 거야. 자격루와 달리 톱니바퀴를 사용했어. 자격루는 구슬이 떨어지는 힘을 이용했잖아. 옥루는 물의 힘으로 돌아가는 바퀴에다가 그와 연결된 톱니바퀴들이 움직이도록 설계되어 있었어. 자격루보다 작았지만 옥루도 인형 나오고 종 울리는 자동 시계였어. 게다가 기계 장치가 보이지 않게 겉모양을 화려하게 장식했어. 시계 사방에 산을 둘렀고 농가의 광경을 계절마다 그려 세웠어. 또 절기마다 인물과 새, 짐승, 나무와 풀의 모양을 나무에 새겨 임금이 백성의 어려움을 알도록 했어. 세종 임금이 이 시계가 세계의 시계 중 가장 뛰어난 거라며 크게 만족스러워하는 기록은 남아 있지만 아쉽게도 옥루의 톱니에 대한 기록이 전혀 남아 있지 않아 복원되지 못하고 있어. 이 옥루를 만들어 바친 후, 장영실은 호군이란 벼슬에서 한 단계 더 높은 대호군(무관직 종3품)으로 올랐어. 세종이 얼마나 만족해했는지 알겠지.

안 큰 탈 없이 오차 없이 작동했어. 기계의 재료 선택, 설계, 치수의 정확성, 기계 부품의 이음새 등이 완벽할 정도로 갖춰져야 가능한 일이지. 요즘 쓰는 시계는 수명이 얼마나 되지? 이걸 생각하면 50년이 얼마나 오랜 시간인지 짐작하고도 남을 거야.

세종이 자격루를 만들게 한 까닭

"세종은 왜 이런 자동 시보 물시계인 자격루를 만든 거예요? 그것도 왕권을 높이는 것과 관련 있나요?" 한국 과학사를 공부하더니 이젠 왕권이란 어려운 말까지 거침없이 쓰는구나. 그래, 맞아.

나라의 위엄과 훌륭한 정치란 무엇일까? '어김없는 것'이야. 법을 어기지 않고, 하늘의 명을 어기지 않는 것이지. 어김없어야 할 것 중 으뜸이 시간이야. 시간이 정확해야 제때에 성문을 열고 닫을 수 있고, 제사도 제시간에 지내야 조상신이 찾아와 음식을 드시고 가실 거야. 관리들의 조회도 같은 시간에 어김없이 할 수 있잖아. 백성의 생활, 조선 시대 중요한 예식인 제사, 관리의 근무, 이 모든 게 시간이랑 관련이 있어. 시간을 엄격히 지키는 것은 이렇게 왕의 권위와 관련되었어.

항아리에서 뚝뚝 떨어지는 물방울이 우주의 시간과 같게 실수 없이 착착 시간을 알려 주는 시계, 게다가 인형이 움직이고 자동으로 북이 울려 백성들에게까지 시각을 알려 주는 시계. 너희가 왕이라도 이런 시계 갖고 싶겠지.

복원한 자격루 몇 해 전 남문현 선생이 복원한 자격루가 국립고궁박물관에 전시되어 있어. 크기가 가로 8m, 세로 5m, 높이가 6m 정도로 매우 크단다.

마지막으로 질문 하나 할게. 수수호에 물이 가득 차고 나면 어떻게 했을까? 떨어진 구슬을 원래 자리로 놓는 것도 자동으로 되었을까? 수수호에 찬 물을 빼고, 구슬을 제자리에 놓는 것은 아마 사람 손으로 했을 거야. 자격루가 마술처럼 움직이는 전자동 시계가 아니라 사람의 손길이 필요한 '인간적인 시계'라는 생각이 들어. 너희 생각은 어떠니?

밤에도 울리는 자격루

해가 막 지는 시간이 되면 자격루에서는 '둥' 하고 북이 울렸어. 낮에 울리는 종소리와는 다른 소리였지.

"밤에 자격루가 따로 울렸다고요?" 그래, 이쯤에서 잠깐 쉬면서 조선 시대 밤 시간 체제를 알아보자. 수수호를 떠올려 보렴. 몇 개지?

"두 개요." 그래, 용 모양이 새겨진 수수호가 두 개였지. 하나는 시진용이고, 다른 하나가 밤에 작동하는 경점용이야.

"왜 밤 시간을 따로 두었어요? 그냥 '밤 ○시'라고 해도 될 텐데요." 옛 사람들은 밤 시간 자체에 의미를 두었기 때문이란다. 중국 경전인 《주역》에 보면 '한 번 음(陰)이 되었다가 한 번 양(陽)이 되는 것은 우주의 법칙'이라고 했지. 해가 있는 시간이 양의 기운이 지배하는 시간이라면, 어둠의 시간은 음의 기운이 지배하는 시간이야.

밤은 어둠의 진행에 따라 5경으로 나누었어. 밤 시간은 겨울에는 길고, 여름에는 짧지. 동지와 하지 때를 비교하면, 밤 시간이 무려 요즘 시간으로 3시간 30분이나 차이가 나.

1경은 해가 떨어진 이후이고, 5경은 해가 떠오르기 직전이야. 중간인 3경이 가장 깊은 밤이 되겠지. 옛 시에 "은하수 3경인데……"라는 구절이 나와. 깊은 밤 임 그리워 뒤척이며 잠 못 이루

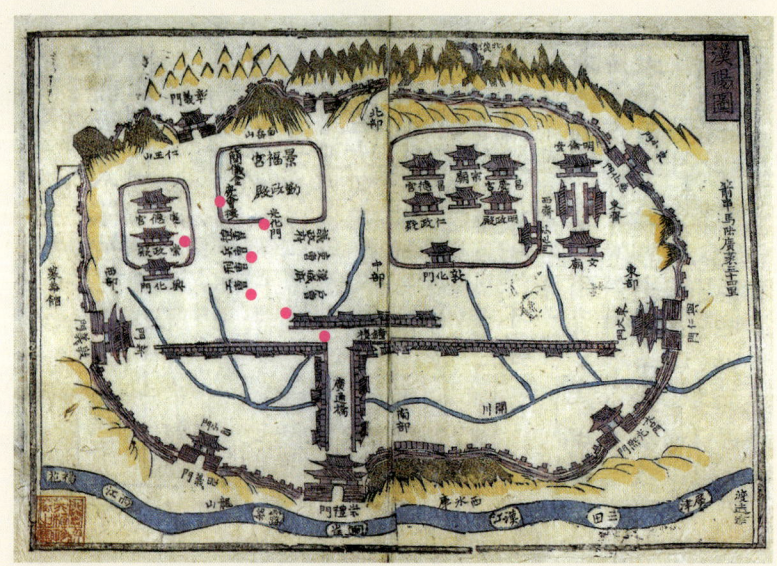

표시된 곳에는 자격루의 북소리를 전달하는 북이 있었어. 창덕궁 안에 있던 자격루의 종소리는 보신각 대종까지 이어져 있어서 온 도성 사람이 다 들을 수 있었지.

는 마음을 표현한 시야. 1경은 다시 다섯으로 나누어 5점이라고 했어. 1경이 5점이니까, 밤 시간은 모두 5경 25점인 셈이지.

경에는 북소리가 나고, 점에는 징소리가 나니까 소리만 듣고도 시간을 알 수 있었어.

"밤을 왜 이렇게 세분했어요?" 도성에서 밤의 치안 문제에 신경을 썼기 때문이란다. 지금은 밤에도 전깃불이 대낮처럼 밝지. 옛적에는 그렇지 않았어. 밤이 되면 성문을 잠갔고, 새벽이 되면 성문을 열었어. 성문을 닫는 시간을 인경, 문을 여는 시간을 바라(파루)라고 했어. 밤 시간에 시간을 가장 알고 싶어 하는 사람이 누구였을까? 순찰을 도는 순라군들이었을 거야. 밤새도록 순라 돌 순 없잖아. 자격루 종소리를 듣고 교대를 했겠지. 또 깨어 있는 사람들이 지금 몇 시쯤 됐을까 궁금할 때, 물시계 종소리를 듣고 알게 되지.

새들도 모두 잠든 깜깜한 밤에 둥둥 울리는 자격루 북소리를 들으면, 조선 사람들은 밤 시간도 두렵지 않았을 거야.

비밀노트

동양과 서양 과학의 아름다운 만남, 혼천시계

혼천시계와 한국 과학사의 시작

잘 알려지지 않은 이야기를 하나 들려줄게.

1960년 어느 날, 미국 예일 대학에서 학생들을 가르치는 프라이스가 한국에서 과학사를 연구하는 젊은 학생에게 편지를 보냈어.

"한국에 갔던 천문학자 루퍼스라는 사람이 쓴 책을 읽다 보니까 '요상한 놈'이 하나 있다. 중국에도 없는 거다. 뭔가 대단한 거 같은데 속이 어떻게 생겼는지 잘 모르겠다. 일본 학자에게 물어보니 당신이 적격자라고 한다. 어떻게 생겼는지 안의 사진을 찍어 보내주면 좋겠다."는 내용이었어. 이 편지를 받은 사람이 바로 전상운 선생이야. 전상운 선생이 일본에 있는 과학사 모임에 막 가입한 직후였지. 일본 학자가 전상운 선생을 프라이스에게 추천했던 거야.

천문학자 루퍼스는 미국의 유명한 연구자인데, 일제 시대에 우리나라에 학생을 가르치러 왔다가 한국의 천문학 수준이 엄청 높았던 걸 알고 나서 연구를 시작했어. 1937년 영어로 된 《한국 천문학의 역사》라는 책까지 썼어. 그 책에 실린 대단한 무언가를 프라이스가 본 거야.

당시 프라이스는 조셉 니덤과 함께 중국 시계의 역사에 관한 책을 쓰고 있었거든. 이 편지를 받자마자 전상운 선생은 유물을 찾아 나섰어. 그것은 바로 혼천시계였어. 그때까지 아무도 관심을 갖지 않은 유물이었어. 왜냐하면 누구도 그 가치를 몰랐으니까. 전상운 선생은 혼천시계가 김성수라는 분의 집에 있다는 걸 확인했어. 앞에서 말한 바 있는 유경로 선생과 함께 가서 보았지.

"이런 건 처음 보는데? 톱니바퀴로 움직이는 시계잖아! 근데, 시계추로 동력을 얻는 거네. 또 톱니바퀴 시계가 혼천의라는 관측기구와 맞물려 있잖아. 이건 우리 전통 시계도 아니고, 또 서양 시계도 아니고…… 음, 과연 우리 조상이 이렇게 훌륭한 걸 만들었을까? 혹시 중국에서 만들어 보낸 거 아닐까?"

이런 의혹이 들 정도로 그 시계는 오묘하면서도 정교했어. 이후에 어떤 일이 벌어졌는지는 안 봐도 척 알겠지. 젊은 학자 전상운은 일생을 바쳐 한국 과학사를 연구하기 시작했지. 전상운 선생은 이렇게 해서 우리나라 과학 유물의 가치를 과학자로서 처음으로 파고들게 되었단다. 한국 과학사의 창의성을 밝힌 《한국 과학 기술사》를 한국어, 영어, 일본어로도 펴냈어.

혼천시계가 어떻게 김성수 선생의 집에 있었는지도 흥미로워. 이 이야기는 전상운 선생님께 직접 들은 이야기란다.

"1930년대 초 서울 인사동 골동품 거리에 이 물건이 손수레에 실려 나온 거야. 파는 사람이 궁궐에서 쓰던 귀한 것이라며 엄청난 값을 불렀대. 너무 비싸서 아무도 사는 사람이 없었어. 저녁 무렵 동아일보 사장인 김성수 선생 눈에 그놈이 눈에 띈 거야. 그 값이 무려 기와집 한 채 값이나 되었다지."

그렇게 해서 나중에 국보가 될 혼천시계가 살아남은 거야. 현재 고려대학교 박물관에 있어.

혼천시계와 자격루

혼천시계는 1985년 자격루와 함께 국보가 되었어. 자격루가 229호, 혼천시계가

혼천시계 혼천시계는 혼천의를 본뜬 거야. 모양만 봐도 알 수 있지? 혼천의와 달라진 것은 관측 기능 부분을 없앴다는 거지. 대신에 떠억 하니 둥근 지구를 가운데 고정시켜 놓았어. 관측 기능보다는 시계 기능에 더 신경을 쓴 거야. 옛 문헌에서는 혼천시계라고 하지 않았어. 천문 관측기구와 같이 혼천의라고 불렀어. 요즘 학자들이 시계의 느낌을 살리기 위해서 혼천시계란 이름을 붙인 거야. 이름을 풀이해 보면 '동아시아 천체 모형을 움직이는 알람 시계'가 되지.

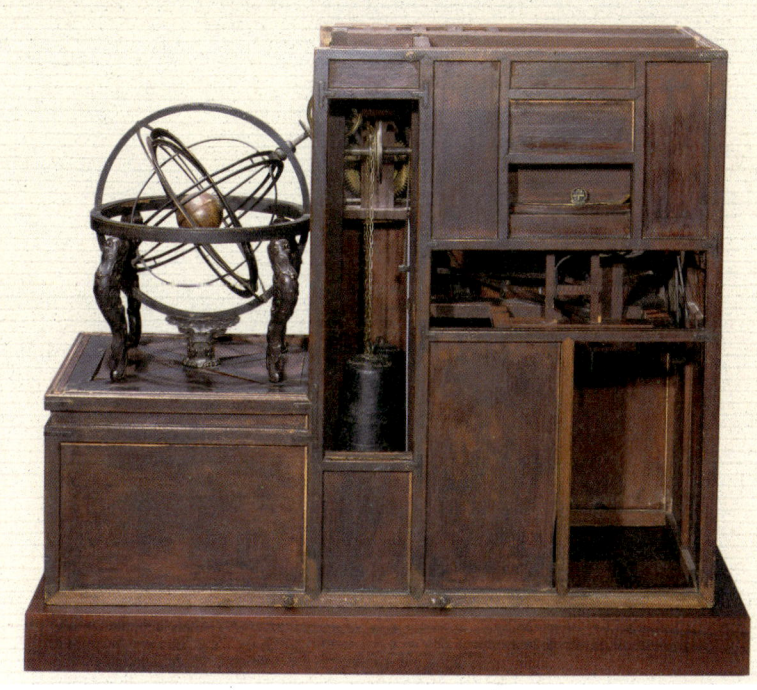

230호니까 나란히 된 거지.

2007년에 우리나라 화폐의 그림을 바꿨는데 혼천시계가 새 만 원을 장식하게 되었어. 혼천시계의 배경은 앞에서 배운 〈천상열차분야지도〉잖아. 지폐 도안이 바뀌기 전에는 자격루가 만 원 지폐 앞쪽에 그려져 있었단다. 아쉬운 것은 자격루나 혼천시계 모두 지폐 그림에서 자명 장치가 없어. 핵심 부분이 빠진 거야.

지폐에 실린 혼천시계와 자격루 혼천시계는 혼천의 부분만, 자격루는 물시계 부분만이 그려져 있어. 오른쪽은 2007년 이전에 쓰이던 돈이야.

자격루와 혼천시계는 이렇게 흥미로운 공통점들이 있어. 이것 말고도 닮은 점이 참 많아. 둘 다 시계라는 것이지. 그것도 모두 세상에 둘도 없는 독창적인 시계. 또 둘 다 저절로 시간을 울리는 자명 장치가 있어.

혼천시계가 자격루와 결정적으로 다른 건 뭘까? 바로 톱니바퀴야. 톱니바퀴는 무쇠로 만들어져 있는데, 큰 것, 중간 것, 작은 것 해서 여러 종류로 구성되어 있어서 만들기가 쉽지 않아. 각각의 톱니 간격이 정확해야 하지. 맞물렸을 때 오차가 생겨서는 안 돼. 시각을 알리는 기구와 종을 울리는 기구와도 틀림없이 연결되어야 하고. 게다가 오래 가야 하지. 정확함과 지속성을 얻어 내는 기술력은 단순히 원리를 깨우치는 것 이상으로 어려운 거야. 혼천시계에는 당시 조선 장인의 기술력이 응집되어 있다고 봐야 해.

자격루는 물을 이용했는데, 혼천시계는 추의 상하 운동을 이용했다는 점도 매우 달라. 혼천시계는 가운데에 묵직한 종 모양 추가 두 개 있는 추시계란다. 한쪽 추가 올라가면 다른 추가 내려오고 이런 식으로 계속 반복해. 또 좌우로 똑딱똑딱 움직이는 '진자'가 있어서 시간을 정확하게 조절하지. 혼천시계의 이러한 시계 장치 부분들은 서양에서 온 것으로 추측하고 있어.

혼천시계의 톱니

자격루는 장영실이 만들었지? 혼천시계는 언제, 누가 만들었을까? 이민철이라는 천문학자가 혼천의를 이용한 시계 아이디어를 냈고, 송이영이 그걸 서양의 자명시계와 결합해서 숙종

혼천시계의 추

때 만들었어. 혼천시계를 만든 송이영에 대해서는 더 이상 알려져 있지 않아.

동서양 과학의 만남

동아시아 천문학의 천체 모형과 서양 시계 기술의 전통을 결합한다는 생각, 그건 기발한 아이디어였어. 세계에서 유래가 없는 유일한 것이지. 조셉 니덤이 이렇게 감탄했어.

"이처럼 풍부한 내용을 갖춘 장치는 그 전체를 복원하여 세계 주요한 과학 기술사 박물관에 전시하는 것이 좋겠다!"

조셉 니덤은 20세기를 빛낸 100대 저작 중 하나로 꼽히는 《중국의 과학과 문명》을 쓴 영국 출신의 학자야.

서양의 정교한 시계 장치를 몰랐다면, 시계와 혼천의의 결합이 불가능했을 거야. '동아시아의 우주 모형과 서양의 정교한 시계 제작법의 어울림!', 그러니까 우리는 이를 '동서양 과학의 아름다운 만남'이라고 부르자꾸나.

어떤 사람은 만 원권 지폐에 혼천시계가 들어간 걸 못 마땅하게 생각해. 왜 중국에서 유래한 혼천의를 새겨 넣었냐는 거야. 과연 그럴까? 혼천의는 우리 민족이 1천 년 이상 만들어 써 온 과학 기술이야. 혼천의가 중국에서 유래한 건 맞지만 우리 선조들이 거기에 혼신의 공을 들여 발전을 이루었잖아. 중요한 건 누가 시작했느냐보다는 그걸로 달성한 과학 수준이야. 동서양 과학을 접목한 혼천시계가 그 대표적인 사례일 거야. 오히려 지폐 도안에 나머지 반인 서양 시계 장치가 안 그려져 있다는 점이 안타깝구나. 네모난 모양의 그림이 들어가면 지폐의 모양새가 나빠진다고 뺐다는데, 이 시계의 빛나는 가치가 빠진 것 같아.

▼
■자격루에 관한 부분은 평생 자격루를 연구한 남문현 선생을 빼놓고 이야기 할 수 없어. 《장영실과 자격루》, 《한국의 물시계》라는 책을 썼어. 무엇보다도, 자격루를 거의 완벽하게 복원한 건 집념의 승리였어. 국립고궁박물관에 견학하게 되면 남문현 선생이 복원한 자격루를 꼭 한번 보렴. 이 책에서 다 못 배운 건 직접 보고 많이 배우기 바란다. 보루각 복원도도 《한국의 물시계》를 참고했어.
■북한에서 나온 《조선 기술 발전사》에 옥루의 상상도가 그려져 있어.
■혼천시계에 관한 자세한 내용은 제법 복잡해. 그걸 완벽하게 이해하는 건 더 큰 다음으로 미루자꾸나. 궁금한 사람을 위해서 따로 읽을 책을 알려줄게. 전상운 선생의 《한국 과학사》라는 책과 문중양 선생의 《우리 역사 과학 기행》을 찾아 읽으렴.

10 지구가 스스로 돌아야만 하는 까닭은

이번에는 우리가 살고 있는 별 지구를 한번 보자. '지구'라고 하면 대부분 동그란 지구본을 떠올릴 거야. 근데 옛날 사람들은 대부분 우리가 사는 지구를 공 모양이 아니라 평평하게 넓은 땅덩어리라고 생각했어. 그래서 '지구'란 말을 쓰지 않았어. 대신 땅덩어리라 했지. 평평하게 넓은 땅 말이야.

지금은 당연하게 지구가 둥글다고 생각하지만 예전에는 그렇지 않았기 때문에 '땅이 둥글다'는 학설을 '지구설'이라고 했지. 새로운 이론이니까 새 이름을 붙인 거야.

그럼, 지전설은 뭘까? '지구가 돈다'는 학설이야. 지전설은 또 '지동설'과 뜻은 거의 같지만 쓰임이 달라. 잘 알고 있듯이 지구는 하루에 한 번씩 자전하고 1년에 한 번씩 태양을 공전하잖아. 우리말에서 똑 부러지게 지전설과 지동설을 구분하는 건 아니지만, 지전설은 지구의 자전일 때만 쓰는 경향

地球說 땅 지 / 공 구 / 말씀 설
地轉說 땅 지 / 구를 전
地動說 땅 지 / 움직일 동
天動說 하늘 천 / 움직일 동

이 있어. 지동설은 지구가 자전하는 것보다 지구가 태양을 중심으로 해서 돈다는 공전에 핵심이 있지.

글자가 비슷해서 좀 헷갈리지? 그래서 학자들은 지동설 대신에 '태양 중심설'이란 용어를 쓰지. 또 지동설과 짝을 이루는 천동설은 '지구 중심설'이라고 하고. 실제 우주는 '태양 중심설'에 따라 움직이지.

'세계를 놀라게 한 지전설'

그런데 말이야, 조선 시대에 이미 지구설과 지전설을 주장한 사람이 있었다는 거 알고 있니?

자, 다음은 《열하일기》를 쓴 박지원의 이야기야. 때는 1780년 여름 어느 날, 중국으로 가는 사신 일행에 낀 44세의 연암 박지원은 중국 황제의 별장이 있는 열하에 도착했지. 그곳에서 중국 사람들과 새벽 3시부터 무려 8시간

동안 한바탕 이야기꽃을 피웠어. 박지원은 중국 사람을 만날 때 주눅 들지 않으려고 미리 이야깃거리를 준비해 갔어. 음식 이야기, 숟가락 이야기, 하늘의 달나라 이야기도 했지. 이윽고 화제가 흘러 땅의 모습까지 다다랐어. 옳거니! 박지원이 비장의 지구설과 지전설을 꺼내 들었어.

"하늘이 만든 것 치고 모난 것은 없습니다. 하늘이 창조한 지구가 둥근 것은 의심 없는 일이라 생각합니다. 내 비록 서양 사람들의 책을 읽어 본 적

지구 중심설과 태양 중심설이 지니고 있는 종교적 의미

천동설, 지동설이란 말은 엄밀히 말하면 옳지 않아. 옛 서양 사람들이 관심을 가진 건 하늘이 도냐, 지구가 도냐 이런 것보다 우주의 중심이 지구인가 아닌가에 관심을 두었거든. 그래서 지구를 중심으로 하여 태양을 비롯한 천체가 도는 걸 지구 중심설이라고 했어. 지구가 중심이 아니라 태양이 중심이라고 본 사람들의 주장은 태양 중심설이라 불렀고. 혹시 지동설, 천동설 요렇게 이야기하는 친구들이 있으면, 태양 중심설과 지구 중심설이 더 정확하다고 바로잡아 주렴.

다른 건 몰라도 "그래도 지구는 돈다!"는 말을 들어 봤을 거야. 종교 재판에서 갈릴레오가 자신이 주장한 태양 중심설을 포기하고 나오면서 혼자 중얼거렸다고 하지. 그동안 갈릴레오가 한 말로 알려졌는데 사실은 아니지. 근데 종교 재판을 받은 건 사실이야. 왜 갈릴레오가 종교 재판을 받았을까? 기독교에서는 하느님이 우주 창조할 때 온 우주와 뭇별이 지구를 향해 돌도록 했다고 해. 또 그 지구에 사는 인간은 하느님을 닮게 창조한 생명체로 우주에서 가장 고귀한 존재라고 보았지. 그러니 태양 중심설을 놓고 이렇게 분개했어.

"아니, 고귀한 우리 인간이 살고 있는 고상한 지구가 태양의 주위를 도는 한심한 별에 불과하다니! 그럼, 하느님이 천지 창조하신 게 거짓말이란 말이냐! 참을 수 없다. 저놈이 주장을 바꾸지 않으면 능지처참하라!"

서양 기독교 사회에서 지구 중심설과 태양 중심설 사이는 단지 과학적 생각의 차이가 아니라 성경 내용이 과연 옳으냐 그르냐를 가르는 엄청난 비밀이 숨겨져 있었던 거야. 그래서 교회는 태양 중심설을 주장했던 부르노를 장작불에 태워 죽였어. 코페르니쿠스도 태양 중심설을 주장했는데, 그가 죽은 다음에 책이 나왔기 때문에 화형당하지 않았어. 대신에 후대의 사람들이 코페르니쿠스를 일컬어 태양 중심설의 아버지, 과학 혁명의 불을 댕긴 대과학자로 대접했지. 실제로 갈릴레오는 종교 재판에서 천체가 지구를 도는 거라고 슬그머니 꼬리를 내렸단다.

이 없으나 일찍이 지구가 둥근 것을 의심하지 않았습니다. 근데, 그 잘난 서양 사람도 모르고 있는 것을 우리 조선 사람이 알고 있습니다. 바로 지구가 회전한다는 것이죠. 김석문이 100년 전 처음으로 큰 공 세 개, 그러니까 해, 달, 지구가 공중에 떠서 돈다는 학설을 제시했지요.

　　　제 벗 홍대용은 지전설을 창안했습니다. 지구가 구르지 않으면 썩어 없어집니다. 지구 땅덩어리는 1시간에 7천 리씩 달리지요. 서양 사람들은 지구가 둥근 것은 알면서도 이런 이치를 깨닫지 못하고 있습니다."

"그럴듯하기는 한데 그 오묘한 이치를 다 이해하지는 못하겠군요."

박지원의 작전대로 중국 사람들은 무척 당황했지.

박지원 이야기에 두 명의 인물이 등장하지? 김석문과 홍대용. 먼저 박지원이 친구로 소개한 홍대용을 만나 보자.

홍대용은 매우 자유분방한 사상가였어. 지구가 둥글면 당연히 빙글빙글 돈다고 주장했어. 그의 생각은 거기서 멈추지 않았어. 더 나아가 하늘이 끝없이 아득히 펼쳐 있다고 주장했지. 끝없이 아득히 펼쳐져 있는 그 하늘에는 지구와 비슷한 천체가 있을 수 있다고 생각했어. 이를 홍대용의 '무한 우주론'이라고 해. 또 다른 천체에는 인간 비슷한 생명체가 살고 있을지도 모른다고 생각했어. 외계인의 존재를 상상한 거지.

우리나라에서 1930년대부터 1960년대에 홍대용에 대한 연구가 이루어졌어. 대부분 이런 내용이었지.

"이 자료 좀 보시게. 아니 우리 조상이 세계 최초로 지전설을 주장했어. 서양 사람도, 중국 사람도 하지 않은 획기적인 주장을 했군. 옛날 우리나라의 과학 수준은 이렇게 높았구나. 《담헌서》에 실린 홍대용의 지전설, 정말로 대단해!"

이후 홍대용의 지전설에 관한 연구가 봇물처럼 쏟아졌어. 대개 '세계 최

초의 지전설!', '서양을 놀라게 한 지전설!!' 이런 내용이었지. 한 주제에 이렇게 많은 연구가 나온 건 유례가 없을 정도야. 연구가 거듭되면서 다른 면도 밝혀졌어.

지전설을 주장한 것이 홍대용이 최초가 아니고, 김석문이 먼저 했다는 걸 알아냈지. 또 홍대용이나 김석문이 독창적으로 생각해 낸 게 아니라, 서양의 책에서 힌트를 얻었다는 것도 밝혔어. 서양 사람들이 앞서 지전설을 주장했고 그 지전설이 중국에 이미 소개되어 중국학자도 지전설을 주장했다는 것도 밝혀졌어. 가장 큰 차이는 서양 사람들은 관측으로 지전설을 입증했는데, 김석문이나 홍대용은 그저 그와 같은 생각을 하는 데 그쳤다는 거야.

> **정약전의 지전설**
> 홍대용과 비슷한 시기에 살았던 정약전도 김석문의 지전설을 잘 알고 있었어. 그리고 지전설을 증명하기 위해 혜성을 관찰했어. 긴 꼬리를 단 별 말이야. 1811년 어느 날, 정약전은 밤하늘을 관찰하다가 혜성이 서쪽에서 동쪽으로 움직인다는 걸 알아내어, 지구도 같은 방향으로 자전한다는 증거로 제시했어. 이 발견을 동생 정약용에게 편지로 알렸지. 정약전과 정약용 형제는 편지를 주고받으며 학문을 했거든. 근데 형 정약전의 편지를 받은 정약용은 혜성은 지구의 자전과 상관없이 움직인다고 하며 형의 주장을 단호하게 반대했어. 지금의 지식으로 보면, 정약용이 옳았어. 하지만 독자적으로 지구의 자전을 '증명'하려고 한 정약전의 태도는 높이 살 필요가 있단다.

그 뒤로도 더 많은 자료를 찾아내고 깊이 연구하여 홍대용, 김석문 말고 이익, 정약전도 지전설을 생각했음을 알게 되었어.

지전설의 참뜻

이러한 지전설 논의가 서양 천문학의 영향 때문에 생겨난 건 분명한 사실이야. 그렇지만 조선의 학자들은 그걸 우리나라의 과학 전통에 비추어 보고 필요한 부분을 더 깊이 생각하게 되었어. 오히려 중국에 온 서양 선교사들은 종교적인 이유 때문에 태양 중심설을 믿지 않았지. 선교사들은 지구가 가만히 있고 우주가 도는 지구 중심설을 신봉했어.

지구가 둥글다는 지구설을 믿게 되면서 과학자들은 지구 저편에 있는 사람들은 어떻게 떨어지지 않고 살고 있는가 하는 문제를 해결해야 했어. 땅덩어리가 둥글면 아래쪽에 있는 사람들은 지구 밖으로 떨어져야 하는데 그렇지 않으니까 말야.

"조선 시대 사람들은 지구에 중력이 있는 걸 몰랐나요?" 그래, 오늘날 우리는 지구가 잡아당기는 힘이 있다고 알고 있지. 중력이 뭔지 모른 옛날 사람들은 빙글빙글 돌고 있을 때에는 엎어지지 않는 팽이를 생각했어. 지구가 둥글다면, 지구가 끝없이 돈다고 생각한 것이지. 김석문과 홍대용 모두 지구가 돈다고 주장했어.

그 둘의 차이점은 뭘까? 김석문은 기발하게도 수치를 써서 우주의 구조를 나타냈어. 하늘은 2만 5440년에 한 번 돌고, 태양은 1년에 한 번 돌고, 지구는 하루에 한 바퀴 돈다고 했지. 이 수치들은 현대 천문학에서 밝혀낸 것과 거의 비슷해. 그런데 그가 쓴 《역학도해》(1697년)라는 책이 좀 묘해. 우주의 구조를 밝힌 책인데, 태극기에서 보이는 건·곤·감·리 같은 주역의 괘 안에 지전설 모형이 실려 있는 거야. 주역은 숫자와 밀접한 관련을 맺으며 발달해 왔어. 어려운 말을 쓰면 '상수학'이라고 해. 수가 모든 존재의 기본이라고 보는 학문이야.

김석문이 지전설이라는 흥미로운 사실을 추적해 들어가고 끈질기게 서양 천문학을 연구한 것은 우주가 놀랄 만큼 규칙적인 수로 이루어져 있을 것이라는 믿음 때문이었어.

반면, 홍대용은 우주를 이런 수와 연결시키는 걸 단호히 배격했어. 주역에 따르는 것은 단순한 '숫자 놀음'이라 생각한 거야. 홍대용은 우주의 실제 운행을 있는 그대로 파악하는 게 중요하다고 했어. 이건 오늘날 자연과학에서 택하고 있는 관측을 중시하는 태도와 똑같은 거야. 어때, 김석문과 홍대용이 같이 지전설을 말하고 있다고 해도 똑같은 게 아니지. 그렇지만 모두 치

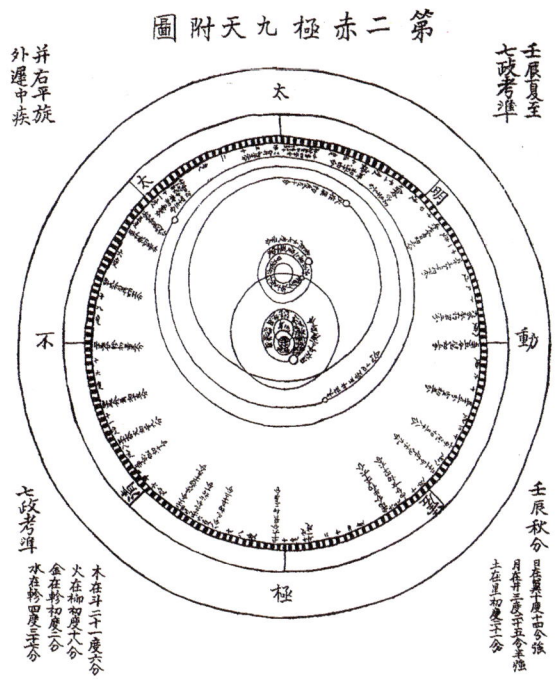

김석문의 《역학도해》에 실린 우주 그림 본래 책인 《역학도해》는 남아 있지 않고, 이 책을 간추린 《역학이십사도해》가 남아 있어. 우주에 대한 스물네 가지 그림이 해설과 함께 실려 있지. 이 책을 보통 '역학도해'라고 해.

열한 공부와 고민 끝에 나온 것은 공통점이야.

'세계 최초의 지전설', '서양을 놀라게 한 지전설' 이런 감투를 잃었다 해도 그렇게 섭섭해 할 필요가 없어. 조선의 과학자들은 서양 학문이라고 해서 무조건 그대로 받아들이지 않았지. 조선 사람의 입장에서 우리나라의 전통을 살피고, 잘못된 학설을 찾아내고, 실제 우주를 관측하고 연구하여 자신의 의견을 분명히 했어.

홍대용의 지전설과 무한 우주론은 지금은 '중국 중심의 세계관 타파'라는 뜻으로 해석되고 있어.

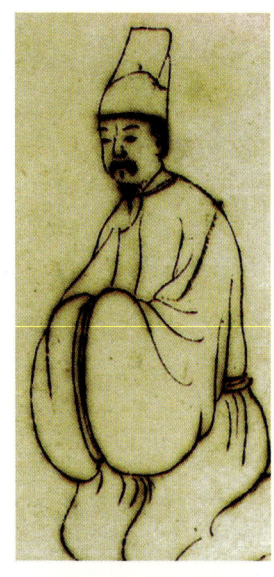

홍대용 홍대용이 주장한 지구설, 지전설, 무한 우주론, 외계인설 등은 세상을 중심과 주변으로 나누는 설정을 부정하는 주장의 핵심적인 논리가 되는 거지.

"지구는 멈춰 있을 수 없다. 둥글기 때문에 돌아야 한다. 그렇게 도는 해와 달, 천체 사이에는 고정된 중심이 없다. 마찬가지로 땅 위의 모든 장소는 동등하다. 중국이나 조선이나."

《의산문답》에 나타난 이런 홍대용의 생각은 조선 지식인의 중국에 대한 자주 선언문이라 불러도 괜찮을 거야. 무한한 우주는 중심이란 없고, 동시에 모두가 중심이 될 수가 있지. 그건 중국을 세계의 중심으로 생각해 온 조선 학자들에게 혁명과 같은 발상이야.

▼
- 지전설 연구는 무척 많아어. 그중에서도 남문현 선생의 '홍대용의 지전설'이란 글은 지전설이 어떻게 부각되었다가 어떻게 해서 제자리를 찾았는지 간결하면서도 요령 있게 설명해 주었어.
- 최근 전용훈 선생이 지전설을 꼼꼼하게 연구했어. 매우 설득력이 높은 결과를 냈지. 오민영 선생이 《청소년을 위한 동양 과학사》에서 더욱 풍부한 이야깃거리와 함께 청소년이 이해하도록 친절하게 설명해 주었어. 그래도 초등학생에겐 크게 어려울 거야.
- 정약전의 지전설은 이태원 선생의 《현산어보를 찾아서》에 잘 정리되어 있어.

11 우리가 만든 최초·최고의 달력, 칠정산

초등학교에 다니는 딸아이 지영이에게 칠정산이 뭔지 아냐고 물어봤어.

"칠정산이 어디 있어? 우리 칠정산에 놀러 가자." 헉! 엉뚱한 대답이 터져 나왔어. 이 글 쓰고 있는데 지영이한테 문자가 왔어. 학교 가서 애들한테 물어봤나 봐.

"칠정산이 일곱 개 정자가 있는 산이래." 아, 모든 게 내 잘못이다. 제대로 알려 주지 않아서 그런 거야!

비록 칠정산이 진짜 산은 아니지만, 산으로 볼 수도 있어. 최고봉이었으니까. 무엇의 최고봉이냐면 '달력'을 만드는 원리인 역법(曆法)이라는 점에서 그래. 이 역법이 만들어진 15세기부터 이후 200여 년 동안 최고봉이었어.

아무나 만들지 못하는 달력

예나 지금이나 달력은 사람들의 생활에서 의식주 빼고 가장 중요한 존재야. 달력이 없다면 얼마나 혼란스럽겠어? 너무나 당연하게 생각해서 존재

감을 느끼지 못할 때는 '없다'고 가정해 보면 그 가치를 느끼게 되지. 물이나 공기처럼 말이야.

꼭 필요하기 때문에 인류는 문명의 길로 들어서면서부터 달력을 만들어 사용해 왔지. 그런데 달력을 만드는 거 정말 쉽지 않아. 천체에 대한 이해가 있어야만 달력을 만들 수 있어. 천체를 알려면 관측기구가 있어야 하고, 관측을 담당하는 사람들이 있어야겠지. 오랜 시간 관측하려면 제도도 필요해. 또 이렇게 얻은 지식을 계산할 수 있는 사람이 있어야 해. 특히 일식, 월식 같은 현상을 이해하려면 머리를 싸매도 쉽지 않지.

동아시아에서는 아주 오랫동안 중국에서만 달력을 만들었어. 이웃 나라에서는 중국의 달력을 가져다가 썼지. 우리나라에서도 매년 동지 때 달력을 받으러 중국에 사신을 보냈어. 동지 때 가는 사신이라고 해서 '동지사'라고 불렀어.

"왜 동짓날에 갔어요?" 동지는 해가 가장 짧은 날이지. 바꿔 말하면 다음 날부터 해가 차츰 길어지는 날이야. 동지 다음 날에 양의 기운이 시작된다고 여겨서 매우 중요하게 생각한 거야.

동지사가 중국에 가면 중국의 황제가 황력(중국 황실에서 기념하는 사항이 적힌 달력) 10권, 민력(농사짓는 데 필요한 사항을 적은 보통의 달력) 100권을 하사하는 행사를 치렀어. '천자의 나라'인 중국이 오랑캐로 여겼던 이웃 나라들에게 '문명'을 내려 주는 일종의 의식을 치른 거야. 이는 "하늘을 관찰하여 백성들에게 농사짓는 데 긴요한 시간을 알려 준다."는 오래된 유교 이념의 실천으로 보면 돼. 이를 '관상수시(觀象授時)'라고 해.

그런데 중국의 역법이 조선에서 정확하게 들어맞지 않는 문제가 발생했어. 별자리 관측도 베이징에서 하느냐 서울에서 하느냐에 따라 달랐잖아. 베이징과 서울은 해 뜨는 때가 1시간 차이가 나. 나라의 위엄에서 정확한 시간

칠정산 탄생 전에 우리나라에서 썼던 달력들

지금 우리가 쓰고 있는 달력은 서양의 그레고리력에 따른 거야. 1582년 교황 그레고리우스 13세 때 정한 것이어서 그레고리력이라고 하지. 우리나라가 이걸 쓴 게 1896년 이후부터이니까 그리 오래되지 않았어. 백 년 조금 넘었을 뿐이지.

우리나라에서는 삼국 시대부터 우리 조상이 쓴 달력이 알려져 있어. 백제의 '원가력' 사용이 가장 앞선 기록이야. 고구려에서는 '무인력'이라는 달력을 썼어. 우리나라에서 가장 오랜 기간 사용했던 달력은 '선명력'이야. 선명력은 당나라에서 822년 만든 역법인데, 통일 신라 후기에 도입해서 1309년까지 무려 400년 넘게 썼지.

고려의 천문학자 강보
강보는 천문학에 밝은 관리야. 1298년 충선왕의 명을 받아 수학 계산을 빨리하기 위한 계산표를 만들어 냈지. 계산표는 복잡한 달력 제작을 위해 필요한 거였어. 달력 제작법의 수학적 이해는 보통 수준이 아니면 불가능한 거야. 이런 선행 작업이 있었기에 세종 때 조선의 천문학이 세계 최고 수준에 오르게 된 거라고 할 수 있지.

중국에서는 선명력 이후 22차례 역법을 고쳤지만, 고려 왕조는 계속 선명력을 쓰면서, 오차가 생기면 임시로 고쳐가며 사용해 왔어. 그러다가 1309년 원나라가 만든 수시력을 쓰게 되었지. 원나라 수시력은 곽수경과 허형 같은 천문학자들이 중국의 전통 천문학과 아라비아 천문학을 결합하여 만든 대단히 정밀한 역법이었어. 지금도 중국 문명의 자랑거리로 여겨지고 있어. 고려는 수시력을 받아 왔지만, 원리를 깨치기는 너무 어려웠어. 고려를 대표하는 천문학자 **강보**가 무척 애를 썼지만 수시력을 써서 일식과 월식을 완벽하게 예보하는 비밀까지는 풀지 못했어.

이후, 조선 세종 때에 서울을 기준으로 일식과 월식을 정확히 예보할 수 있는 체제가 마련되었어. 그 결과로 탄생한 것이 칠정산이야. 그 전의 달력들은 모두 중국의 것이었고, 칠정산이 우리가 만든 최초의 달력이란다.

이 중요하다는 것 '자격루' 편에서 봤지. 그런데 이렇게 틀려서야 임금의 권위가 서겠어, 농사일이 제때 맞겠어?

칠정산의 탄생

"우리 조선은 문명국이다. 가장 고난도 분야에서 그걸 입증해 주마."

세종 때에 독자적인 역법을 만들겠다고 선언했어. 이건 사실 중국에 대한 정신적인 독립 선언이야. 그 당시에는 우리나라뿐만 아니라 동아시아의

나라 대부분이 중국을 섬기는 '사대'라는 국제 질서를 따르고 있었거든.

우리나라에 딱 맞는 역법을 만들려면 뭐가 필요할까? 단지 선언한다고 이루어지지 않아. 선언에 걸맞은 실력을 갖추어야만 하지. 다시 말하지만 달력 만들기는 무척 어려워. 자, 이 어려운 일을 누가 맡았을까? 얼마 전에 말한 드림팀, 기억하고 있니? 다시 한 번 말해 줄게.

"와! 환상의 드림팀 떴네. 정초, 정흠지, 정인지 선수가 공을 뻥 차서 주니, 이천과 장영실 선수가 받아 질주하고, 김담 선수가 골을 넘겨받아서 이순지에게 어시스트, 이순지, 이순지, 슛~ 골인!"

사실 이 말은 내가 지어낸 게 아니야. '대간의기', '보루각기', 《연려실기술》에 있는 내용이란다. 다음과 같은 옛 기록을 너희들이 이해하기 쉽게 바꾼 거야.

1432년 세종은 정인지에게 말씀하셨다.
'고려 때 원나라 수시력을 가지고 들어와 그걸로 예측했다. 조선을 세우고도 일식, 월식, 오성의 궤적을 계산하지 못해서 중국의 수시력을 그대로 썼다. 수학에 밝은 그대가 정초와 더불어 고전을 연구하고, 관측기구를 제작하여 이 문제를 풀도록 하라. 우리가 중국 문명의 수준에 도달했는데, 유독 하늘을 관찰하는 공부와 기구가 부족하구나. 한양에서 본 북극을 기준으로 해서 새 역법을 만들라.'

명령을 받들어 정초, 정흠지, 정인지가 고전을 공부하여 수시력의 수학적 이치를 깨달았다. 또 이천으로 하여금 각종 관측기구를 제작토록 했고, 장영실로 하여금 자격루와 옥루를 제작토록 했다.

마지막으로 이순지, 김담이 명나라에서 새로 들어온 역법과 아라비아 역법을 더 연구하여 마침내 1442년 우리의 역법 《칠정산》 내편과 외편을 만들어 냈다.

이윽고 예측을 했더니 딱 들어맞았다.

'딱 들어맞았다'니, 정말 대단한 일을 해냈구나.

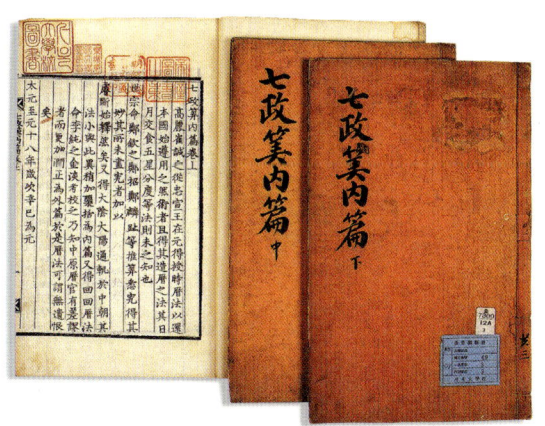
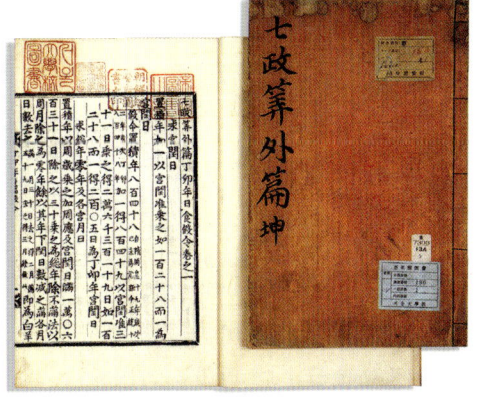

《칠정산》 《칠정산》은 내편(왼쪽)과 외편(오른쪽)이 있는데, '내편'은 중국 수시력의 수치와 원리를 그대로 따랐고, '외편'은 아라비아의 역법인 회회력을 따른 거야. 회회력은 일식, 월식 예측에 아주 탁월했거든. 아라비아의 천문학이 조선에 잘 알려져 있었다는 증거이기도 해. 무조건 따른 것이 아니야. 조선의 학자들은 관측과 계산을 통해 회회력의 문제점도 바로잡았어.

세종은 가장 총명한 학자를 가려 뽑아 연구시켰어. 옛 관리라고 머리 복잡한 수학을 좋아했겠어. 어명을 받은 이순지도 이런저런 이유로 상소를 올리면서 이 일을 피하려고 했다는구나. 다른 학자들도 마찬가지였어. 하지만 세종 임금은 그들의 재능을 모두 쏟아붓도록 했지. 임금의 명령이 떨어지고 난 후 10년 동안의 대장정을 마치고서야 우리에게 딱 맞는 역법, '칠정산'이 탄생하게 되었어.

조선의 학자들은 10년에 걸쳐 그때 가장 정확했던 중국 수시력의 핵심을 다 이해했어. 수시력을 기본으로 한 명나라 대통력이 가진 문제점까지도 다 짚어 냈어. 같은 책 가지고 공부하면서도 중국보다 성취가 더 높았던 거지.

아무도 풀지 못한 칠정산의 수학 공식

《칠정산》을 이름 그대로 풀이하면 '7정을 계산한 수학책'이란 뜻이야. '7정(七政)'은 보통 해와 달에 오성을 더한 일곱 별을 뜻해. 오성은 목성, 화성, 토성, 금성, 수성이야. 달력 만들 때 오성의 중요성은 크게 떨어져. 그럼에도 불구하고 이 별들은 옛 천문학에서 꽤 중시됐어. 오성은 그때 사람들이 철석같이 믿고 있던 음양오행의 자연관에서 중심을 이루기 때문이지. 그런데 별을 뜻하는 7성(星)이 아니라 7정(政)이라고 썼지? 별들의 운행이 임금의 정치와 관련되어 있다고 생각해서 정치의 '정(政)' 자를 쓴 거야. 이제 칠정산이 일곱 개의 정 자가 있는 산이 아니란 걸 확실히 알았지?

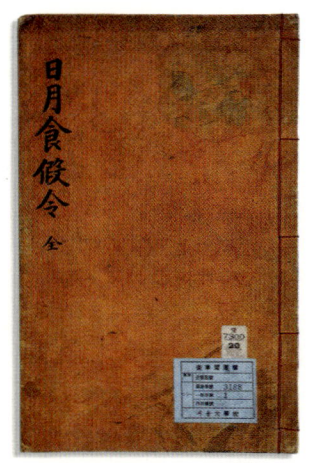

《칠정산내편정묘년교식가령》 칠정산을 토대로 정묘년(1447년)의 일식과 월식을 계산한 책이야. 외교용으로는 중국 명나라에서 받아 온 대통력을 계속 썼지만, 실제 예측에는 이렇게 칠정산을 썼어.

陰陽五行
그늘 음 / 볕 양 / 다섯 오 / 다닐 행

음양오행은 천지, 만물, 자연, 인체의 온갖 현상을 이해하는 기본 틀이야. 해는 양의 기운이고, 달은 음의 기운이야. 합쳐서 '음양'이라 하지. 다섯은 목, 화, 토, 금, 수의 기운을 뜻해. 목은 봄에 파릇하게 피어나는 기운, 화는 여름철 뜨거운 기운, 금은 가을철 서늘해진 기운, 수는 겨울의 추운 기운을 뜻해. 토의 기운은 각각의 변화를 도와주는 기운으로 생각했어. 이 다섯 기운을 '오행'이라고 불러. 행이란 기운의 단계를 뜻하지.

"앗, 그런데 역법인데 왜 역(曆)이란 말을 쓰지 않고, 계산한다는 뜻의 산(算)을 썼어요?" 날카로운 질문이야. 중국을 의식해서 그런 거야. 비록 현실적으로는 중국을 섬기는 '사대'라는 국제 질서를 받아들이기는 하겠지만, 정신적으로는 당당한 문명의 주체가 되리라는 다짐을 드러낸 거지. 왜냐하면 중국과 같이 역(曆)을 쓰면 중국에 대항하는 느낌이 들기 때문이야. 그래서 수학 냄새가 풀풀 풍기는 산(算)을 쓴 거지.

《칠정산》에는 음양오행 사상이 밑바탕에 깔려 있어. 음양오행은 당시의 세계관이야. 그렇지만 《칠정산》은 철저하게 계산 수치만 보여 주는 수학책과 같아. 너희들에게 수치 이야기는 안 하려고 해. 대학 수준의 미분 적분보다 더 어렵기 때문이야.

"어휴, 도대체 모르겠어. 《칠정산》에 적힌 수치들이 현대 천문학 방법으로 얻어 낸 수치와 거의 완전히 일치하는데, 이순지, 김담 같은 조선의 학자들이 어떻게 이걸 구했는지를 모르겠어. 발달한 서양 천문학 지식으로 무장한 나도 이런 거 계산하려면 쉽지 않은데 우리 선조가 어찌 이렇게 정확한 수치를 얻어 냈단 말이야?"

이 말은 《칠정산》 연구의 국내 최고 권위자인 유경로 선생이 생전에 하셨던 말씀이야. 《칠정산》 수치들은 구면 천문학이라는 서양 천문학을 알아야 풀 수 있다는 거야. 하늘을 향해 황당한 표정을 지으시던 유경로 선생님의 표정을 아직도 잊을 수가 없어.

최고 권위자도 어려워하셨으니까, 어때 이제 마음이 편해지지. 우리 수준에서 알만큼만 알면 되겠지. 일반적인 역법의 원리에 대해 먼저 알아 보자.

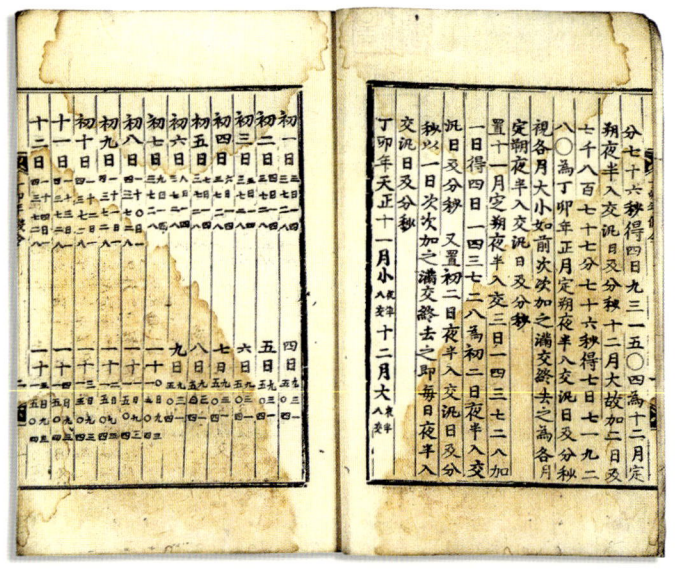

《칠정산내편정묘년교식가령》 본문 날짜와 숫자들이 빼곡히 적혀 있어. 우리 조상님들이 구면 천문학이란 말은 안 쓰셨어도 그런 개념을 빠삭하게 이해하셨던 것 같아. 그렇지 않고서는 이런 결과를 얻지 못했을 테니까. 안타까운 것은 공식과 풀이가 기록되어 있지 않아. 결과만 밝혀져 있어. 서양 수학과는 다른 방법으로 푼 것이 분명한데 계산한 값은 같아. 그래서 《칠정산》에 숨어 있는 수학 공식은 딱 암흑 상자 같다는 거야.

달력 만들 때 뭐가 가장 중요할까?

"1년의 길이와 한 달의 길이요." 맞았어.

1년은 지구가 태양 궤도를 도는 공전 주기고, 한 달은 달이 지구 주위를 도는 공전 주기와 같다는 걸 잘 알고 있지? 이 두 현상을 잘 결합하여 1년 열두 달을 질서 있게 나누는 게 달력의 핵심이야.

역법 《칠정산》에서 다루는 것들은 대체로 해, 달, 날과 관련된 상수(변하지 않는 일정한 값)를 정하고, 해와 달의 궤적을 정하고, 일식과 월식을 예측하고, 절기마다 28개 항성의 뜨고 지는 시간을 정하고, 오성 각각의 궤적을 정하고, 사여성의 궤적을 정했어. 여기서 사여성을 관측 대상으로 삼았다는 점이 이채로워. 사여성은 실제 있는 별이 아니라 가상의 별이야. 자기, 월패, 나후, 계도라는 네 개의 별을 말하는데 인도에서 유래했어.

여기서 우리가 기억해야 할 것은 관측 지점을 베이징이 아닌 서울로 정했다는 점이야. 서울과 베이징 사이에 1시간 차이가 있다는 거 말했지. 이걸 극복하려는 게 세종 임금의 과제였던 거야.

마지막으로 《칠정산》의 한계도 지적하는 게 타당하겠지. 세종은 중국 수시력의 조선판을 생각하는 데 그쳤어. 비록 《칠정산》 외편이 일본에 건너가 일본 역법인 정향력의 원조가 되기는 했지만, 거기까지였어. 이후 국내에서 200여 년 동안 잘 사용되었지만, 17세기 이후 서양 천문학에 견줄 만한 발전은 없었어. 그건 중국의 천문학도 마찬가지였지.

세종이 《칠정산》을 모든 나라가 따르게 하겠다는 꿈을 가졌다면 어떻게 되었을까? 조선에 국한되지 않고 중국과 세계까지 혜택을 주는 그런 과학이 탄생하지 않았을까? 그것은 오늘날 세계인인 우리의 과제이기도 해.

한국 과학사의 빛나는 순간

이야기를 마치기 전에 꼭 해 주고 싶은 말이 있어. '아직도 우리의 과학 수준은 서양에 견주어 20년쯤 뒤떨어져 있다.' 이런 말을 흔히 쓰지. 한국의 학자가 뛰어난 업적을 남기기도 하지만, 과학 모든 분야에 걸쳐 서양을 따라잡는 건 아니지. 그렇지만 우리나라의 과학 수준은 오랜 기간 중국에 근접해 있었어. 때로는 중국을 살짝 올라서기도 했지. 세종 시대가 그랬어.

1418년에서 1450년 동안의 32년이 가장 빛나는 시간이야. 비록 짧은 기간이었지만 한국의 과학기술이 세계 최정상에 있었어. 이때 유럽의 근대 과학은 아직 시작되지 않았고, 이슬람의 찬란한 문화는 꼬리를 내리고 있었어. 원나라 때 가장 높았던 중국의 과학도 잠깐 진전을 멈추었지. 이때 우리나라는 더욱 앞으로 나아갔던 거야. 얼마 전 일본에서 세계 과학사의 업적을 연표로 만들었는데, 이 시기 과학 업적의 대다수가 조선의 과학 유물로 채워졌어.

"대간의, 소간의, 혼천의, 혼상, 앙부일구, 현주일구, 자격루, 옥루, 《칠정산》 내·외편, 천상열차분야지도, 측우기, 팔도지리지, 《향약집성방》, 《의방유취》, 《농사직설》, 금속활자 갑인자, 화약과 화포……"

　아, 이름만 늘어놓는 것도 숨이 찰 정도야! 근데 이 모든 것 중에서 가장 대단한 것을 하나만 고르라면, 나는 서슴지 않고 《칠정산》을 말하겠어. 조선 과학의 모든 분야의 성과가 모여서 이루어 낸 드높은 결실이니까. 단숨에 중국 문명의 문턱을 넘었으니까. 또, 당시 세계 역법의 최고봉이니까 말이야.

　천재 과학자 뉴턴이 이런 이야기를 한 적이 있어. '나는 거인의 어깨에 올라 탄 난쟁이'라고. '어떻게 해서 그렇게 위대한 과학적 발견을 했는가?'라는 질문에 대한 답이었지. 코페르니쿠스, 갈릴레오, 케플러 같은 거인들이 있었고, 자기는 거기에 조금 덧보탠 정도였다는 거야. 물론 겸손의 말이지만 어느 정도는 사실이야. 이전 학자들의 위대한 탐구가 없었다면, 더 높은 창조는 불가능해. 《칠정산》도 비슷해. 중국의 수시력과 아라비아의 회회력이 있었고, 우리나라에는 고려 때부터 이어진 천문학의 전통이 있었어. 나라 안팎의 과학 전통들을 토대로 해서 조선의 과학자들이 전통을 넘어선 결과를 보여 준 거야.

궁궐 안에 있는 천문 관측기구 이 그림은 조선 시대 후기에 그려진 동궐도인데, 누가 언제 그렸는지는 알려져 있지 않아. 한 가지 분명한 것은 1830년대에 궁궐에 화재가 났었는데 그 전에 그려진 그림이 확실하다는 거야. 불타 없어진 건물들도 다 그려져 있기 때문에 알 수 있지. 간의와 풍기대(상풍간)가 있는 곳이 창덕궁이고, 관천대가 있는 곳이 창경궁이란다. 조선 시대 천문 관측의 전통을 볼 수 있는 귀중한 그림이야.

　　이제 달력을 볼 때, 학교를 안 가는 빨간 글씨만 세지 말고, 달력에 담긴 과학의 성과도 한번 생각해 주렴. 너희들 달력에는 무엇을 적어 놓았는지 갑자기 궁금해지는구나. 가족과 친구 생일, 용돈 받는 날, 소풍, 시험 보는 날, 콘서트 가는 날, 이런 거 아니겠어. 뭐, 데이트 하는 날도 있다고?

달력에 대해 더 알고 싶은 것들

달력에서 첫날을 언제로 잡을까?

우리가 지금 쓰는 달력은 '서기'야. 서기란 '서양 기준'이라는 뜻이야. 서기는 예수 탄생이 첫해의 기준이지.

부처와 관련해 '불기'를 쓰기도 하지. 불기는 부처가 탄생한 해가 아니라 돌아가신 해를 기준으로 했어. 부처가 예수보다 5백여 년 먼저 살았어. 서기에다 544년을 더하면 불기야.

그러면 '단기'라는 건 알겠지? 단군왕검이 우리나라를 연 해를 기준으로 삼은 거야. 서기에다 2333년 더하면 단기와 같아.

이슬람교는 예수의 탄생보다 622년 늦어서, 더하는 게 아니라 빼 줘야 해.

그럼 첫날 1월 1일은 어떻게 잡았을까? 서기에서는 예수님이 탄생한 그해 동짓날인 12월 22일을 첫날로 삼았어. 근데, 왜 지금은 1월 1일이 첫날이 됐냐고? 이후 오차가 생겨 부활절 날이 잘 들어맞지 않게 되자 10일을 뚝 잘라 빼 버렸어. 그래서 1월 1일이 첫날이 된 거야. 어때, 과학적인 방법은 아니었지? 하지만 첫날 기준만 바꿔도 이전에 쌓인 오차가 다 없어지는 효과가 있어.

여하튼 이처럼 첫 기준은 매우 상징적인 의미를 지녀. 동아시아에서도 보통 새로 왕조를 세우면 달력 날짜를 새로 썼지. 중국의 당, 원, 명 다 그런 전통을 따랐어. 경우에 따라 역법 자체를 완전히 다시 만들었지. 당나라나 원나라가 그랬어. 명나라는 다시 만들지 않고 원나라가 쓰던 수시력의 첫날만 새로 바꾸고 이름을 대통력이라 달리 불렀지.

우리나라에서는 내내 중국 달력을 기준으로 첫날을 잡았어. 칠정산이라는 달력을 만들었어도 명나라 달력 기준인 대통력을 썼지. 조선의 달력은 갑오개혁 이후 태양력을 채택하면서 첫날을 1896년 1월 1일로 정하고 건양이라는 연호를 사용하게 되면서 중국과 결별했어. 대신 '서기'를 택한 거지.

태양력과 태음력

우리가 쓰고 있는 서양의 그레고리력에서는 해의 운행 주기인 1년의 정확성만 따졌어. 1달은 달의 운행과 관련이 없었지. 한 달을 30일 또는 31일이라고 하는 건 임의로 정한 거야. 그런데 문제가 있어. 태양을 한 바퀴 도는 1년의 길이가 365일로 딱 떨어지지 않고 자투리가 있어. 정확히 365.2422일이야. 달력의 날짜는 365일로 하니까 해가 갈수록 이 자투리가 쌓이겠지. 그러다 자투리가 1일 정도가 되면 그때는 한 해를 366일로 하는 거야. 자투리 1일은 여분이라는 뜻에서 '윤일'이라는 말을 써. 윤일이 들어 있는 해는 '윤년'이라 하지. 4년에 1번쯤 윤년이 와. 더 정확히 말하면 400년 동안 윤일이 97번 필요하지. 이를 태양의 운행만 기준으로 한다고 해서 태양력이라고 해.

그럼, 태음력이란 뭐겠어? 달의 운행을 기준으로 하는 달력이지. 태음력을 대표하는 건 이슬람교를 창시한 무함마드가 정한 달력이야. 이건 한 해 계절 변화와는 아무 관계가 없어. 달이 차고 기우는 것만 신경을 썼어. 달이 한 바퀴 도는 공전은 29.53059일 걸려. 아까처럼 자투리가 있기 때문에 달력은 30일이거나 29일로 정해지지. 그걸 12달을 합쳐서 1년으로 삼지. 그러면 모두 며칠일까? 354일이야. 근데 원래 달의 공전 주기가 29.53059일이니까 12달이면 354.36708일이야. 1년은 354일이고, 우수리 0.36708일이 생기네. 어떻게 해결했을까? 이 우수리가 8년 쌓이면 대략 3일 정도가 되니까 8년에 윤일을 3번 두면 되겠지. 더 정확히는 19년에 7일이 윤일이야.

태양태음력

태양태음력은 중국과 우리나라를 비롯한 동아시아에서 썼어. 이름만 봐도 짐작이 가지. 해와 달의 궤적 모두를 고려한 달력이야. 왠지 더 복잡할 거 같다고? 맞아. 태양의 공전이 365.2422일, 달은 29.53059일이니까 1년의 길이를 1달의 길이로 나누면 약 12.36827달이야. 12달하고도 우수리 0.36827달이 생기는 거지.

태양력과 태음력에서는 윤일만 뒀잖아. 그런데 태양태음력에서는 '윤달'을 둬야 해. 13개월이 되는 거지. 음력 생일 치르는 집에서 이 윤달 때 생일 생기면 곤란하겠지. 왜 그럴까? 0.36827달이 8년 쌓이면 그 사이에 생기는 윤달이 3번에 불과하고 또 그 윤달이 꼭 자기가 태어난 달에 들어가는 게 아냐. 계산해 보면 윤달은 19년에 7개월 꼴이 돼. 이 수치는 중국에서 수천 년 전부터 알고 있었던 거야.

우리나라에서 만든 또 하나의 달력, 천세력

천세력이란 말 들어봤어? '천 년 동안 쓸 수 있

는 달력'이란 뜻이야. 그만큼 달력이 정확해서 더 이상의 달력이 필요 없다는 자신감에서 붙인 이름이야. 1792년에 만들어진 이 천세력은 지금도 쓰이고 있어. 사주팔자 볼 때, 이삿날이나 결혼식 날 등 길일을 정할 때 쓰는 게 이 천세력이야. 가장 완벽한 음력 달력이지.

천세력을 왜 만들었을까? 조선 후기, 정확한 서양 역법이 중국에 전해지면서 우리도 그동안 잘 써 오던 칠정산 역법을 다시 생각해야만 했어. 이때 새로 조선판 역법인 천세력을 만들었지. 그 이후의 과정은 칠정산 내외편이 만들어질 때와 비슷해.

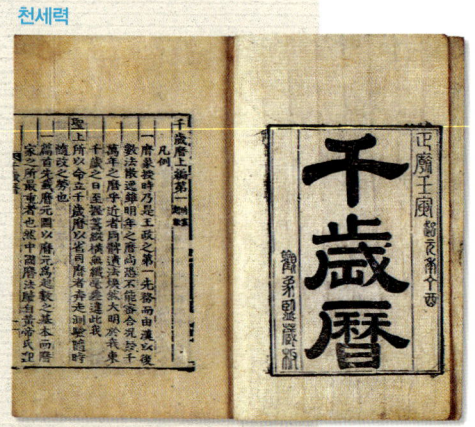

천세력

고등학교 교과서를 보니까 시헌력 도입이 짧게 서술되어 있더구나. 그런데 우리 역사상 가장 험난한 지적 학습 과정이 바로 시헌력 공부였지. 우리는 결과 자체보다도 그 험난한 학습 과정에 주목해 보자. 천세력은 칠정산보다 더 오래 걸려 만들었어. 고려 말기에 수시력을 배워 세종 때 칠정산 만들기까지 한 50년(1298~1444년) 걸렸잖아? 근데, 천세력은 100년도 훨씬 더 걸렸어. 왜 그랬을까? 서양의 발달한 천문학을 이해하기 어려웠기 때문이야. 게다가 연구 과제로 삼고 있던 중국의 시헌력도 계속 발전하면서 바뀌었고.

"달력 만들기가 이렇게 어려운지 몰랐어요." 그래서 아무나 만들지 못하는 거지. 험난한 길을 거쳐서 1792년부터 천세력이 실시되었어. 10년마다 이후 100년을 예측할 수 있도록 되어 있지. 그런데 많은 학자들은 '천세력의 제정'이란 말 대신에 중국에서 만든 서양식 역법인 '시헌력의 수용'이라는 말을 쓰고 있어.

천세력의 첫날이 언젠 줄 알아? 1444년 갑자일이지. 왜 이 날일까? 이는 칠정산을 실시한 첫날이란다. 이걸 봐도 천세력이 우리나라 역법의 전통을 계승했다는 것이 분명해. 칠정산은 중국 수시력을 토대로 했지만, 우리나라가 펴냈다고 말해. 마찬가지로 천세력도 '시헌력의 수용'이라는 말 대신에 '천세력의 제정'이 더 타당하게 느껴지지 않니?

책으로 묶은 달력, 책력

조선 후기에 한 해에 20만 부 이상 찍어 낸 책이 있어. 이 최고 베스트셀러는 바로 '책력'이야. 달력을 한 권의 책으로 묶어 내기도 했는데, 그걸 '책력'이라고 했어.

이 달력의 가장 큰 특징이 뭔 줄 알아? 절기에 따라 꼭 해야 할 농사일을 적어 놓은 거야. 언제 볍씨 뿌리는지, 언제 잡초 뽑고, 언제 비료 주고, 언제 갈무리 해야 하는지 일일이 적혀 있지. 경험 많은 농부는 대충 때를 알고 있지만, 정확한 것은 달력을 보았지. "아, 모레가 곡우네. 못자리 할 볍씨를 담가야겠구먼." 이런 식이야.

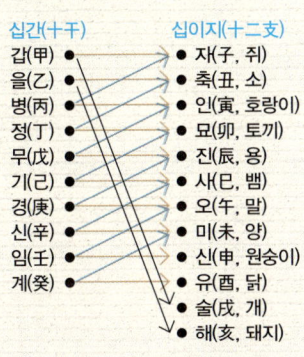

책력은 날짜가 해, 달, 날, 시 모두 10간과 12지인 간지로 이루어져 있어. 12지는 12띠로 이전에 배웠으니까 따로 말하지 않을게. 10간은 갑, 을, 병, 정, 무, 기, 경, 신, 임, 계야. 10간과 12지가 결합하여 60갑자를 만들어 내는데, 이 순서대로 날짜와 해가 돌아가도록 되어 있어.

음, 올해가 무슨 해지? 2010년은 경인년이야. 2011년은 하나씩 더한 신묘년이 되지. 날짜도 마찬가지로 그런 방법으로 썼어.

사주팔자라고 들어봤지? '타고난 운수'를 말하는데, 사주와 팔자가 여기서 나온 말이야. 각각의 간지에는 각각 음 또는 양의 기운과 목, 화, 토, 금, 수 등 오행의 기운 각각이 대응한다고 보았어. 해, 달, 날, 시 등을 4개의 기둥, 즉 '사주'라 하고, 거기에 붙은 2개의 간지들로 헤아리면 여덟 글자가 만들어지는데, 이를 '8자'라 하지. 날과 시가 달라질 때마다 그 조합이 달라지겠지. 옛 사람들은 그 조합이 어떠냐에 따라 기운이 달라진다고 보았어. 그 조합이 만들어 내는 상황은 매우 복잡해. 여기서 우리가 알아야 할 것은 옛 사람들이 그것을 우주 자연의 질서로 받아들였고, 매우 중시했다는 사실이야.

자, 그럼 책력은 왜 필요했을까? 농사짓는 데 꼭 필요하고 제사 등 각종 기일 챙기는 데 절대 없어서는 안 되는 존재였기 때문이지. 조선 초기에는 관리들이나 양반이 아니면 달력 구하기 쉽지 않았어. 종이가 귀해 책값이 비쌌거든. 이때는 지방의 관리나 양반들이 이런 책을 갖고 있다가 백성들에게 알려 주었어. 시간을

조선 시대 후기의 달력들

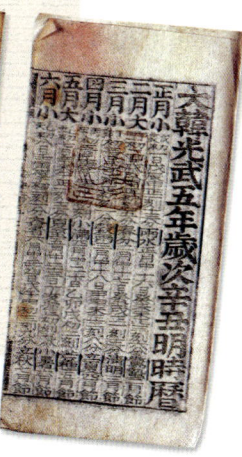

알려주는 것이 하나의 통치 행위였다고 할 수 있어. 그러다 조선 후기에는 달력이 책으로 묶여 나와 널리 퍼진 거야. 책력은 일기장이나 가계부 구실도 했어. 양반 사대부들은 빈칸에 하루 동안 한 일이나 곡식이나 돈 쓴 내용을 적었단다.

현재 쓰고 있는 달력에도 오차가 있다고?
예전에는 과학 수준에 한계가 있었기 때문에 관측해서 얻는 1달의 길이, 1년의 길이가 정밀하지 않아서 오차가 있었지. 이 수치는 천문학이 발달하면서 더욱 정확한 값에 가까워졌어. 그런데 아직 해결하지 못한 문제가 있어. 오차가 생기는 더욱 중요한 요인이 또 하나 있거든. 세차 운동이라는 거야. 지구가 자전하기 때문에 생기는 현상인데, 이 세차 운동의 결과로 지구의 북쪽별이 달라지기도 하지. 지금은 지구 자전축이 북극성을 향하고 있어. 하지만 3천 년 전 이집트에서 관측한 기록을 보면 지구의 자전축이 북극성보다 1.75일만큼 동쪽으로 후퇴한 별을 향하고 있었지. 그 별 이름은 용자리 알파별이었어.
"자전축이 바뀐다는 것은 처음 들어요." 그래, 변하지 않는 게 없구나. 이런 자투리 시간들이 오랫동안 쌓이면 몇 분, 심지어 몇 시간 차이가 날 수 있지. 예를 들어 실제 하루 관측을 하면 밤 11시 50분인데, 달력 계산 추정치는 12시 10분이 되는 거야. 그러면 이 시간은 오늘인지 내일인지 헷갈리겠지.
그래서 지금 우리가 쓰고 있는 달력도 천체와 완벽하게 일치하지 않아. 그레고리력은 2만 년이 지나면 하루 정도의 오차가 생긴다고 해. 어때, 완벽한 달력 한번 만들어 보고 싶지 않아?

▼
■《칠정산》내·외편은 세종 시대 과학 중 가장 중요한 부분인데, 가장 어렵기 때문에 다루지 않는 경우가 많아. 그렇지만 과감하게 돌파하기로 했어. 약간 어렵게 느꼈을지도 모르겠구나. 내가 카이스트 학생들과 함께 칠정산을 공부하고 나서 썼던 《우리 과학의 수수께끼 2》를 많이 참조했어.

■《칠정산》내·외편 번역은 한국 과학사 연구에서 한 획을 긋는 성취였어. 《칠정산》을 번역한 천문학자 세 분, 유경로, 이은성, 현정준 선생의 이름을 기억하자꾸나. 중국 천문학사의 최고 권위자인 야부치라는 일본 학자가 있는데, 번역한 《칠정산》을 보고는 이렇게 말했어. "도저히 불가능의 영역에 있었다고 생각한 칠정산을 이런 수준까지 이해해 내다니! 중국 역법의 역사를 공부하려는 사람은 반드시 이 책부터 시작해야 할 것이다!" 그런 평가를 받았을 정도인데도, 막상 번역 당사자는 미처 못 푼 부분을 안타까워했어. 학문이란 원래 그런 거야.

■천세력을 이야기할 때 대부분 책들이 주로 시헌력 도입에 관심을 두고 있어. 그런데 《조선 기술 발전사》란 책에서는 제목으로 천세력을 뽑았더군. "옳거니!" 했어. 왜냐하면 수시력과 칠정산의 관계를 염두에 둔다면, 중국의 시헌력 도입이 아닌 우리의 천세력 제작을 내세우는 것이 더 타당할 테니까.

■전용훈 박사의 탁월한 연구가 없었다면 천세력을 만드는 것이 얼마나 험난했었는지를 제대로 알 수 없었을 거야. 당시 서양의 천문학, 중국에 소개된 서양 천문학, 조선의 학습 사정을 더 상세히 알게 되지. 근데 그건 전문적인 연구로 여러분이 읽기가 불가능해. 오민영 선생이 그걸 《청소년을 위한 동양 과학사》에서 다소 쉽게 풀어 놓았어.

12 우리나라 수학의 역사

어느 날 지영이가 물었어.

"아빠, 여자들이 남자보다 수학을 못해?" 사람마다 차이가 있을 뿐 말도 안 되는 오해야. 한국 수학사에서도 말도 안 되는 오해가 있어. 우리나라 옛 사람들은 셈을 정확히 따지지 않았다는 거야. 이 글을 읽은 어린이들은 절대 이런 생각 안 하게 될 거야.

과학을 공부하다 보면 꼭 알아야 할 수학이 있기 마련이지. 우리는 과학사를 여행 중이니까 우리나라 수학의 전통과 도량형에 대해서만 간단하게 알아보자.

옛 수학 맛보기

옛 어린이들도 요즘 어린이와 똑같이 사칙연산, 즉 덧셈·뺄셈·곱셈·나눗셈을 열심히 배웠어. 옛날에는 '가감승제'라고 했어. 그리고 구구단도 외

> **加減乘除**
> 더할 가 / 덜 감 / 탈 승 / 덜 제

산가지와 주판 원래 '산'은 고대 중국에서 썼던 건데, 중국 사람들은 원나라 때부터 주판을 쓰게 되면서 차츰 산을 안 썼어. 이와 달리 조선은 계속 산을 썼어. 산가지를 담아두는 통을 '산통'이라고 해. 잘되던 일이 뒤틀릴 때 '산통이 깨진다'고 하지.

웠지. 요즘 어린이와 달리 2단부터가 아니라 9단부터 외웠어. '구구는 팔십일, 구팔은 칠십이' 하는 식으로 말이지. 숫자 9를 완전하고 좋은 수라고 보았고, 9단부터 외웠기 때문에 '구구단'이라고 이름 지어진 거야.

학교에서도 수학을 배웠어. 고구려의 태학, 통일신라의 국학, 고려의 국자감 같은 학교에서 수학을 가르쳤지. 오늘날 대학교와 비슷한 곳이야.

요즘은 복잡한 계산은 전자계산기를 쓰지. 옛날 중국이나 일본에서는 주판을 썼어. 근데 우리나라는 좀 다른 것을 썼단다. 가느다란 막대기를 썼지. 이 막대를 '산'이라고 해. 열 손가락 꼽으면서 수를 세는 방법과 비슷해.

조선 수학자 최석정은 "중국 사람들이 왜 번거로운 주판을 쓰는지 모르겠다."고 의아해 했어. 산가지로 가감승제 모두 척척 계산해 낼 수 있었지. 어느 정도였냐 하면, 손이 안 보일 정도로 빨랐대. 마술사가 빠르게 카드를 만지는 손놀림과 같았을 거야. 중국 사람들이 볼 때에는 계산을 쉽게 할 수 있는 주판을 쓰지 않는 게 이상했고, 우리가 볼 때에는 그 편한 산가지를 쓰지 않고 주판을 쓰는 게 이상했지.

아주 복잡한 계산을 할 때에는 미리 계산된 결과가 적힌 표를 이용했어.

답이 적힌 표 말이야. 이를테면 피타고라스 정리의 값, 아니 우리말로 해서 구고법을 적용할 때 빗변의 값을 미리 구해서 표에 적어 놓고 복잡한 계산할 때 쓰면 계산이 빨라지겠지.

천문 관측 계산 때에는 엄청나게 어려운 수학 계산이 쓰였어. 우리가 그 어려운 수학을 이해할 수도 없고 또 지금 단계에서 이해할 필요는 없어. 다만 우리 조상들이 어떤 수학을 썼는지 알아보고 싶지 않니? 그럼, 이 문제 한번 풀면서 몸 좀 풀어 봐.

원 모양의 땅이 있다. 둘레는 30보, 지름이 10보일 때 땅의 넓이는 얼마인가?

몸이 풀리기는커녕 너무 어렵다고? 그렇구나. 이 문제는 초등학교 6학년 2학기 때 배워. 그보다 어린 학생들이 모르는 것은 당연해.

원의 넓이를 구하는 공식은 "원주율×반지름×반지름"이야. 원주율만 알면 구할 수 있겠지. 옛날에는 원주율을 3으로 계산했어. 자, 이제 계산해 볼까?

"원주율 (3) × 반지름 (5) × 반지름 (5) = 75보" 맞았어. 옛 사람들도 이런 식으로 풀었어.

한 문제 더 풀어 보자.

지금 북쪽 마을에 8758명, 서쪽 마을에 7236명, 남쪽 마을에 8356명의 장정이 있다. 이 세 고을에서 378명을 주민 수에 따라 징발(나라에서 사람

구고법

구고법은 피타고라스 정리와 같아. 그리스 사람인 피타고라스보다는 구고라는 우리말을 쓰면 더 좋겠지. 구(勾)는 직각 삼각형에서 짧은 변을 말하고, 고(股)는 직각 삼각형에서 직각을 이룬 긴 변을 말해. 직각 삼각형에서 가장 긴 빗변은 현(弦)이라고 하지. 다 각각의 이름이 있었다는 것은 그만큼 정확한 연구가 있었다는 걸 알려주지.

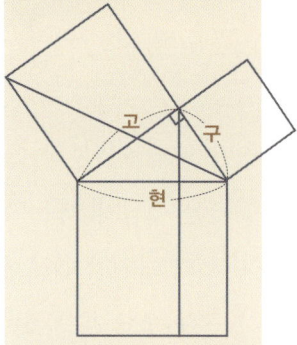

피타고라스는 직각 삼각형의 빗변을 한 변으로 하는 정사각형의 넓이가 다른 두 변을 각각 한 변으로 하는 두 개의 정사각형의 넓이의 합과 같다는 것을 증명했어.

걸음 보

거리를 재는 단위. 1보는 보통 성인 남성이 한 걸음 정도 내딛는 거리를 기준으로 삼았어.

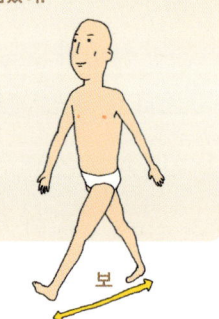

> **원주율**
> 원의 지름에 대한 둘레의 비율을 말해. '원둘레율'이라고도 해. 원의 넓이 등을 구할 때 쓰지. 원주율은 '약 3.14'야. 왜 '약'이라고 하냐고? 원주율은 딱 떨어지지 않는 수(무리수)야. 원주율을 소수 백 자리까지 구해 보면, 3.1415926535 8979323846 2643383279 5028841971 6939937510 5820974944 5923078164 0628620899 8628034825 3421170679……와 같아. 슈퍼컴퓨터로 소수점 아래 2천억 자리까지 계산해도 무한히 계속되어 정확한 값을 알 수 없어. 5세기경 중국 조충지라는 천문학자가 소수 여섯 자리인 3.141592까지 계산해 냈어. 컴퓨터도 없던 시대에 대단한 실력이야.

을 모으는 것)하려고 한다. 각 마을 당 몇 명씩이면 좋을까?

비례대로 배분해서 뽑으면 될 거야. 계산하는 것이 중요한 것은 아니니까 굳이 여기서 답을 적지는 않을게. 이런 문제를 보면, 옛 사람들이 어떤 때 수학을 사용했는지 짐작할 수 있지. 옛 사람들이 수학을 써먹는 곳이 오늘날과 다르지 않구나.

위의 두 문제는 2000년 전에 중국에서 씌어진 《구장산술》에서 고른 거야. 동양에서 가장 오래된 수학책이란다. 우리나라 사람들도 다 배웠어. 이런 수학을 누가 배웠을까? 요즘 어린이들이랑 똑같았어. 글자 익히기 시작할 때면 셈을 배우기 시작했지. 그때는 신분 사회라서 하층민들은 특별히 셈을 배우지는 않았지.

> **《구장산술》의 구장**
> 《구장산술》에는 모두 246개의 수학 문제가 실려 있는데, 이 문제들을 쓰임에 따라 9개 영역으로 나누어 '9장'이라고 했어. 이 전통이 이어져서 '구장'이란 말은 곧 수학을 뜻하게 되었지. 왜 아홉이냐고? 구구단을 떠올려 봐. 그래, 아홉을 완전한 수라고 보았기 때문이야. 이제 책 이름만 보고도 수학책인 것을 단박에 알 수 있겠지.
>
> 1 방전 : 땅의 넓이를 구할 때
> 2 속미 : 곡식과 베 등 물물교환의 비례

3 쇠분 : 등급의 차이가 있는 것을 고르게 나눌 때
4 소광 : 넓이와 부피의 계산
5 상공 : 공사 현장의 계산
6 균수 : 배나 마차 등 교통수단의 값을 거리에 따라 고르게 계산할 때
7 영부족 : 나머지 계산법
8 방정 : 몇 개의 이미 알고 있는 사항으로부터 아직 알지 못하는 미지의 수를 알고자 할 때
9 구고 : 삼각 도형 계산법

구장의 이름들이야. 무척 어렵지. 한자의 뜻을 알면 그나마 조금 쉬운데 한자를 밝혀 두지 않은 것은 이름보다는 어떤 내용이 들어 있었는가를 아는 게 더 중요하기 때문이야. 방정과 구고, 이 둘을 빼놓고는 모두 일상생활에 흔하게 쓰이고 꼭 필요한 수학이야. '구고'는 앞에서 말한 것처럼 피타고라스 정리와 같고, '방정'이란 지금 수학에서 쓰고 있는 '방정식'의 이름이 여기서 유래한 거야.

중국과 우리나라의 문제 풀이 대결

옛적에 한국과 중국이 함께하는 수학 올림피아드가 있었다고 생각해 보자꾸나. 어디까지나 가상 상황이니까 진짜인 줄 오해하면 안 돼. 1차 대회는 고려 시대 때 열렸어. 결과부터 말하면 중국의 완승. 중국의 쟁쟁한 3대 수학자 주세걸, 양휘, 안지재가 참석했기 때문이야. 각각 《산학계몽》, 《양휘산법》, 《산명산법》이라는 수학 책을 낸 사람들이지. 이 세 사람은 《구장산술》과 차원이 다른 고난도의 수학 계산법을 밝혔어. 특히 주세걸은 역법 계산을 하는 데 꼭 필요한 방정식 풀이를 제시했지. 이를 '천원술'이라고 했어.

고려의 수학자들도 중국 수학을 다 이해하고 응용할 정도의 수준이었는데, 이 세 대가와 견줄

天元術
하늘 천 / 으뜸 원 / 재주 술
하늘의 으뜸을 구하는 방법이란 뜻인데, 미지수인 '원'을 구하는 방정식 풀이야.

실력까지는 아니었어. 대회가 끝난 뒤 어떻게 했을지, 눈에 선하지 않아? 고려 수학자들은 이들의 책을 구해 열심히 공부했어. 조선 시대에 들어서는 이 세 권이 산학 전문 관리인 '산관'이 되려는 사람은 꼭 공부해야 할 책으로 지정되었지.

조선 시대에 2차 대회가 열렸어. 이건 1차 대회와 달리 실제 상황이야. 1713년 5월 29일에 실제로 문제 풀이 대결이 있었어. 그걸 약간 과장해 대회라 부른 거야. 여기에 참여한 중국 수학자는 당시 4대 수학자 중 한 사람으로 추앙받는 하국주였어. 조선에 와서 중국의 역법 시헌력에 대해 한 수 가르쳐 주기도 했고, 여러 지방의 위도를 정확하게 측정해서 알려 주기도 한 사람이야. 조선 대표는 젊은 수학자 홍정하와 유수석이었어.

먼저 탐색전이 있었어. 조선의 수준이 어느 정도인지 파악하기 위해 하국주는 짐짓 쉬운 문제를 연거푸 냈어. 홍정하와 유수석은 실력 좋게 답을 맞혔어. 점점 더 어려운 문제를 내도 척척 답을 맞혔어. 이제 조선이 문제를 낼 차례가 됐어. 원래 좀 부족하다고 생각하는 쪽에서는 비장의 문제를 준비하고 있다가 내밀어 상대를 당황시키려는 법이지. 조선에서 어떤 문제를 준비했는지 궁금하지 않아? 어렵기 때문에 여기서 이치를 따지지는 않을 거야. 어떤 식의 문제였는지 '감'만 한번 잡아 보렴.

"공 모양의 옥돌이 있다. 옥돌에 내접한 정육면체 모양의 옥을 뺀 부분의 무게는 265근 50냥 5전, 단 이 부분의 두께는 4촌 5푼이라고 한다. 옥돌의 지름과 정육면체 모양인 옥의 한 모서리의 길이를 구해 보시오."

"이 문제는 당장 풀기 어렵군. 돌아가서 차근히 풀어 본 뒤 내일 알려 주리다."

하국주는 일단 어려운 상황을 피했어. 하지만 다음 날에도 답을 찾지 못했지. 난처해진 하국주는 더 어려운 문제를 냈어. 그런데도 조선 학자들은

척척 답을 맞혔어. 이때, 하국주도 비장의 카드를 뽑아 들었어. 조선 수학자들이 알지 못하는 '삼각 함수'가 들어간 문제를 낸 거야. 이건 중국에 온 서양의 선교사들에게 배운 건데, 아직 조선에는 알려지지 않았었지. 조선 수학자는 엇비슷한 답을 내긴 했지만, 정확한 답을 내지 못했지. 그래서 승부는 무

승부!

고려 때인 1차 대회와는 크게 달라졌지? 하국주가 17~18문제를 냈는데 조선 수학자는 두세 개 정도 빼고 다 풀었으니까. 조선이 못 푼 문제는 서양 수학 관련 부분이었는데, 천하의 하국주가 풀지 못한 문제는 뭘까? 그것은 '천원술' 문제였어. 중국의 주세걸이 역법을 계산했다는 방정식 말야. 조선 시대에 수학자들에게는 주세걸의 《산학계몽》이 필수적인 책이었지만, 그때 중국에서는 그 책이 완전히 자취를 감추었거든. 조선 수학자는 《산학계몽》을 훨씬 뛰어넘는 천원술의 세계를 개척하고 있었지. 적어도 천원술 분야에서는 조선이 중국을 능가했던 거야.

천원술의 발달은 조선 수학의 커다란 특징이야. 이러한 조선의 수학을 '동쪽의 수학'이란 뜻으로 '동산'이란 말을 썼어. 참, 하국주는 홍정하와 유수석이 현란한 손놀림으로 산가지를 놀려 계산하는 법에 혀를 내둘렀어. "중국에는 이제 산가지를 쓰지 않으니 가지고 가서 모두에게 보이고 싶다."고 할 정도였지.

산가지로 숫자를 나타내는 방법

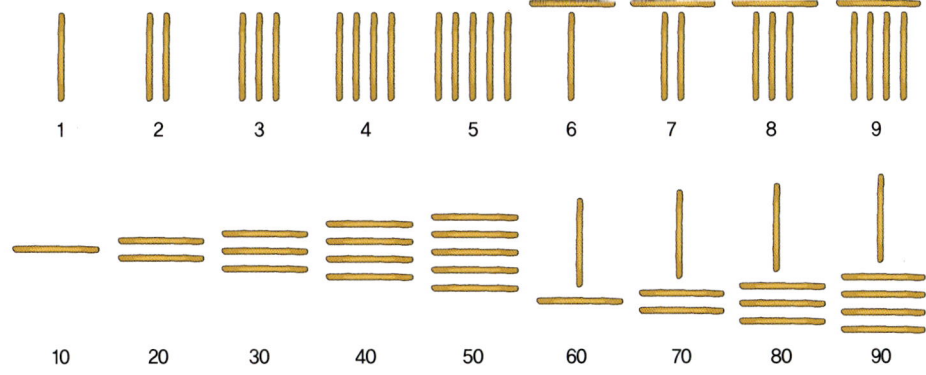

조선 수학의 전통, 동산

우리나라 수학자들을 통해 동산의 전통을 한번 살펴볼까? 수학자들의 이름이 모두 낯설겠지만, 그동안 숨어 있던 조선의 수학자들을 만난다고 생각하며 한번 보렴.

- 경선징과 최석정은 임진왜란 이후 잃어버렸던 《산학계몽》을 복원했고, 임준은 그 책의 주석을 달았어.
- 홍정하는 《구일집》이라는 책에서 천원술 문제를 166개나 제시했어. 중국 《산학계몽》의 27개에 견주면 무려 139개 더 추가한 거지. 왜 한국주가 쩔쩔 맸는지 알겠지.
- 남병철과 남병길은 훨씬 더 복잡하고 어려운 천원술 문제를 풀었어. 둘은 형제이고, 19세기 이름난 수학자이자 천문학자야. 형 남병철은 중국 시헌력의 수학적 계산을 이해하기 위한 《해경세초해》 등을 썼고, 동생 남병길은 대단히 어렵고 복잡한 수학책인 《유씨구고술요도해》 등 10여 편의 천문학, 수학 관련 책을 썼어.
- 이상혁은 《익산》이란 책에서 능숙하게 천원술을 다루었고, 더 나아가 동서양의 방정식 풀이를 비교했지.

여기서 오해해서는 안 될 점이 있어. 조선 수학은 천원술 전통이 강했다는 것이지, 천원술만 했다는 건 아냐. 서양의 천문학을 얼마나 끈질기게 배워 나갔는지는 앞에서 봤잖아. 수학도 마찬가지였어. 18세기 후반쯤 되면 그 수학도 다 꿸 정도가 되었어.

자, 그렇다면 조선은 왜 그토록 천원술을 중시했을까? 수에 우주의 비밀이 담겨 있다는 생각이 강했기 때문에 그랬을 거라는 주장이 가장 설득력 있어. 17세기 이후 중국과 일본의 전통과 다른 특징이지. 중국에서는 서양 수학과 천문학을 배우고 받아들이면서 매우 실용적인 수학을 발전시켰어. 일본은 임진왜란 이후 조선에서 전래된 《산학계몽》을 공부하면서 '와산'이라는 일본의 독특한 수학을 발전시켰어. 와산은 소수의 전문인들이 학파를 이루면서 발전했지. '문제 풀이를 위한 문제 풀이'를 하며 지적인 놀이를 했다고 할까. 이와 달리 조선에서는 유교 전통이 매우 강했기 때문에 수학 분야에서도 하늘의 뜻을 읽어 내려는 목적이 두드러지게 나타났던 거야.

幾何學
몇 기 / 어찌 하 / 배울 학
도형 및 공간의 성질에 대하여 연구하는 학문이야.

代數學
대신할 대 / 셈 수 / 배울 학
수의 관계, 성질, 계산 법칙 등을 연구하는 학문이야.

한·중·일 삼국의 차이가 있다고 해도, 그 셋의 차이는 서양의 수학과 견준다면 매우 작아. 서양에서는 개념과 원리를 중시하는 기하학을 중심으로 수학이 발달해 왔어. 이와 달리 동아시아에서는 문제 풀이식 대수학이 발달했던 거야. 그래서 부분적으로 보면 동아시아의 수학이 매우 뛰어난 부분들이 많이 있음에도, 서양 수학과 같은 정밀한 체계를 갖추지는 못했어.

이후 서양 과학 문명은 기하학과 같은 학문을 바탕으로 하여 매우 높은 성취를 이룩했지만, 안타깝게도 동양에서는 그렇지 못했지.

▼
■ 수학의 역사는 그 자체로 큰 전통을 가지고 있고, 또 일반 과학과 성격이 조금 다르기도 해서 보통 과학의 역사에서 같이 다루지 않아. 하지만 우리나라의 수학이 꼭 한국 과학사에서 소개되어야 한다고 생각했기 때문에 이 주제를 선정했어. 천문학 발달에는 어려운 수학 계산이 필수였다는 점을 잊어서는 안 될 거야.
■ 이 부분의 내용은 거의 전적으로 김용운·김용국 형제 수학자의 《한국 수학사》의 내용을 바탕으로 했어. 《청소년을 위한 한국 수학사》는 그걸 더욱 쉽게 정리한 책이고, 위 예문은 이 책의 것을 인용했어.
■ 남병철, 남병길 형제에 관한 내용은 유경로 선생의 《한국 천문학사 연구》란 책을 참고했어.

13 음악과 도량형의 뿌리는 하나

요즘 가장 좋아하는 가수가 누구니? 원더걸스, 소녀시대? 내가 어렸을 때랑 완전히 달라졌구나. 그러니까 유행가지. 여하튼 아마 우리 조상님들이 요즘 음악을 듣는다면, 깜짝 놀라 이런 말을 할 거야.

"무슨 음악이 이렇게 경박스러운가!"

옛 사람들은 '악(樂)'이란 마음을 수양하는 수단으로 생각했어. 마음을 착하게 하고 차분하게 가라앉히는 거지. 그 음악이 슬픈 듯해도 처절하면 안 되고, 기쁜 듯해도 까불면 안 되는 거라고 생각했어. '악(樂)'은 한마디로 조화로움의 극치라고 본 거야. 더 나아가 음악은 나라의 정치와도 관련이 있어서 음악이 경망스러운 건 임금의 정사가 형편없기 때문이고, 그러면 나라가 망한다고 생각할 정도였지. 그러니 우리 조상님들이 요즘 엉덩이를 흔들며 노래 부르는 젊은 가수들의 노래를 듣는다면 할 말을 잃을 거야.

도량형의 기준은 무얼까?

왜 과학을 다루는 이 책에서 엉뚱하게 음악 이야기를 꺼내냐고? 그 답은 조금 있다가 하기로 하고, 우선 질문 한 가지 할게. 지금 쓰고 있는 미터와 센티미터는 기준이 뭘까?

"1미터는 100센티미터고, 1센티미터는 10밀리미터잖아요. 또 1킬로미터는 1천미터고요." 그게 아니라 무얼 '기준'으로 1미터의 길이를 정했는가를 물은 거야.

"잠깐만요. 인터넷 찾아보고 답할게요……. 오호! '지구의 둘레'를 기준으로 삼았군요. 1미터는 북극에서 남극까지의 거리, 즉 지구 둘레의 반을 1/20,000,000로 나눈 값으로 정했군요." 그럼, 넓이와 부피는 어떻게 정할 수 있지?

"1미터가 정해졌으니까, 넓이와 부피는 쉽게 나와요. 넓이는 1제곱미터, 부피는 1세제곱미터예요." 그럼, 무게는?

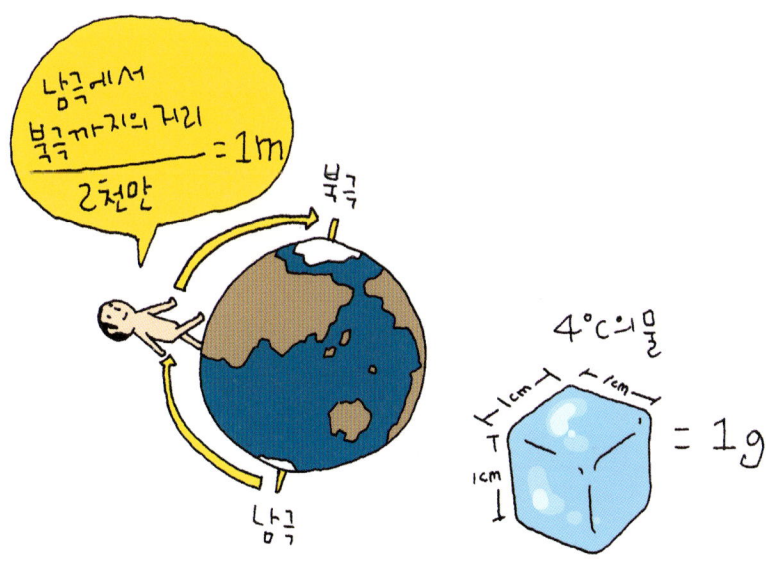

"이것도 조금 어려운데, 다시 찾아볼게요. 오홋! 물 1세제곱센티미터를 1그램으로 삼았네요. 이때는 물의 밀도가 최대인 4도 때이고요."

이를 보면 길이, 부피, 무게가 서로 연관되어 있음을 알 수 있어. 우리나라도 마찬가지야. 단위 척도를 '도량형'이라고 하는데, 도(度)는 길이, 량(量)은 부피, 형(衡)은 무게야.

다시 돌아가서, 미터는 왜 지구의 둘레를 기준으로 삼았을까?

"수치가 오락가락 변하면 안 되잖아요." 맞았어. 영원히 변치 않는 수치를 기준으로 삼은 거지. 그렇다면 왜 나라마다 같은 도량형을 쓰고 있는지도 알겠네?

"시간이나 달력과 마찬가지로 동네마다 나라마다 척도를 달리 쓰면 혼란스러우니까요." 이렇게 미터를 정한 것은 프랑스에서 1789년 대혁명 이후 시작된 거야. 물론 요즘에는 이보다 더 정확한 표준 단위를 정해 쓰고 있지만, 프랑스의 미터법 정신은 그대로 살아 있어.

이렇게 도량형과 수학은 관련이 크지. 근데 우리나라는 음악이 도량형과 밀접한 관련이 있다고 보았어. 이제, 왜 과학사에서 음악 얘기를 하는지 서서히 밝혀질 거야. 눈을 크게 뜨고 보렴.

동양에서는 오래전부터 **황종**이라는 음을 중시했어. 황종은 다른 음을 정할 때 기준이 되는 음이며, 천자(天子)에 해당하는 음이라고 보았지. 천자, 즉 황제와 같은 황종 음을 기준으로 해서 제후나 백성에 해당하는 다른 음들을 만들어서 음악을 엮어 나간다고 생각한 거야.

세종은 1426년, 천재 음악가 박연에게 명령을 내렸어.

"요새 음악의 기본이 되는 '음'이 정확치 않다.

黃鍾
누를, 황제 황 / 쇠북 종
동양 음악에서 첫째 음이야. 다른 음을 정할 때 기준이 되는 음이지. 서양 음계와 비교하면, 음의 높이가 음계 가운데 '레' 음과 같아.

음계와 수의 비례

우리에게 익숙한 서양 음계를 보면, 도에서 레, 미, 파, 솔, 라, 시 이런 식으로 1옥타브를 구성하지. 반음 5개까지 치면 모두 12음이 돼.
우리의 전통 음악도 똑같아. 12개음이 1옥타브를 이뤄. 황종부터 시작하여, 대려, 태주, 협종, 고선, 중려, 유빈, 임종, 이칙, 남려, 무역, 응종을 거쳐 다시 황종이 되어 1옥타브가 되는 거지. 이를 '12율'이라고 해. 때로는 12개 중 홀수 6개를 뽑아서 '율'이라 부르고, 짝수 6개를 뽑아서 '려'라고 해. '율'과 '려'를 합쳐서 율려라고 했는데, 율려라는 말은 곧 음악을 뜻했지.

12음 도-디-레-리-미-파-피-솔-셀-라-리-시
12율 황종-대려-태주-협종-고선-중려-유빈-임종-이칙-남려-무역-응종

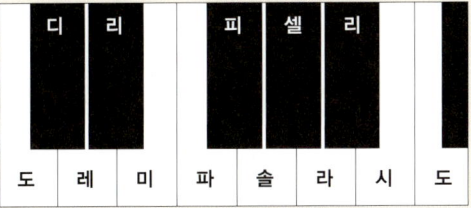

이 모든 음계는 수의 비례와 관련되어 있어. 음과 음 사이가 같은 비례일 때에 규칙적이고 고른 음을 내게 되지. 서양은 피타고라스의 방법을 썼어. 피타고라스는 팽팽한 줄을 이용했어. 줄을 팽팽하게 하여 '도'로 삼은 다음, 그것의 2/3되는 점을 '솔'로 만드는 방식이야.

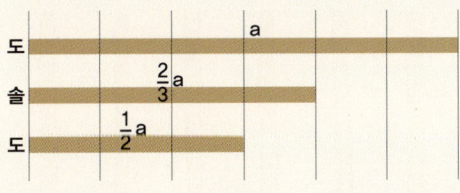

이렇게 피타고라스는 줄의 비례 관계를 이용해서 잘 어울리는 음계를 정해 나갔어. 우리의 전통 음악에서도 비례의 원리로 음을 정한 것은 같아.

또 악기들이 서로 음이 달라 조화롭지 못하다. 박연 네가 바로잡도록 하라."

어때, 세종의 이런 명령은 천문학에서 봤던 내용과 같지. 이후에 의학이나 농학에서도 비슷한 모습을 보게 될 거야. 이는 과학에서뿐만 아니라 훈민정음을 창제한 것이나 다른 제도를 만들 때에도 나타나는 특징이야.

황종 음을 찾아라

명령을 받은 박연이 처음 한 일은 당연히 기본이 되는 '황종'의 음정을 정하는 일이었어. 박연은 중국의 편종과 편경을 가지고 황종을 결정했어. 편종이나 편경은 음의 기준이 되는 매우 중요한 악기들이야. 당시 조정에는 고려 때 중국에서 보내온 편종과 편경이 수십 개, 명나라에서 보내온 편종과 편경도 수십 개가 있었지.

박연이 다음으로 할 일은 뭘까? 황종 음을 기준으로 해서 나머지 11음을 얻어 내야지. 그런데 이미 우리 조상들은 방법을 잘 알고 있었어. '삼분 손익법'이란 게 그거야. 손(損)은 1/3을 줄이는 거야. 그렇게 줄어든 값에 다시 그것의 1/3만큼을 다시 늘여 붙이는 게 익(益)이야. 이렇게 하면 푹 줄어들었다가 조금 늘어났다가, 다시 푹 줄어들었다가 조금 늘어나는 비례 결과가 얻어지지.

삼분 손익법대로 하면 황종 음과 다음 황종

三分損益法
석 삼 / 나눌 분 / 덜 손 / 더할 익 / 법 법
국악에서 음률을 정하는 방법이야. 일정한 길이를 삼등분하여 그 3분의 1을 빼거나 보태어 다음 음률을 구했어.

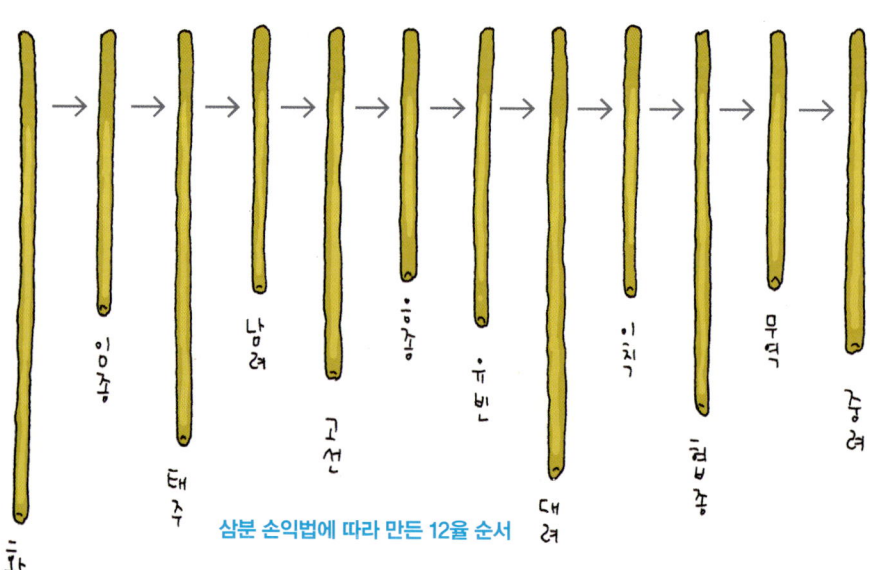

삼분 손익법에 따라 만든 12율 순서

음 사이에 11음이 얻어지게 돼. 이건 거의 자동적으로 적용되는 방식이야. 문제는 맨 처음인 '황종'의 길이를 얼마로 삼느냐를 정하는 것이지.

그럼, 맨 처음의 길이를 어떻게 구할까? 서양에서는 음을 정할 때 팽팽한 줄을 기준으로 잡았어. 피타고라스라는 학자가 고안한 방법이지. 그와 달리 우리는 대나무 관을 기준으로 삼았어. 왜 속이 텅 빈 대나무를 골랐냐고? 빈 대나무 관을 그대로 쓰는 것이 아니라, 그 속에 기장 낟알 1200개를 가득 채웠을 때에 불어서 기준 음인 황종과 꼭 같은 소리가 나는 관을 만드는 거지.

곡식 알갱이를 넣는다는 발상이 다소 엉뚱하게 느껴지지 않니? 기장 1200개라는 기준은 고대 중국의 방식이야. 고대 중국에서 지금의 쌀처럼 주

식으로 먹던 곡식이 기장이었어. 곡식이 생명의 근본이라고 생각했기 때문에 음의 기본을 잡을 때에도 쓴 거야.

가장 어려웠던 것은 알맞은 기장을 찾는 일이었어. 중국의 기장과 조선의 기장은 크기나 모습이 달랐어. 황해도 해주에서 나는 기장이 중국 것과 비슷하다 하여 그걸 써 봤는데도 꼭 들어맞지 않았어. 또 낱알마다 크기가 똑같지 않고 들쑥날쑥하잖아. 박연은 궁여지책으로 모형을 만들었어. 밀랍을 녹여 기장 모형을 만든 거지. 연구를 거듭한 끝에 1200개를 대나무에 넣었을 때 황종 음이 나는 인공 기장을 만들어 냈지.

이제 어려운 일은 모두 끝이 났어. 황종 소리가 나는 대나무 관(황종 율관)이 정해졌으니까 그 다음은 일사천리. 황종 율관의 길이를 재 보니 기장 알곡 90개를 늘어놓은 것과 같았어. 이제 그 관의 길이를 삼분 손익법에 따라 나누면 되지. 그러면 앞에서 본 것처럼 삼분 손익법에 따라 자동으로 11개의 음이 얻어져. 드디어 정확한 음이 정해진 거야.

조선 후기에 만든 율관 처음에는 대나무로 만들었으나, 이후에 율관은 금속으로 개량해서 만들었어.

새로운 음으로 연주를 해 봤어. 이전에 있던 음악도 새 음으로 연주하니 다르게 들렸지. 또 하나 놀라운 사실이 밝혀졌어. 중국에서 보내온 편경과 편종도 기본음인 황종만 빼고 나머지 음들의 비례가 다 잘못되었던 거야. 박연은 이렇게 말했어.

"중국의 편경은 높아야 할 음이 오히려 낮고, 낮아야 할 음이 도리어 높으니, 그 음에 따라 만들면 결코 조화로운 소리를 낼 수 없

편종(왼쪽)과 편경(오른쪽) 편종은 각기 다른 음 하나씩을 내는 종이 달린 악기야. 편경은 종 대신에 '쨍' 하고 울리는 경돌을 16개 매단 악기야. 둘 다 두 층으로 종과 경돌이 걸려 있어. 편종이나 편경은 음정과 음색이 변하지 않아서 음의 기준이 되는 악기야. 다른 악기의 음정을 조정할 때 기준이 되었지.

습니다."

이어서 세종 임금의 조치가 내려졌어.

"박연이 옳다. 그래서 그동안 음악이 조화로운 소리를 내지 못했다. 이제 편경을 새로 만들고, 그걸 기준으로 다른 모든 악기를 만들도록 하라."

도량형의 기준은 기장 알맹이

음악을 바로잡는 과정은 도량형의 표준을 정하는 첫발이기도 했어. 요거 아주 중요해. 황종 음의 기준으로 삼았던 기장 알곡이 모든 도량형의 표준이 됐기 때문이지. 밀랍으로 만든 모형 기장 낱알 말이야. 이전까지는 중국의 자를 썼는데, 이때부터 조선 자와 중국 자가 달라지게 돼.

밀랍으로 만든 기장 알 하나의 길이를 '1푼'으로 삼았어. 그 다음부터 단위들을 정하면 되지. 법칙이나 공식이 있는 것이 아니라, 프랑스 미터법처럼

조선 후기에 만든 자

첫 기준에 따라서 정하고 난 뒤, 모든 사람들이 약속하고 쓰는 거지. 기장 알 10개의 길이, 즉 10푼은 1촌이라고 했어. 아까 황종 율관의 길이가 얼마였지? 기장 알곡 90개를 늘어놓은 크기였으니까 9촌(약 31cm)이 되겠군. 이제 길이, 부피, 무게를 모두 정할 수 있어.

황종 율관의 부피=1약(810푼) → 2약=1합
황종 율관을 채운 물의 양=24수(88푼)=1냥 (단, 황종관에 채운 물의 무게를 88푼으로 한다.)

부피: 1합=10장, 10합=1승, 10승=1두, 20두=1석
무게: 1푼=10리, 10푼=1전, 10전=1냥, 16냥=1근

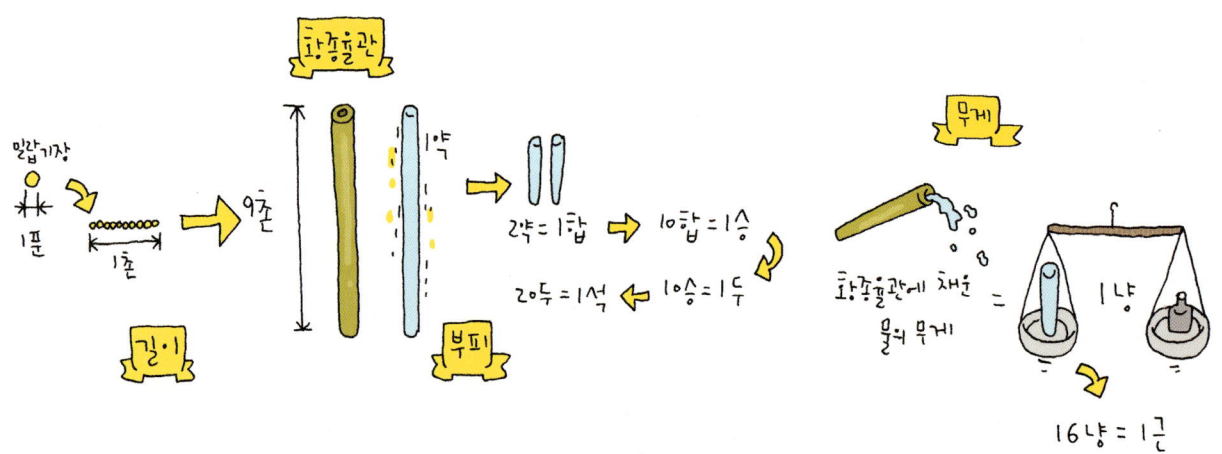

162

무게의 기준이 정해졌으니까 저울도 만들었어.

100근=큰 저울, 30근(또는 7근)=중간 저울, 3근(또는 1근)=작은 저울

이제까지 살펴본 대로 음악의 단위와 도량형의 단위가 서로 긴밀하게 연결되어 있어. 황종 율관의 길이와 부피, 무게는 도량형의 기본이 되고, 거기서 나는 음은 음악의 기초가 되는 거지. 세종이 음을 바로잡는다고 했던 것은 도량형을 바로 세우겠다는 것과 똑같은 말인 셈이야. 도량형을 정했다는 것은 세상 사는 데 꼭 필요한 질서를 찾은 거야. 서양의 미터법에서 절대 변하지 않는 지구의 둘레를 근거로 삼은 것처럼 혼란이 없어졌지. 왜 음악과 도량형이 같은 뿌리를 지니게 되었는지는 잘 알겠지. 둘 다 하늘의 명을 받들어 알맞고 규칙 있게 수행하는 거야. 그 비밀은 수학적 비례에 있었어. 조화로운 비례!

비록 첫 음은 중국의 황종을 기준으로 삼았지만, '중국에서조차도 잘못되었다.'는 음계 체계를 모두 바로잡았어. 물론 박연이라는 걸출한 음악 학자의 재능과 노력이 뒷받침되어 실현된 것도 잊어서는 안 돼. 박연이 우륵, 왕산악과 함께 우리나라 3대 악성으로 꼽히는 이유가 이런 음악의 기본을 확립한 데 있어.

그런데 기장이라는 자연의 곡식이 과연 정확하게 도량형의 기준이 될 수 있을까? 이 문제는 조선 시대에도 논란이 많았어. 박연에게서도 보았지

옛 그림 속의 악사와 악기들 과학은 아니지만 음악에 대한 두 가지 상식을 알려 줄게. 조선 왕실에서 조상에 제사 지낼 때 썼던 종묘 제례악이 2001년도에 유네스코 인류 구전 및 무형 문화유산에 등록되었다는 거야. 이것은 많이 알고 있을 거야. 또 하나 재미있는 것은 중국에서 공자의 제사를 지냈던 문묘 제례악의 온전한 모습이 중국에는 안 남아 있고 우리나라에만 남아 전해진다는 거란다.

만, 알맞은 기장을 찾느라고 애먹었잖아. 결국은 밀랍으로 기장 모형을 만들어서 해결했지. 자연의 산물인 기장은 기본으로 쓰기에 적절하지 않다고 비판한 사람도 있었어. 조선 후기 실학자 정약용은 도량형은 인간이 "이만큼으로 하자."고 정해 놓고 강력하게 실천한다면 된다는 입장을 제시했지. 현재 쓰이는 단위의 기준, 즉 "지구 둘레 길이의 4천만 분의 1을 1미터로 정하자."는 미터법과 같은 방법이었지.

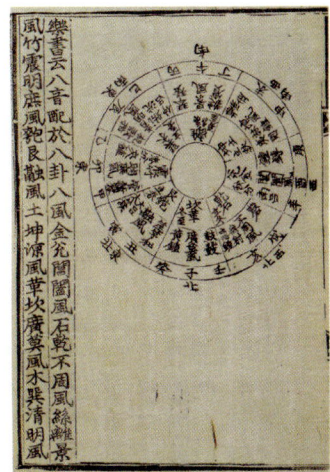 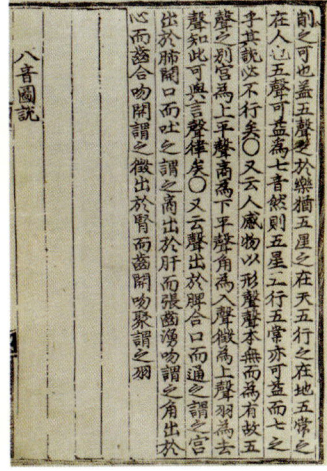

《악학궤범》 조선 성종 때의 음악책이야. 세종 이후에 음악 이론을 정비했고, 당악이나 향악 같은 곡 전체를 다시 정비했지. 또 국가의례 때 쓰는 음악과 악기는 물론 춤사위도 모두 다시 살폈어. 그걸 정리해서 성종 때 펴낸 책이 《악학궤범》이야. 참, 음악을 율려라고도 한다고 했지. 이때 홀수 '율'은 음(陰), 짝수 '려'는 양(陽)을 뜻함으로써 음양을 갖춘 존재로 보았어. 이렇게 음악이란 말과 달리 율려라는 말에는 심오한 수학 사상까지 담겨 있어. 음의 소리도 음과 양으로 구분되며, 이어 오행까지 곁들여져 율려에는 복잡한 수학 이론이 펼쳐지지. 우리가 그걸 자세히 알 필요는 없어. 《악학궤범》이 단순한 음악책이 아니라 그런 복잡한 이론이 무수히 많이 들어 있다는 점은 기억하도록 해.

▼
- 수학의 역사 중 수학적 비례가 적용된 음악과 도량형은 어린이들이 꼭 알아야 할 주제라고 생각해서 선정했어.
- 김용운·이소라 선생의 《청소년을 위한 한국 수학사》가 이 글 쓸 때 도움이 많이 되었어. 한국 수학의 역사를 알기 쉽게 써 놨어. 옛 수학에 대해 더 궁금한 친구들에게 권할게. 이 책에는 옛날 숫자 표기법, 셈법, 마방진, 천문관측, 수학 책 등 읽을거리가 많고 흥미진진해.

2부 땅

'땅의 과학'이란 무엇일까

우리나라 옛 사람들의 '땅'에 대한 지식은 두 가지 방향이 있었어.

하나는 우리가 살고 있는 곳에 대해 정보를 파악하는 거지. 우리 마을 개울이 어디로 흐르고, 산이 어디에 있고, 이웃 마을과 어떻게 연결되는가를 아는 거야. 그건 '지도'로 그렸어. 삼국 시대 때 고구려, 백제, 신라 세 나라 모두 지도를 그렸다는 기록이 있어. 지도를 정확하게 그리려면 당연히 과학 지식이 필요해. 과학이 발달할수록 지도도 점점 정확해졌어.

땅에 대한 정보는 지도 그리는 데에서 그치지 않았어. 한산의 모시, 영광의 굴비, 금산의 인삼, 강화도 도루묵 등 각 지역 특산물을 비롯해서 산업, 상업, 관공서, 군사 시설 따위가 다 중요한 정보야. 이러한 국토 지식을 모아 펴낸 책을 '지리지' 또는 '지지'라고 해.

또 다른 하나는 좋은 땅을 찾는 학문이었어. 좋은 땅을 찾아내는 학문을 '지리'라고 했어. 지리란 '땅의 결'이란 뜻이자 '땅의 이치'라는 뜻이야. 지리학이란 말이 여기서 유래한 거지. 땅에 관한 정보를 모으거나 지도를 제작하는 것도 지리라고 했으니까 지리라는 말뜻에는 이 두 가지가 다 들어 있어. 좋은 땅을 찾는 학문으로서 지리는 '풍수'라는 말을 더 널리 썼어. 풍수(風水)는 바람과 물이란 뜻인데, 좋은 땅 찾아내는 핵심 원리가 바람과 물과 관련되어 있지. 풍수와 지리를 붙여서 '풍수지리'란 말로 쓰기도 해. 풍수지리학은 고대 중국에서 발전한 학문이야.

'좋은 땅'이란 뭘까? 농사짓는 땅이라면 물이 적절하고 기름진 땅이 되겠지. 집을 지을 땅이라면 해가 잘 들고 바람이 잘 통하는 곳이 좋은 땅일 거야. 근데, 우리 조상들은 이보다 더 좋은 땅도 있다고 믿었어. 도읍의 자리를 정하면 나라가 천년만년 망하지 않는 땅, 그 땅에 산소를 쓰면 후손 대대로 무병장수하고 벼슬하고 떵떵거리며 사는 그런 땅 말이야.

'조상님 산소를 옮겼더니 집안일이 술술 풀려요.' 이런 말 들어 봤을 거야. 나도 잘되고, 우리 식구 다 건강하고 출세하는 이런 땅이 있다면 바로 찾아 나서지 않겠어?

이번엔 '땅의 과학'인 지도와 지리를 알아보자. 아참, 그리고 땅을 이루고 있는 물질에 대해서도 살펴볼 거야. 바위나 산, 들을 이루고 있는 여러 물질 말이야. 그걸 '광물질'이라고 해. 금·은·동을 비롯해 철·납·아연·주석 등 많은 물질이 있어. 이런 물질은 인간의 생활에도 꼭 필요하고, 또한 문화와 예술의 기본이 돼. 신라의 금관, 백제의 금동대향로, 고구려와 백제의 반가사유상을 생각해 봐. 광물에서 추출한 금과 구리, 주석 등을 원료로 만든 거잖아. 물질 없이는 인간의 문명도 이루기 어려웠을 거야.

자, 그럼 땅의 과학인 '지리, 지리지, 광물질' 등을 보러 떠나자꾸나. '풍수지리'를 가장 먼저 볼 거야. 전통이 아주 오래 되었고, 우리 문화에 가장 깊게 뿌리를 내려서 현재에도 영향력이 크기 때문이지. 요즘 풍수지리는 '과학인가, 미신인가' 하는 논란거리에 휩싸여 있단다.

1 풍수지리, 좋은 땅을 찾아서

"너, 지금 있는 곳이 어딘지 말해 보렴." 이렇게 물으니까 일곱 살 난 아들 지용이가 말했어.

"나? 지금 우리 집에 있지." 우리 집이 어디에 있는데?

"요기에 있지." 요기가 어딘데?

"방이지."

듣고 있던 누나 지영이가 참지 못하고 끼어들었어.

"우리 집은 강원도 원주에 있고, 원주는 대한민국에 있고, 한국은 아시아에 있고, 아시아 대륙은 지구의……."

"나도 알아. 우리 집은 대한민국에 있지."

일곱 살 지용이는 아직 지리에 대해 잘 모르고, 초등학교 6학년인 지영이는 학교에서 지리를 공부한 대로 말한 거야.

지용이에게 다른 질문을 해 봤어. "지용아, 우리 집 좋지?"

"응." 뭐가 좋은데?

"엄마도 있고, 아빠도 있으니까." 그러자 지영이가 또 끼어들었어.

"그런 거 말고. 햇볕 잘 들고, 옆에 개울물 흐르고, 멀리 산도 보이잖아."

"응, 그런가?" 하면서 지용이는 고개를 갸우뚱했어.

우리는 한국의 산천이 좋다고들 하지. 금수강산이라고 하잖아. 초원에 사는 사람들은 달리 말하지. 초원이 널찍하게 펼쳐져 있어 좋다고. 사막에 사는 친구들은 사막이 있어서 좋다고 해. 에스키모 인들은 온통 눈과 얼음으로 덮인 그곳이 최고라고 한다는데……. 그러면, 도대체 '왜' 좋으냐고?

풍수지리 문화

고인돌에서 땅의 과학을 찾아볼 수 있는 이야기가 있어. 부근리 고인돌이라고, 강화도의 대표적인 고인돌이라서 너희도 많이 봤을 거야. 이 고인돌을 남쪽 방향에서 보면, 고인돌의 수평이 봉천산 능선 자락에 꼭 맞춰져 있

어. '봉천'이란 산 이름도 하늘을 우러러 본다는 뜻이고, 고려 때 봉천산에 하늘에 제사 지내던 제단이 있었대. 반대로 봉천산에 올라 내려다보면 가장 눈에 잘 띄는 곳에 고인돌이 떡 하니 자리 잡고 있지.

이 고인돌은 더 이상의 것을 말해 주진 않아. 고인돌에 새겨진 별자리처럼 분명하게 확인하기 어렵지. 그렇지만 아무 자리에 아무렇게나 놓지 않았다는 것은 알 수 있어. 고인돌을 세운 사람들은 어떤 '기준'에 따라 '좋은 곳'을 골랐을 거야.

전통 지리학 연구가인 조인철 선생은 봉천산 앞의 부근리 고인돌을 보고 이렇게 말했어.

"이 고인돌 얹은 게 아무렇게나 놓은 걸까요? 저는 그렇지 않다고 봅니다. 이렇게 큰 고인돌의 윗돌을 산의 능선과 맞추고, 또 산에서 볼 때 확연히 눈에 띄도록 한 건 방위, 모양, 위치를 다 고려해서 만들었다는 것입니다. 이로부터 선사 시대부터 좋은 땅이란 관념이 있었다는 걸 느낄 수 있습니다."

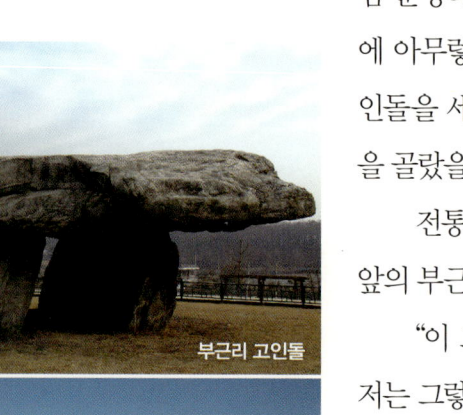

부근리 고인돌

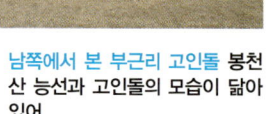

남쪽에서 본 부근리 고인돌 봉천산 능선과 고인돌의 모습이 닮아 있어.

이처럼 좋은 땅에 대한 관심은 고대 사회에도 있었어. 삼국 시대 이후 중국에서 들어왔는데, 그 뒤 더욱 정교하게 발전했어. 근데, 한국의 지형이 중국과 크게 달랐기 때문에 중국과 똑같은 방법으로 발전하지는 않았어.

왜 좋은 땅인지 이유를 밝히는 학문이 '풍수지리학'이야. 넓고 넓은 땅 가운데 좋은 땅은 아주 적었기 때문에 그걸 찾아내는 방법은 매우 어렵고 복잡했어. 그건 현대의 과학과 비슷해. 달나라에 우주선을 보낼 때 착륙 지점을 선택한다고 생각해 봐. 그때 지구의 자전과 공전, 달의 공전을 계산해서 우주선이 달나라에 도착할 지점을 찾아내는 거야. 정밀한 계산을 해서 원하는 지점에 큰 오차 없이 착륙하도록 하지. 또 착륙하는 곳이 탐사 목적에 맞는 곳이 되어야 해. 풍수지리도 비슷하게 접근해. 산소 자리를 찾는다면, 산세와 물의 방향을 봐서 좋은 땅이 있을 만한 지역을 선택하고, 주변의 특징을 요모조모 따져서 괜찮은 곳을 찾아. 끝으로 딱 산소를 쓸 그 지점을 결정해.

풍수지리는 한국 문화에 깊숙이 뿌리박고 있어. 그러다 보니 우리는 모르는 사이에 풍수지리 지식을 여럿 알고 있어. 학교 교가에도 나와. "○○산 정기 받은 우리 학교는……" 하고 말이야. 산의 기운을 받길 바라는 것은 풍수지리 관념이 담긴 거야. '배산임수'란 말도 들어 봤을 거야. 배산임수 지역은 음과 양이 조화로워 좋은 땅이지. 좋은 땅을 뜻하는 '명당'이란 말도 자주 쓰지. 참, 하마터면 나침반 이야기를 빼먹을 뻔했구나. 나침반도 풍수지리와 관련이 있단다. 좋은

> **背山臨水**
> 등 배 / 메 산 / 임할 임 / 물 수
> 산을 등지고 물에 마주서 있다는 뜻으로, 좋은 땅이 있다는 곳이야.

나침반과 지관

나침반은 종이 · 화약 · 인쇄술과 더불어 세계 4대 발명품이야. 나침반은 중국의 발명품으로 알려져 있어. 중국에서 4세기경부터 쓰였어.

나침반은 바늘 양끝이 남쪽과 북쪽을 향하는 자석 침을 만들어 방위를 측정하는 기구야. 지구가 자석 성질을 띠기 때문에 자석 침이 항상 같은 방향을 가리키는 원리를 이용한 거지. 휴대용 해시계 앙부일구에서 나침반 본 적 있지? 남북을 정하기 위해서 해시계 아래쪽을 움푹 파서 물을 담고 거기에 작은 자석 침을 띄워 남북 방향을 알아냈잖아.

나침반의 쓰임은 우리나라와 서양이 조금 달라. 우리나라에서는 이 나침반을 주로 풍수지리 전문가인 지관들이 휴대하면서 방위를 알아내는 데 썼어. 반면에 서양에서는 배가 항해하면서 방향을 찾을 때 활용했지.

지관은 상지관, 즉 땅을 보는 관리라는 뜻의 준말이야. 관리라는 말에서 알 수 있듯이 지관은

윤도 조선 시대에는 남쪽을 가리킨다고 해서 지남반, 지남철이라 했고 또 차고 다닌다고 해서 패철이라고도 했지. 전상운 선생은 이 나침반이 중국에서 들어와 통일 신라 말부터 널리 퍼져 나가기 시작한 걸로 보고 있어. 또 18세기 조선의 나침반은 중국 것과 크게 달랐다고 해. 오늘날 우리가 보는 자기 나침반은 1302년 이탈리아 사람 조야가 제작했어.

점치는 사람이 아니라 중앙 관청에 소속된 전문직 관리였어. 지관이 속한 관청은 고려 때는 서운관, 조선 때는 관상감이었지. 서운관이나 관상감에는 하늘을 관찰하고, 하늘의 현상을 예보하고, 하늘에 나타난 현상을 해석하는 천문관들이 있었어. 천문관과 함께 지관이란 벼슬이 있었단다. 지관들은 관상감에서 풍수지리를 전문적으로 배웠고, 궁궐의 각종 건물을 지을 때, 왕과 왕비를 비롯한 왕족의 능을 정할 때 조언하는 일을 담당했지.

민간에서도 풍수지리 보는 사람이 있었는데, 이들도 지관이라고 불렀어. 지관은 나침반을 써서 명당을 찾고 시신이 묻히는 방위를 결정했어. 조선 시대에 '효'는 가장 중요한 덕목이었어. 조상의 무덤은 최고의 지관이 결정하는 가장 좋은 땅이 되어야 했지.

아 참, 자석이 향하는 방향은 진짜 북쪽과 약간 차이가 있단다. 그건 자석의 남북 축(자북과 자남)이 지구의 자전축(진북과 진남)과 다르기 때문이야. 보통 때는 그냥 써도 되지만, 정밀한 측정이 필요할 때에는 그 오차를 보정해서 쓰지.

오른쪽에 앉아 있는 사람이 지관이야. 지관 앞에 나침반이 놓여 있어. 왼쪽에 삿갓을 쓴 사람은 상주일 거야.

땅 찾을 때 방위를 보는 것이 필수사항이거든.

양택풍수와 음택풍수

풍수지리는 크게 두 가지로 쓰였어. 양택풍수와 음택풍수. 양택풍수는 도시를 세우거나 집자리를 선택할 때, 음택풍수는 산소 자리를 고를 때 적용했지.

고려와 조선 시대에 널리 알려진 양택풍수가 있었어. 꼭 알아야 할 역사 상식이기도 해.

그중 하나가 고려 시대의 묘청의 난(서경 천도 운동)이라 부르는 사건이지. 그때 나라 안에서는 이자겸이 난을 일으켜 궁궐이 불타는 일이 벌어지고, 나라 밖에서는 금나라가 강해져 고려를 압박하고 있었어. 묘청은 이게 다 수도

한양 도성도 한양이 조선의 수도가 된 이유가 역사에 이렇게 기록되어 있어. "한반도 기운의 발원지인 백두산부터 기운이 이어져 한양의 북악산으로 이어지고 있다. 북악산의 왼쪽에는 좌청룡인 인왕산이, 오른쪽에는 우백호인 낙산이 위치해 있고, 북악산 남쪽에는 주작에 해당하는 남산이 있다. 또한 물의 흐름은 바깥쪽에는 한강이, 안쪽으로는 청계천이 흘러 명당이다. 북악산 아래에 궁궐을 짓고, 네 산 안에 도읍을 만들면 천년만년 기운이 그치지 않을 것이다." 아래 지도는 조선 후기에 그려진 거야.

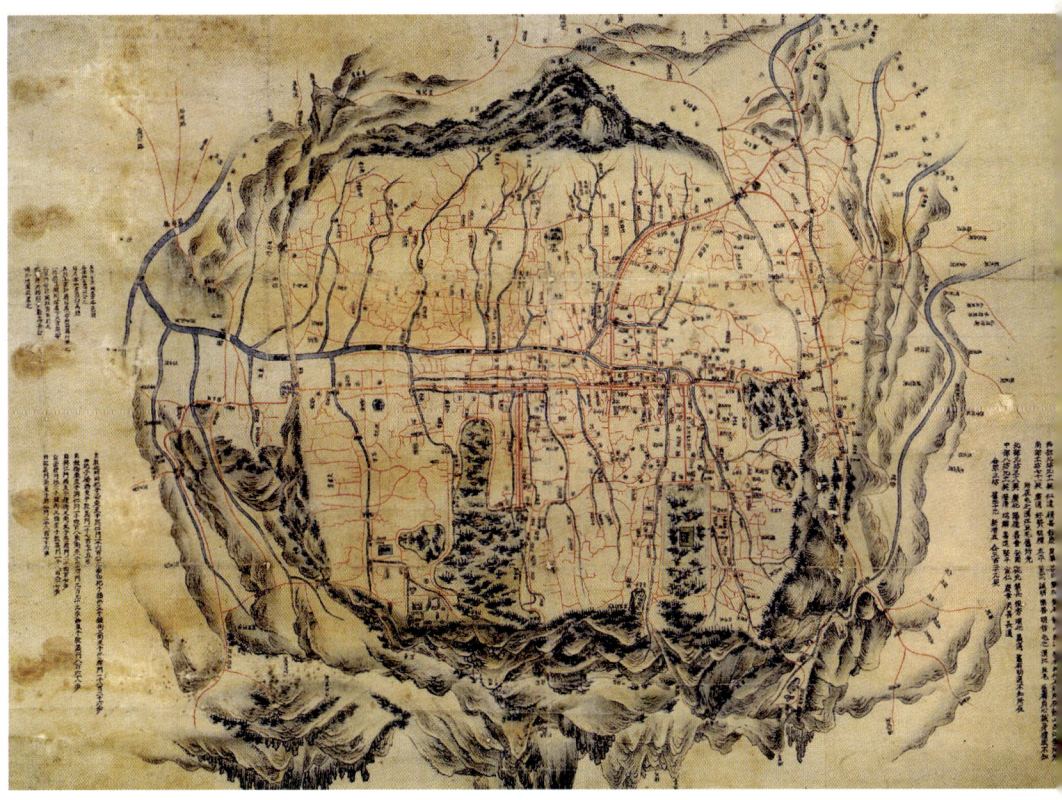

한국 과학사 이야기 175

인 개경(개성)의 땅의 기운이 쇠약해서 생긴 것이니 땅의 기운이 왕성한 서경(평양)으로 옮겨 나라의 운을 회복해야 한다고 주장했지. 이때 《삼국사기》를 쓴 김부식이 이끄는 개경파와 묘청이 이끄는 서경파가 대립했고, 결국 개경파가 이겨서 수도를 옮기지는 않았어.

조선이 건국한 뒤 수도를 개경에서 한양(서울)으로 이전할 때에도 땅의 기운을 따져서 보고 한양을 수도로 삼았어. 또 다른 후보지 계룡산도 있었는데, 풍수지리의 논리에 따라 한양이 새 도읍지로 선택되었어. 계룡산도 엄청 좋은 땅이었지만 지대가 남쪽으로 치우쳐 있어서 조화를 잃었다는 점이 지적되어 마지막 순간에 탈락했어.

이 두 사건에서 우리가 눈여겨볼 것은 한 나라의 수도를 정할 때 좋은 땅을 말하는 양택풍수가 힘을 발휘했다는 거야.

조선 시대에 풍수지리는 이전보다 더 엄청난 위력을 발휘했어. 특히 죽은 이의 산소 자리를 고르는 음택풍수에서 그랬지. 엄격한 유교의 논리에 따른다면, 무덤 잘 써서 복을 받는다는 건 미신에 불과한 거야. 그래서 일부 학자는 풍수지리를 허황된 거라면서 크게 비판했지만, 왕실에서 양반까지 누구나 따르는 문화가 되었지. 왜 그랬을까? 이것 또한 조선 시대의 유교 윤리와 관련이 있어. 죽은 이를 살았을 때만큼 공경하라고 가르쳤거든. 그래서 무덤을 잘 쓰는 게 효도가 되었지. 무덤을 잘 쓰면 좋은 땅의 기운이 후손에게 전해져 복을 가져다준다는 믿음도 강했어.

"무덤을 잘 쓰면 후손이 잘 된다니, 산소는 죽은 사람보다는 산 사람을 위한 거 같아요." 맞았어. 산소는 죽은 사람을 위하는 것 이전에 산 사람의 위세와 관련되어 있다는 것! 요것도 핵심 중 하나야.

조선 시대는 유교 질서에 따르는 신분 사회였어. 임금의 무덤이 양반 것보다 작아서야 되겠니? 또 남들이 좋지 않다고 말하는 땅에 조상님을 묻을

명당도 명당(明堂)은 밝은 집이라는 뜻인데, 좋은 땅 중에 핵심을 가리켜. 무덤 앞 양지바른 곳을 명당이라고 이해하면 될 거야. '좌청룡 우백호'란 말 들어봤을 거야. 동쪽에 있는 산을 청룡이라 하고 서쪽에 있는 산을 백호라고 하지. 북쪽에 현무가, 남쪽에 주작이 있어. 천문도 공부할 때 봤던 사신도와 같아. 물과 산은 해와 달에 해당돼. 물은 변화무쌍한 양의 기운이고, 산은 갈무리하는 음의 기운이지. 또 주변의 산은 그 모습에 따라 화성, 수성, 목성, 금성, 토성으로 분류가 되지. 풍수지리학에 따르면 더 자세하게 나와 있는데, 매우 복잡해서 전문가 아니면 알 수 없는 내용이란다.

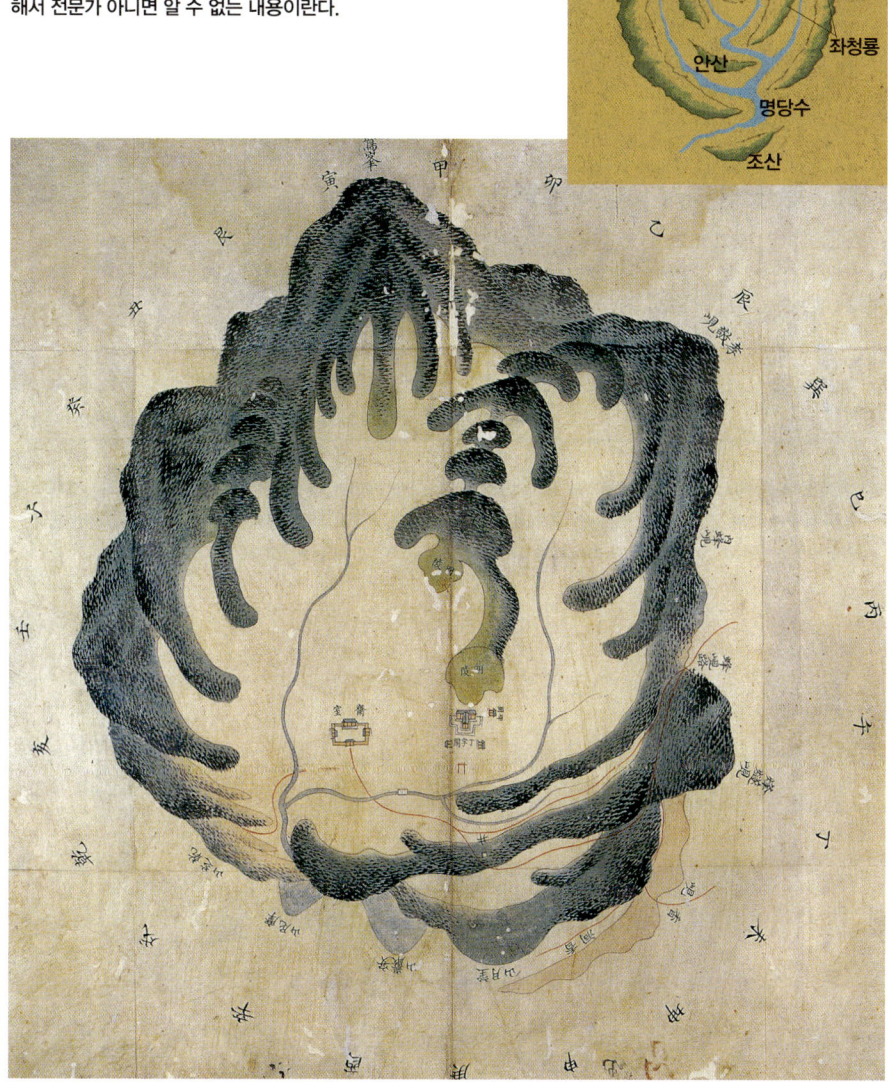

명릉도 숙종 임금의 무덤 그림이란다. 위의 명당도와 거의 비슷하지? 무덤도 신분에 따라 달랐어. 그리고 고려 때까지는 많은 사람들이 화장(火葬)을 했는데 조선 시대에는 대부분 무덤을 썼지.

수 있겠니? 가장 좋은 땅을 고르고 골라 써야겠지. 검소하게 작은 비석 하나만 세운다고 해 봐라. 이를 두고 남들이 뭐라고 했을까? 후손이 조상에게 소홀하다고 수군거렸겠지. 이렇게 해서 죽은 사람의 무덤 크기나 위치가 정해지게 되었어.

현대 과학과 풍수지리의 공통점

옛 사람들에겐 땅과 공간, 즉 자연은 매우 험한 존재였어. 온갖 곳에 귀신이 붙어 있어서 인간의 운명을 좌우하는 것처럼 느꼈지.

부엌에는 부엌신이 있어서 돌보고, 마을의 느티나무에는 나무신이 있어서 돌보고, 동네 어귀엔 천하 대장군 장승이 있어서 돌보는 그런 공간이었지. '애니미즘'이란 말 들어 봤을 거야. 온갖 사물에 정령이 있어서 인간을 괴롭히거나 복을 준다는 애니미즘이 지배했어.

풍수지리는 이렇게 알 수 없는 온갖 정령들을 밀어냈어. 풍수지리로 자연 현상을 음양이나 오행의 작용으로 해석할 수 있게 되었다는 뜻이지.

현대 과학과 풍수지리를 비교할 때 비슷한 점은 둘 다 자연에 대한 두려움을 이겨낼 수 있게 해 주었다는 점이야. 그리고 원리가 매우 복잡하다는 거야. 크게 다른 점은 현대 과학은 수학으로 입증이 가능하지만, 풍수지리는 논리가 정교하기는 해도 그걸 수학으로 확증할 수 없다는 점이지.

자연의 위험이 많이 사라지고,

과학이 발달한 현대 사회에서는 풍수지리가 옛날과 같이 막강한 지위를 가지지는 못해. 그렇지만 풍수지리가 인간과 자연의 조화를 중시하고, 그 조화가 생태적으로 인간의 삶에 도움이 된다는 부분은 새롭게 인정을 받고 있어. 너무 자연을 이용하려고만 하는 현대인들의 생각을 반성하게 하는 측면이 있으니까.

최근 외국에서 풍수지리 열풍이 불고 있어. 자연에 순응하는 질서를 풍수지리학이 말해 주기 때문일 거야. 특히 집안의 가구 배치에 꽤 흥미를 느끼고 있다는구나. "침대는 저쪽에 둬라, 왜냐하면 어쩌구 저쩌구······, 식탁은 이쪽에 둬라, 왜냐하면 어쩌구 저쩌구······." 서양의 학문에서는 찾아볼 수 없는 이야기야.

오늘날의 과학적인 지식과 일치하느냐 아니냐를 따지기에 앞서서, 풍수지리는 합리적이었다고 말할 수 있어. 왜냐면 자연의 현상과 사람의 생활을 음기, 양기 등의 원리로 설명했다는 점 때문이지.

▼
■땅에 대한 옛 사람의 생각 가운데 가장 영향력이 컸고 또 현재도 이어지는 게 풍수지리야. 하지만 현대 과학과 어긋나는 부분이 있기 때문에 한국 과학사에서 부각해서 다루지 않고 있지. 이와 달리 박성래 선생은 옛 역사와 문화를 알려면 풍수지리 이해가 필수적이라 생각했어. 박성래 선생의 《한국사에도 과학이 있는가》란 책은 풍수지리 이외의 다른 부분도 흥미진진한 내용이 많이 담겨 있어. 조금만 노력하면 충분히 읽을 수 있을 정도로 쉽게 씌어져 있어.
■한국의 풍수지리 연구는 최창조 선생의 공이 가장 컸어. 《한국의 풍수 사상》이란 책에 연구 내용이 담겨 있는데, 학생들이 읽기엔 무척 어려워.
■내가 카이스트 학생들과 함께 쓴 책인 《우리 과학의 수수께끼 2》에도 풍수지리 내용이 실려 있어. 풍수지리에 더 관심이 있는 학생들에겐 이 정도면 충분할 거야.

2 혼일강리역대국도지도에 담긴 외침

〈혼일강리역대국도지도〉가 뭘까? 이것은 세계 지도란다. 이름 어렵기가 〈천상열차분야지도〉와 쌍벽을 이루는구나. 자, 이전에 배운 거 복습해 볼까? '천상열차분야지도'는 '하늘의 모습을 일정한 순서와 분야에 따라 그린 그림'이었잖아. 이 세계 지도 이름도 풀이해 보자.

'혼일'은 하나로 섞었다는 뜻이고, '강리'는 영토를 뜻해. '역대국도'는 역대 제왕 때의 도읍이란 뜻이지. '지도'는 '~의 그림' 또는 '~을 그린 그림'이란 뜻이란다. 이를 연결해 보면, '땅에 있는 역대 제왕의 도읍을 하나로 합쳐 그린 지도'란 뜻이 되지. 한마디로 하면 '천하를 그린 지도'야. 뜻을 알고 보니 신비스럽기도 하고 또 이름을 읊는 맛도 있구먼.

하늘 지도 〈천상열차분야지도〉와 땅 지도 〈혼일강리역대국도지도〉는 비슷한 때에 만들어졌어. 〈천상열차분야지도〉가 1395년, 〈혼일강리역대국도지도〉가 1402년. 조선 건국이 1392년이니까 조선을 세우자마자 하늘 지도와 세계 지도를 만든 셈이지. 어때, 이 세계 지도도 새 왕조 건국과 관련되어 있을 거라

고려 불화 〈수월관음도〉, 419×254cm 일본 가가미신사 소장, 1310년.

이회, 〈혼일강리역대국도지도〉, 135×173cm, 일본 류고쿠 대학 소장, 1402년. 1402년도 그림은 안 남아 있고, 50년 이후에 그려진 것이야.

는 느낌이 팍 오지 않아? 그래서 이름도 거창하고 심오하게 지었나 봐.

    이 세계 지도가 뭔지 탐구해 보기 전에 그림 문제 하나 낼게. 위의 두 가지 유물의 공통점을 세 가지 말해 보렴. 뭐가 먼저 눈에 띄니?

    "모두 일본에 있어요." 맞아. 지금은 모두 일본에 있단다.

    우리나라 유물인데 왜 일본에 있냐고? 임진왜란 때 건너간 것도 있고, 어떤 건 고려 말 조선 초 왜구가 침략해 가져간 것도 있고, 일제 강점기 때 일본으로 흘러 나가기도 했지.

    "모두 크기가 큰 것 같아요." 그래, 그것도 공통점이야. 〈혼일강리역대국도지도〉는 학교의 칠판 크기 정도 되는 것 같구나. 관세음보살을 그린 〈수월

한국 과학사 이야기 181

관음도〉는 〈혼일강리역대국도지도〉보다 두 배쯤 클 거야.

"와, 이렇게 큰 그림이 있다니 놀라워요." 옛날 우리나라에 이렇게 큰 그림이 있었다는 건 상상도 못했을 거야.

두 유물의 세 번째 공통점은 어려우니까 말해 줄게. 바로 고려 시대 회화의 전통이 녹아 있다는 것이란다. 고려의 불화 〈수월관음도〉는 서양의 레오나르도 다빈치의 그림과 견줄 정도로 예술성이 높아. 동아시아 그림 가운데 최고봉으로 치는 작품이지. 〈혼일강리역대국도지도〉, 사실 이건 예술 작품은 아니지만 규모와 색채에서 풍겨 나오는 느낌은 실용적 지도가 아니라 예술 작품의 경지에 올랐다 해도 결코 지나친 말이 아니야.

지도를 베껴 그려라

기본 지식을 알았으니까, 〈혼일강리역대국도지도〉를 꼼꼼히 들여다보자꾸나. 지도를 깊이 공부한 이찬 선생은 일본 덴리 대학에서 이 그림을 베껴서 돌아왔어. 우리도 이찬 선생처럼 해 보자. 커다란 도화지와 연필 한 자루 준비할 것. 연필 들고 그리다 보면, 그냥 눈으로 보는 거랑 완전히 다를 거야. 지도 안에 들어 있는 정보를 몽땅 적겠다는 마음으로 도전해 보렴.

그림을 보고, 방안(모눈종이처럼 일정한 간격으로 줄을 친 것)을 이용해 대륙과 바다의 윤곽을 그려 봐. 비례를 정확하게 하려면 방안을 그리면 돼. 먼저 지도 윤곽을 그려 보자. 대륙과 바다가 그려져 있군. 거북등 모양으로 파랗게 칠한 부분이 바다고, 흰 부분이 대륙이군. 바다와 대륙을 가르는 윤곽선이 제법 그럴듯해.

가장 덩치가 큰 것이 가운데 떡억 자리 잡고 있어. 이게 중국이야. 그림 중국의 오른쪽에 있는 것이 조선이겠지. 우리나라는 요즘 지도와 아주 비슷하네. 중국 왼쪽에 아래로 길쭉하게 내려온 놈은 아라비아 반도야. 그 왼쪽

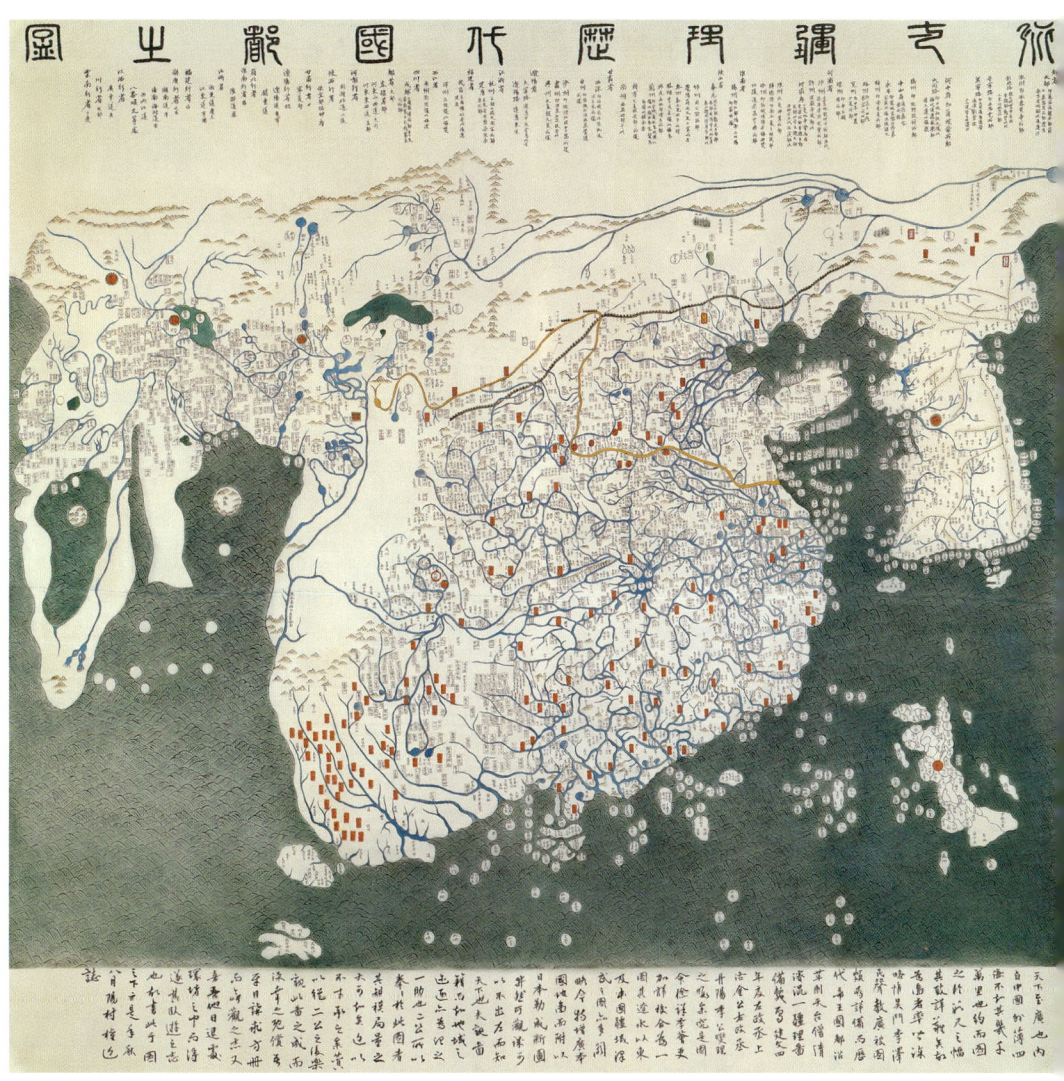

혼일강리역대국도지도(모사본) 맨 위에 '혼일강리역대국도지도'라고 이름이 써 있어. 흔히 줄여서 중간의 '도'를 빼고, '혼일강리역대국지도'라고도 해. 근데, '도' 자가 있고 없고에 따라 해석이 달라. '도' 자가 빠지면 역대의 나라라고 해서 세계 지도라는 뜻이 강해져. 하지만 도읍을 뜻하는 '도'자가 들어가면 중국 제왕의 역대 도읍이란 뜻이므로, 중국을 중심으로 하여 그린 지도가 되는 거지. 제목 아래의 작은 글씨는 중국 22성의 명칭과 도시가 적힌 거란다.

에 있는 건 아프리카지. 아라비아와 아프리카 위에 있는 게 유럽일 테고. 대륙을 다 그렸으면 이제 섬을 그려 보자. 제주도 아래쪽 제법 큰 섬은 일본이

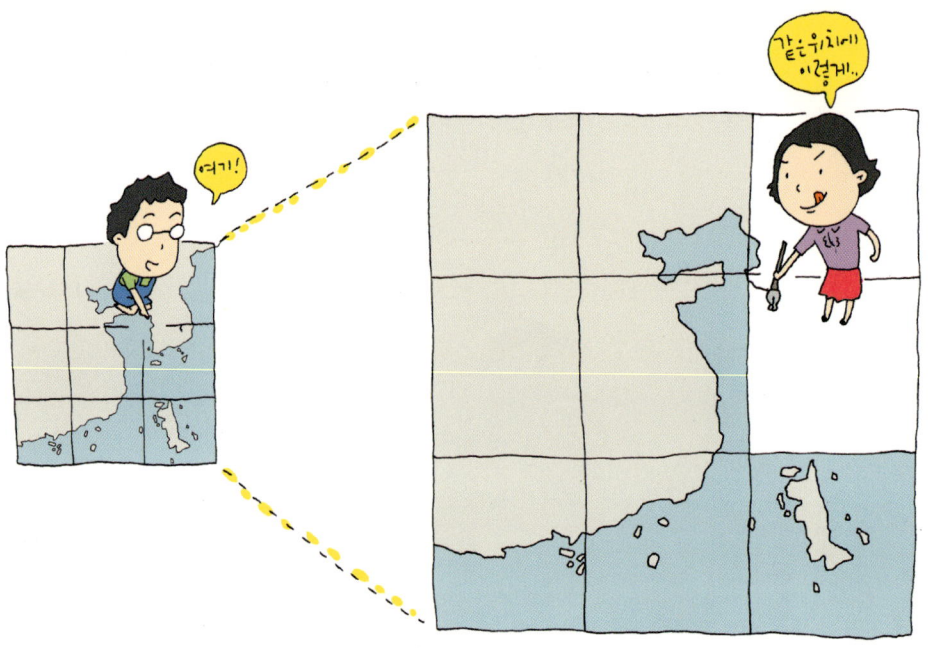

방안을 이용해 베껴 그리는 방법

야. 중국은 세계에서 가장 크게 그려져 있고, 우리나라도 실제보다 크게 그려져 있어. 일본은 조선의 4분의 1밖에 되지 않게 그렸네. 윤곽선을 다 그렸다면, 다음에는 안에 뭐가 그려져 있는지 볼까?

"중국에 만리장성이 보여요!" 그래, 잘 봤다. 중국의 한가운데를 가르는 노란 선은 황허 강(황하)이란다. 히말라야에서 시작해서 중국 대륙을 지그재그로 횡단해 황해로 빠지는구나.

우리나라를 보도록 할까? 검은색으로 죽죽 그려진 가는 선이 산맥이야. 파랗게 그려진 건 강이고. 동해안 따라 길게 늘어진 산맥은 태백산맥. 중간쯤 빨간 점을 끼고 흐르는 강은 한강. 둥글게 생긴 빨간 점이 수도 한양이야. 아래 섬 일본에서 빨간 곳은 옛 수도 교토야.

아프리카 쪽을 보니, 대륙 한가운데에 바다가 있고, 또 바다 한가운데에는 섬이 있고······.

"선생님! 더 이상 못 그리겠어요. 글자는 어떻게 해요. 작은 섬에도 다 글자가 들어가 있어요. 지도 바깥에는 아예 까맣게 한문이 적혀 있고요." 자, 이 정도만 하자. 이찬 선생이 얼마나 힘들었는지 알겠지. 일본에 있는 이 보물을 베껴서라도 우리나라에 정확히 알리고 싶어서 이 일을 하셨단다. 어렵게 베끼는 작업을 하면서 그 안에 담긴 한 올의 정보도 놓치지 않으려고 한 것도 놀라워. 안남(베트남), 면국(미얀마), 리혹(라오스), 섬(타이), 천축국(인도), 동천축국(동인도) 등 아시아 지역은 물론이고, 100여 개의 유럽 지명과 35개의 아프리카 지명, 중국 서쪽에 130개가 넘는 도시들을 그렸어.

혼일강리역대국도지도를 만든 까닭

조선은 왜 이런 세계 지도를 만들었을까? 지도 아래쪽에 권근이 쓴 글을 보자.

밖에 나가지 않고도 천하를 알 수 있다.
대개 지도를 보면 지역의 멀고 가까움을 알게 되니, 또한 나라를 다스리는 데에 도움이 된다.

나라 다스리는 데 필요해서 지도를 만들었구나. 현대인은 지도를 보면, 본능적으로 "이거 정확한데!" 아니면, "실제랑 다른데······." 이런 잣대를 들이대지. 그게 지도를 볼 때 중요한 건 사실이지만, 편견이 되기도 해. 이 지도를 그린 사람이 정확함을 생각 안 했을 리 없지만, 실제와 똑같이 그리는 것이 목적은 아니었어. 권근의 글에서도 알 수 있듯이 나라를 다스리거나 글을 읽을 때 참고할 지명을 한 지도에 모두 모아 놓는 게 본래 목적이었어.

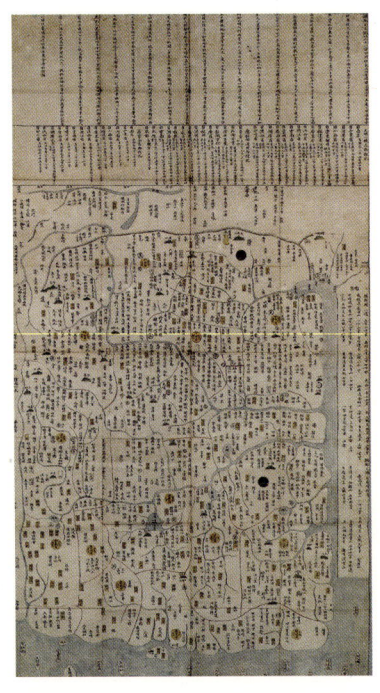

중국의 지명을 빽빽하게 적은 지도야. 땅의 모양보다 지명을 보는 데 쓰는 지도로 많이 제작되었지.

아마 《삼국지》 읽어 봤다면 무슨 말인지 금세 알 거야. 도대체 위나라가 어디 있고, 오나라가 어디 있고, 촉나라가 어디 있는지 헷갈리잖아. 그럴 때 이 〈혼일강리역대국도지도〉 한 장만 있으면 돼. 《삼국지》 전투가 어디서 벌어졌는지 생생하게 읽을 수 있어. 또 인도에 불법 구하러 가는 《서유기》 읽는 데도 도움이 될 거야. 진짜로 중국 역사책을 읽다 보면, 헷갈릴 정도로 너무나 많은 지명이 등장하는데, 그런 문제를 해결하기 위해 이 지도를 만든 거야. 임금님, 정승님이라고 안 헷갈렸겠어?

당시 중국과 조선 땅의 크기를 완전히 모른 건 아니야. 이때 지도 만든 사람들도 조선이 중국보다 훨씬 작다는 건 잘 알고 있었지. 중요한 건 실제 크기가 아니라 가치의 크기였어. 어느 나라가 가장 중요했을까? 당연히 우리나라겠지. 실제 크기와 견주어 보면 조선이 가장 크게 그려진 거야. 우리나라 다음은 중국, 일본 순서란다. 그다음은 인도, 아랍, 그다음이 유럽과 아프리카였어.

반대로 중국이 그린 지도에서 조선은 두루뭉술하게 그려져 있어. 조선을 자세히 측량할 기술이 없어서라기보다는 관심이 없기 때문이었지.

권근의 글을 다시 보자. 참, 권근은 〈천상열차분야지도〉에도 서문을 남기고, 또 이 세계 지도에도 서문을 남겼으니 조선의 과학사에서 이만큼 영광스러운 인물도 없을 거야.

〈대명혼일도〉 〈성교광피도〉를 본떠 중국에서 그린 천하도야. 오른쪽을 봐. 조선이 반쯤 잘려 있어. 이걸 보고 우리 조상님들 자존심 팍 상했던 거 같아. 그래서 〈혼일강리역대국도지도〉를 그리면서 조선 부분을 대폭 키우고, 온전한 모습이 다 나오게 바꿨어. 일본도 포함시켰고.

〈성교광피도〉
이름의 뜻은 '천자의 보살핌이 넓은 곳에 펼쳐져 있는 그림'이야. 원나라 때 이택민이 만들었어. 지금은 안 남아 있어. 당시 칭기즈 칸의 세계 정복 이후 몽골 제국이 중국을 비롯하여 온 세계를 지배했기 때문에 유럽 등 서양 세계가 지도에 등장했지.

천하가 지극히 넓다.

몇 천만 리가 되는지 알 수 없는 것을 요약하여 수 척 되는 넓이에 그리게 되니, 자세하기가 어렵다.

이택민의 〈성교광피도〉가 매우 상세하다……. 그런데 그 지도에 우리나라 영토 부분을 너무 소략했다.

그래서 특별히 우리나라 지도를 더 넓혀 보완했다. 일

본도 새로 덧붙였다.

이제 갖추어져 볼 만하게 되었다. 참으로 밖에 나가지 않고도 천하를 알 수 있다.

하늘에서는 별자리 지도를, 땅에서는 세계 지도를……. 문명을 이룬 나라가 아니면 불가능한 일이지. '우리도 세계 지도를 작성할 수 있다!' 그런 자

신감 있는 외침이 〈혼일강리역대국도지도〉에서 들리는 것 같아.

'지도의 크기는 실제 크기가 아니라, 관심의 크기에 따라 결정된다!'

이건 정확함이라는 잣대와 함께 우리가 옛 지도를 볼 때 꼭 가지고 있어야 할 또 하나의 잣대야. 잊지 말렴.

▼
■〈혼일강리역대국도지도〉는 1930년대 일본 학자 아오야마가 처음 학계에 소개했어. 국내에선 전상운 선생이 최초로 파고들었고, 지리학자 이찬 선생이 본격적으로 연구했어. 최근에 문중양 선생은 《우리 역사 과학 기행》에서 중국의 세계 지도와 비교하여 〈혼일강리역대국도지도〉의 세계적 성격을 더욱 분명히 짚어냈어.
■국내의 학자들은 대부분 중국에 대한 조선의 자주성이라는 관점으로 이 지도를 해석하고 있어. 옛 지도에서 정보의 중요성이 한 잣대였다는 관점은 지리학계의 일반적인 이야기야. 〈혼일강리역대국도지도〉가 가진 정보의 중요성을 강조한 건 이 글이 처음일 거야.

3 우리 땅의 정보를 모두 모아라

우리나라에 섬이 몇 개 있을까? 천 개, 3천 개, 5천 개? 2005년 현재 사람 사는 섬이 491개, 사람이 살지 않는 무인도가 2679개야. 무인도가 훨씬 많구나. 유인도와 무인도를 모두 합하면 3170개. 북한 지역은 포함하지 않았지만 북쪽에는 섬이 많지 않기 때문에 한반도 다 합쳐 이보다 조금 더 많다고 생각하면 돼.

조선 사람들은 얼마나 많은 섬을 알고 있었을까?

- 1454년 《세종실록》 지리지 154개
- 1530년 후반 《신증동국여지승람》 625개
- 20세기 초반 《증보문헌비고》 888개

조선 초에는 섬을 그다지 중요하게 여기지 않았어. 섬을 비워 두는 정책을 펼쳤지. 왜 그랬을까? 왜구 때문이었어. 하지만 15세기 중엽 이후 왜구의 침략이 줄면서 기록한 섬의 수가 부쩍 늘어났어.

이러한 국토에 관한 지식을 모두 모은 책이 있어. 이를 '지리지', 줄여서 '지지'라고 해. 조선 시대에 편찬된 지리지 중 가장 유명한 건 《세종실록》 지리지와 《신증동국여지승람》 이 두 가지야. 조선 후기에 여러 지리지가 편찬되었지만, 조선 초에 만들어진 이 지리지는 우리 국토에 대한 지식을 처음으로 집대성했다는 점에서 각별한 의의가 있어.

> **地理志**
> 땅 지 / 다스릴 리 / 뜻 지, 기록할 지

우리나라 첫 본격 지리지 《세종실록》 지리지

《세종실록》 지리지는 많이 들어 본 이름이지? '독도는 우리 땅'이라는 노래에 나오잖아.

"지증왕 십삼 년 섬나라 우산국 세종실록 지리지 오십 페이지 셋째 줄······"

'독도는 우리 땅' 노래 덕분에 《세종실록》 지리지를 모르는 사람은 거의 없어. 근데 정작 어떤 책인지 아는 사람은 별로 없어. '세종실록 지리지'는 《세종실록》의 부록으로 실린 지리지란다. 《세종실록》 부록으로 실렸던 또 하나의 유명한 책 배운 적 있지? 《칠정산》 내·외편이었지.

《세종실록》은 세종 임금 때의 역사가 기록되어 있어. 세종 임금이 어떤 일을 했는지 이전의 기억을 떠올려 볼까? 자격루 물시계 제작과 시간의 통일, 《칠정산》 내·외편 편찬과 자주적 천문학의 확립, 박연의 음악과 도량형의 통일 등등. 그래, 세종 임금은 모든 걸 정리하고 통일하려고 했지.

국토에 관한 정보도 모두 모아 정리하려고 했어. 《삼국사기》나 《고려사》에도 지리지가 있었지만, 많이 엉성했어. 1424년 세종 임금은 참지 못하고 명령을 내렸어. 또 하나의 야심만만한 계획이 시작된 거야.

 "조선 팔도에 관한 모든 정보를 모아 지리지를 편찬하라. 아울러 지도도 정확하게 그려라."
 맹사성, 권진, 윤회, 신장 네 명이 각 지방의 지리지 편찬을 맡았고, 변계량이 중심이 되어 책을 엮었지. 8년 만인 1432년에 이 일이 끝났어. 이름을 《팔도지리지》라 했어. 근데, 이 지리지만으로 충분치 않았어. 왜냐하면 최윤

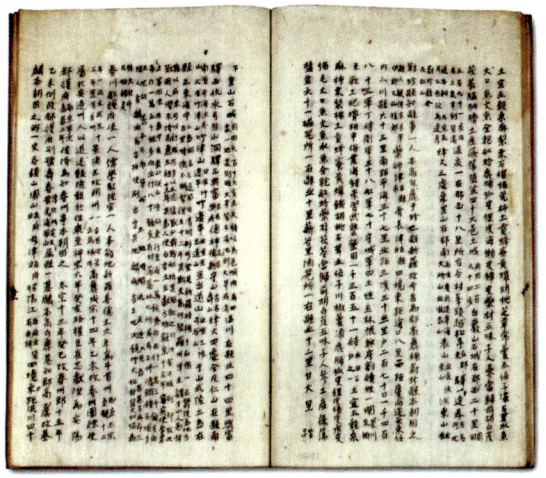

《세종실록》 지리지 어떤 항목들이 들어 있을까? 자연에 대한 것은 유명한 산과 큰 강, 기후를 조사해 적었어. 행정과 관련하여 관아와 관리의 수, 마을의 경계, 특수한 천민 거주 마을인 향·소·부곡 등이 적혀 있지. 경제와 관련하여 군현의 호구 수, 땅의 비옥함과 척박함, 개간한 밭, 진상할 토산품과 약재, 도자기 만드는 곳, 역, 큰 저수지 등이 있어. 사회 부문을 보면, 각 고을의 성씨와 고을이 배출한 유명 인물도 실었어. 군사와 관련한 내용도 있어. 성곽과 진을 조사해 실었지.

덕, 김종서 장군 등이 북방 영토를 활발하게 넓히고 있었기 때문이야. 평안도, 함경도 북쪽을 개척해서 압록강, 두만강 일대에 4군 6진을 설치했어. 새로 북방 영토가 늘어났기 때문에 이 지역에 관한 정보를 추가한 새 지리지가 만들어졌어.

그러다 보니 세종이 세상을 떠난 뒤에야 새 지리지가 완성되었지. 단종 2년인 1454년이란다. 그래서 세종이 세상을 떠난 뒤에 역사를 정리한 《세종실록》의 부록으로 실려서 《세종실록》 지리지가 된 거야.

> **4군 6진**
> 조선 세종 임금은 북쪽의 여진족을 막기 위해 서북쪽 압록강 유역에 네 개의 행정 구역과 동북쪽 두만강 유역에 여섯 곳의 군사 시설을 설치했어. 이를 각각 4군과 6진이라고 해.

《세종실록》 지리지는 우리나라 최초의 본격 지리지라는 점에서 매우 중요해. 지방의 자연, 행정, 경제, 사회, 군사 내용을 상세하고도 정확하게 담아냈어. 누가 이런 정보를 필요로 했을까? 고을 사또나 나라님에게 없어서 안 될 정보들이었어.

이런 설명보다도 실제 사례를 보면, 훨씬 실감이 날 거야. 독도, 울릉도가 있는 '강원도 울진현'을 보도록 하자. 오늘날에는 경상북도 울진인데, 이때는 울진이 강원도 삼척도호부 울진현 소속이었어.

> 관리로는 사또인 지현사 한 명.
> 고구려 때에는 우진야현이라 불렀고, 고려 때부터 울진현이라 했다.
> 사방 경계는 동쪽 바다까지 8리, 서쪽 경상도 안동까지 63리, 남쪽 평해까지 37리, 북쪽 삼척까지 32리다.
> 집 수는 270호, 인구 1483명, 군역을 맡은 장정은 112명.
> 이곳을 기반으로 살아온 성씨로는 임 씨, 장 씨, 정 씨, 방 씨, 유 씨 등 다섯이 있다. 영주에서 향리 집안인 민 씨가 새로 이사해 정착했다.
> 땅은 기름지고 메마른 것이 반반이며, 해산물로 생업을 삼는다. 농토는 1351결인데 이중 논이 1/3이다. 오곡과 뽕나무, 삼나무, 감나무, 밤나무, 배나무, 닥나무가 잘 자란다.
> 진상품으로 꿀, 철, 호두, 석이버섯, 미역, 여우 가죽, 돼지털, 대구, 문어 등 20품목이 있다. 진상 약재는 인삼, 오미자 등 6품목이다.
> 가는 대나무, 왕대, 소금이 이 지역의 특산품이다. 특히 소금이 유명하고 염전이 61곳 있다. 이밖에 돌로 쌓은 성이 하나 있고, 온천이 하나, 역이 3곳, 봉화대가 4곳이다.

어때, 한 마을의 특징이 생생하게 드러나지? 이런 식으로 《세종실록》 지리지에는 전국 328개 지방의 군현에 관한 정보가 모두 담겨 있어.

《세종실록》 지리지는 이후 조선에서 나온 모든 지리지의 토대가 되었어. 그렇지만 모든 지리지가 그대로 따른 건 아니었어. 《신증동국여지승람》으로 넘어가 보자.

《신증동국여지승람》 1481년 명승고적과 뛰어난 시문을 포함시켜서 《동국여지승람》 50권이 나왔지. 노사신, 강희맹, 양성지 등이 편찬에 참여했어. 이 지리지는 두 차례 교정과 보충이 있었고, 최종적으로 중종 때 《신증동국여지승람》(1530년)으로 완결되었어. 이때 책임자는 이행, 윤은보 등 다섯 명이었어. 흔히 《동국여지승람》이라 하면, 최종판인 《신증동국여지승람》을 뜻해.

인문학적 지리지, 신증동국여지승람

이번에도 《신증동국여지승람》의 '강원도 울진현'을 보면서 《세종실록》 지리지와 무엇이 달라졌는지 알아보자. 《세종실록》 지리지에 없는 내용만 말해 볼게. 산 이름이 자세하게 기록되어 있어. 토산물로 해삼, 당귀가 새로 추가되었지. 새로 쌓은 성도 적어 놓았어. 이 정도는 보완이라고 할 수 있지.

《신증동국여지승람》이 《세종실록》 지리지와 확 달라진 것은 시와 문장이 여럿 들어 있다는 점이야. 시를 한 편 들어 볼까. 울진 능허루라는 정자에서 내려다본 바다 풍광이야.

> 한 조각 외로운 섬이 바다 모퉁이 베개 삼았는데
> 물색이 정말로 맑고 기이하네
> 누대가 높으니 주위의 멧부리는 천 겹이나 푸르고
> 구름이 걷히니 긴 하늘은 푸르게 드리웠네
> 술항아리 열고 또 다시 얼큰하게 취하는데
> 동쪽 하늘 돌아보니 달이 더디 떠오누나

《신증동국여지승람》은 이전의 지리지에 없던 항목인 인물, 시, 정자, 학교, 사당, 절 등의 항목이 추가되었어. 《세종실록》 지리지와 달리 《신증동국여지승람》은 인쇄되어 많은 사람이 읽었어. 전국 각지에 대한 자연 지식, 행정 지식, 명승지 지식, 역사와 인물, 명시와 명문장 지식을 종합적으로 배울 수 있었으니 아주 유용하고 재미있었거든.

이처럼 인물, 역사, 고적, 시문을 망라한 《신증동국여지승람》은 좀 어려운 말로 '인문학적 지리지'라 할 수 있어. 사람과 자연이 만나고, 역사·문화와 만나고, 옛 사람의 마음과 만나 소통하도록 하는 책이었지.

이러한 《신증동국여지승람》은 이후 조선 시대 지리지의 모범이 되었어. 《동국문헌비고》(1770년)의 여지고와 《증보문헌비고》(1908년)의 여지고가 그 영향을 받은 지리지야. 시대가 바뀌면서 새롭게 바뀐 사항이 보완되었지.

그런데 인문학적 지리지에 불만을 가진 사람도 있었어. 바로 정약용이야. 그는 인문학적 요소보다 국토에 대한 자연 지리를 아는 것이 중요하다고 주장했어. 하지만 그의 주장은 받아들여지지 않았어. 정약용과 비슷한 생각을 한 사람이 또 있어. 〈대동여지도〉를 그린 김정호는 《대동지지》라는 지리지를 쓰면서 문화적인 내용을 다루지 않았어. 인물·성씨·시문에 관련된 항목들을 빼고, 전투 등 군사적인 이야기를 강화했어. 사람마다 필요한 지도가 다를 거야. 너희는 어떤 지도를 읽고 싶니? 한번 생각해 보렴.

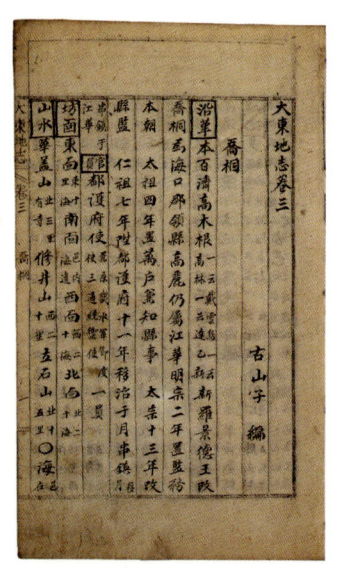

김정호가 편찬한 지리지 《대동지지》 '강원도 울진현'으로 내용을 비교해 보면, 김정호는 사방 경계와 군사 시설인 진보, 수군의 수 등을 적었을 뿐이야. 김정호는 이런 태도로 정확한 지도를 잇달아 만들어냈어. 참, 널리 알려진 〈대동여지도〉는 《대동지지》의 부록으로 그려진 것이란다. 다음 장에서 자세히 살펴볼 거야.

이중환의 택리지

한 가지 지리지를 더 소개할게. 이중환이 지은 《택리지》(1751년)야. 사대부들이 널리 읽은 책이란다. 《세종실록》 지리지나 《신증동국여지승람》은 나라에서 주관하여 펴낸 책인 반면, 《택리지》는 사대부 개인이 썼어. 산이나 강 같은 자연 지리, 역사와 인물, 명승고적이나 뛰어난 문장을 다뤘는데, 이중환은 이 모두를 간결하게 썼어. 그래서 단숨에 읽을 수 있었어. 또 다른 점은 이중환은 행정구역으로 나누지 않고, 전 국토를 종합적으로 두루 살폈어. '지역생활권'이라는 새로운 개념을 썼단다. 《택리지》는 전국 팔도에 대한 내용, 정착해서 살기 좋은 곳 등에 대해서도 썼어. 유명한 한 구절을 소개할게.

> 무릇 살터를 잡는 데는 지리가 으뜸이고,
> 다음으로 지역에서 생산되는 이익이 좋아야 하며,
> 인심이 좋아야 하고, 아름다운 산과 물이 있어야 한다.
> 이 한 가지라도 없으면 살기 좋은 땅이 아니다.

지리가 좋아도 생산되는 이익이 모자라면 오래 살 수 없고,
　　이익이 좋아도 지리가 나쁘면 역시 오래 살 수 없다.
　　지리와 이익이 아울러 좋아도 인심이 나쁘면 반드시 후회할 일이 생긴다.
　　또한 가까운 곳에 노닐 만한 산수가 없으면 성품을 닦을 수 없다.

　　이중환은 충청도 공주의 갑천 부근을 이런 조건을 갖춘 가장 좋은 살 데로 꼽았어. 너희가 살고 있는 땅은 어떤 것 같아? 지리, 풍성한 생산물, 인심, 산수를 다 갖추고 있니? 한번 둘러보며 곰곰이 생각해 봐.

비밀노트

《세종실록》 지리지에서 찾을 수 없는 '독도'

《세종실록》 지리지에 독도가 어떻게 설명되어 있는지 궁금했지? 먼저 여기에는 독도라는 이름은 나오지 않는다는 걸 알아 두렴. 《세종실록》 지리지에 '울릉도'는 나와 있어. 같이 읽어 보자.

우산과 무릉, 두 섬이 동쪽 바다 한가운데에 있다.
섬 두 개가 거리가 멀지 않아서 날씨가 맑으면 서로 잘 보인다.
두 섬을 신라 때에는 우산국 또는 울릉도라 했다. 크기가 1백 리다.
담당 관리인 김인우의 보고에 따르면, 땅이 비옥하고 대나무의 크기가 기둥 같고, 쥐의 크기가 고양이 같고, 복숭아씨가 됫박처럼 큰데, 모든 물건이 이처럼 크다고 했다.

실제 울릉도는 섬 두 개로 이루어져 있어. 두 섬이란 모두 울릉도를 말한 거지. 여기서 '우산국'은 독도가 아니라 울릉도를 가리키는 거야.
《신증동국여지승람》의 부록으로 실린 지도인 〈팔도총도〉에 울릉도가 그려져 있어. 여기에 우산도라고 써 있는데 《세종실록》 지리지와 마찬가지로 울릉도란다.

〈팔도총도(동람도)〉

18세기 독도 지도

그럼 '독도'의 기록은 어디에 처음 나올까? 1694년에 장한상이 《울릉도사적》에서 말한 '울릉도 동쪽 300여 리 떨어진 곳의 섬'은 지금 우리가 말하는 독도가 분명해.

김정호의 〈청구도〉(1834년)에서는 울릉도 두 섬 이외에 동쪽에 '우산'이라는 섬을 그려 놨는데, 이 섬은 독도를 그린 것으로 추정돼.

그러니까 《세종실록》 지리지의 '우산'은 울릉도의 안쪽에 있는 섬이고, 〈청구도〉의 '우산'은 독도야. 이 우산이라는 지명이 서로 달리 쓰였기 때문에 오해가 생겼던 거야.

오늘날 독도의 모습

▼
- 이 글에서 《세종실록》 지리지, 《동국여지승람》의 실제 내용을 보여 주는 데 주력했어.
- 조선 초기 지리지에 대한 글로는 전상운 선생의 《한국 과학사》, 배우성 선생의 '동국여지승람'에 관한 글, 신병주 선생의 '신증동국여지승람'에 관한 글을 참고했어. 또 이찬 선생과 양보경 선생이 《브리태니카백과사전》에 쓴 《세종실록》 지리지, 《신증동국여지승람》, 《택리지》 등 여러 항목이 큰 도움이 되었어.
- 《택리지》의 내용은 허경진 선생의 번역을 따랐는데, 조금 더 쉽게 고쳐 썼어.

4 대동여지도 속 길을 걸어 보자

오늘날 알려진 우리나라의 옛 지도는 무려 1200개가 넘어. 그중 〈대동여지도〉는 가장 정밀하고, 가장 아름다우며, 가장 편리한 지도야.

〈대동여지도〉 속으로 여행을 떠나보자꾸나. 함께 〈대동여지도〉 속을 걷다 보면, 〈대동여지도〉가 얼마나 뛰어난 지도인지 경험할 수 있을 거야.

대동여지도로 길 찾기

근데 〈대동여지도〉를 어디서 구하냐고? 인터넷에서 검색하면 쉽게 찾을 수 있어. 모두 몇 장일까? 글자 있는 부분을 빼놓는다면, 지도 부분이 들어가는 게 10단 짜리 22층이야. 지도 그림 부분만 보면 모두 120개란다.

자, 그러면 맨 위부터 아래로 1~22층 번호를 매기고, 왼쪽에서 오른쪽으로 펼쳐서 번호를 매겨서 합쳐 보도록 하자. 산과 산, 강과 강, 길과 길 등을 정확하게 찾아서 이어야 할 테니까. 카이스트 학생들과 수업을 해 봤는데 다섯 명씩 같이 작업을 했는데도 꽤나 시간이 걸렸단다. 잇기만 하는데도 이

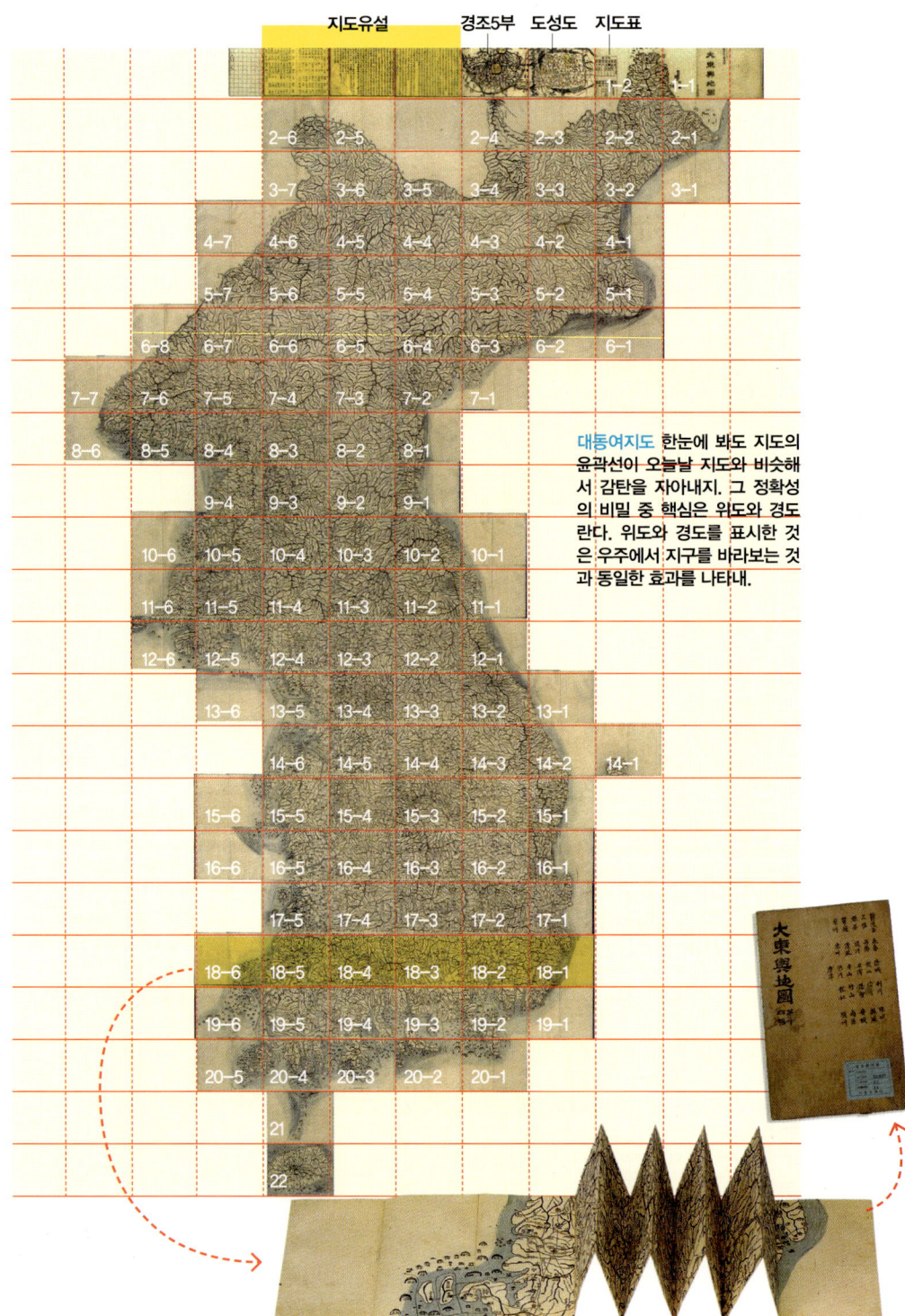

대동여지도 한눈에 봐도 지도의 윤곽선이 오늘날 지도와 비슷해서 감탄을 자아내지. 그 정확성의 비밀 중 핵심은 위도와 경도란다. 위도와 경도를 표시한 것은 우주에서 지구를 바라보는 것과 동일한 효과를 나타내.

대동여지도 목판 목판으로 팠다는 것도 아주 중요해. 특별한 몇몇 사람이 갖는 물건이 아니라 여러 사람이 볼 수 있다는 의미가 있기 때문이지. 목판으로 파 놓으면 인쇄해서 여러 벌 만들 수 있으니까 말이야. 지금이라도 대동여지도 목판으로 지도를 찍을 수가 있어.

렇게 힘든데 지도를 만든 김정호는 얼마나 힘들었을지 느끼게 되었어. 또 이 한 장 한 장을 목판으로 다 팠으니, 그 수고도 굉장했겠지.

〈대동여지도〉는 들고 다니기 편했어. 널따란 종이를 돌돌돌 둥글게 말거나, 차곡차곡 접어 한 권의 책처럼 만들었어. 한 손에 잡히는 책이 22권인 셈이지. 그리고 〈대동여지도〉를 가지고 길을 찾을 수 있으니까 그 의미는 더욱 특별해. 우리도 경험해 보자꾸나.

서울 지도는 위쪽에 따로 2장을 그려 넣었어. '경조 5부'와 '도성도'가 서

경조5부 '서울 주변의 다섯 곳'이라는 뜻이지. 서울 전체를 조망한 거야. 그림 한가운데에 도성이 있어. 가는 선으로 표시된 길이 동서남북으로 뻗어 있지? 전국으로 통하는 길이야. 모든 곳과 통하니 말 그대로 '사통팔달'이구나. 북쪽 왼쪽에는 고양 가는 길이라 적혀 있고, 오른쪽 끝에는 양주, 포천 가는 길이라 적혀 있어. 아래 오른쪽부터 왼쪽으로 용인 가는 길, 과천 가는 길, 시흥 가는 길, 영등포, 인천 가는 길 등이 적혀있단다. 맨 아래에 두 줄로 큰 물줄기가 그려져 있는 것은? 그래, 한강이야. 한강에 다리는 하나도 없었다는 것도 알 수 있지.

도성도 '경조 5부' 오른쪽에는 '도성도'가 있어. 도성도는 서울 도성 안을 상세하게 그렸어. 경희궁, 경복궁, 창덕궁이 있고, 한가운데 수표교가 있어. 길을 보면, 가운데 종로가 있고, 종로 아래쪽에 두 줄기 선은 뭘까? 이건 길이 아니라 청계천, 즉 물길이야.

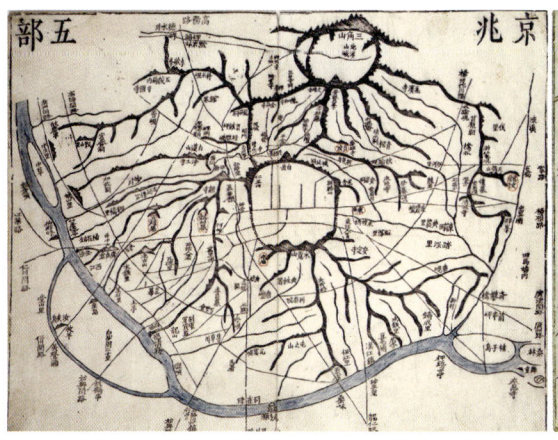
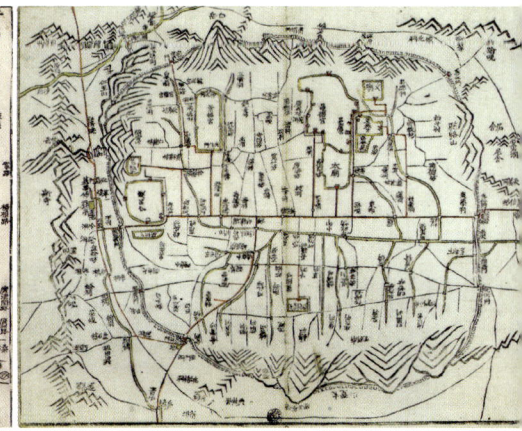

울 지도야.

〈대동여지도〉를 들고 먼 길을 떠나 볼까? 과연 옛 지도를 들고 오늘날의 길을 찾을 수 있을까 궁금해지지 않니? 서울에서 시작해서 현재 국제공항이 있는 영종도로 가 보자.

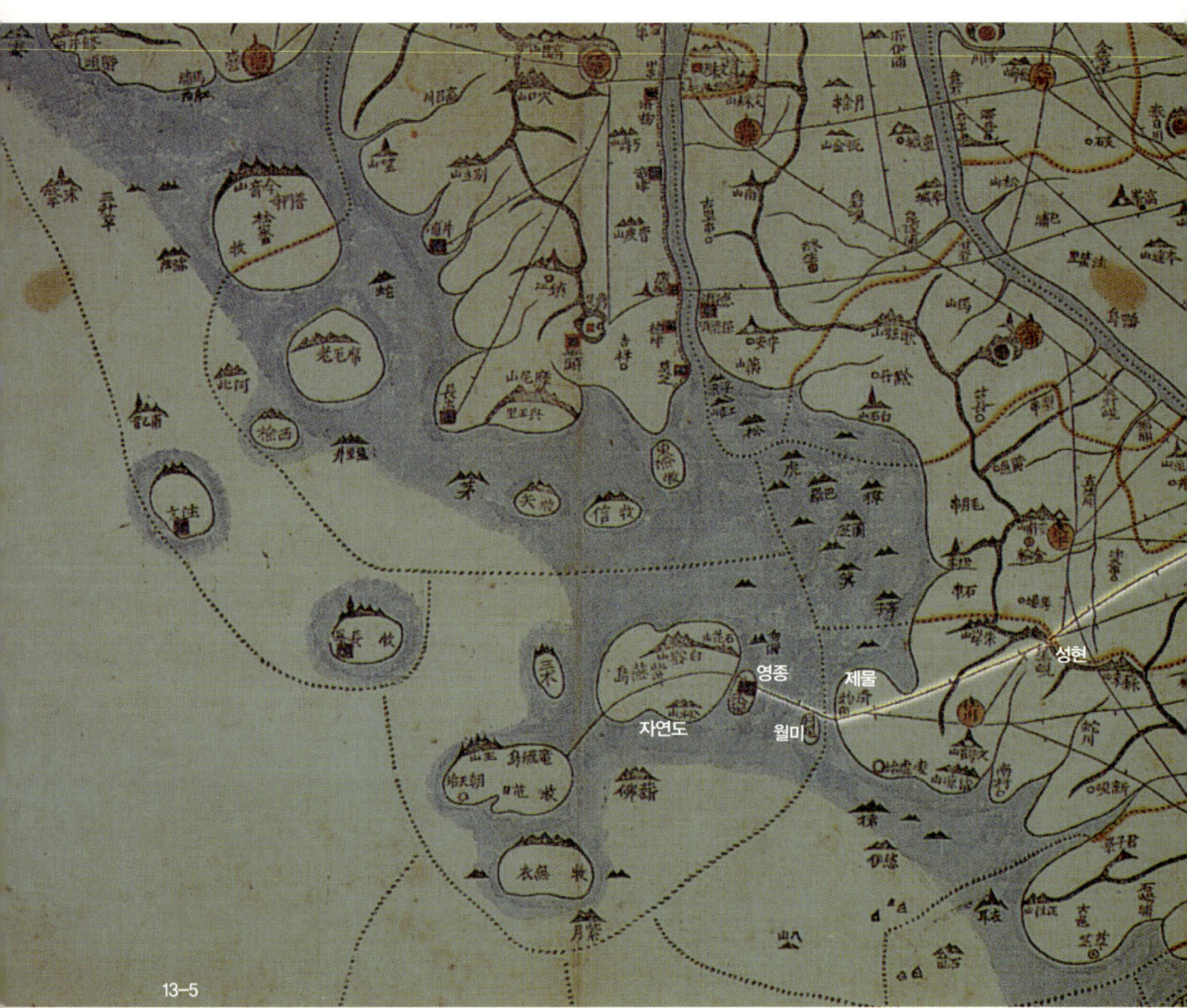

13-5

먼저 서울과 영종도가 어느 도판에 있는지 확인해야겠지. 13-4에 서울이 있고, 13-5에 영종도가 있어. 13-4에서 서울 찾았니? 왼쪽 중앙에 있어. 서울 지도를 자세히 따로 그려서 여기서는 아주 간략하게만 표시해 놓았어.

13-5에서 영종도는 작아서 좀 찾기 어려울 거야. 아래쪽 '자연도'라는 큰

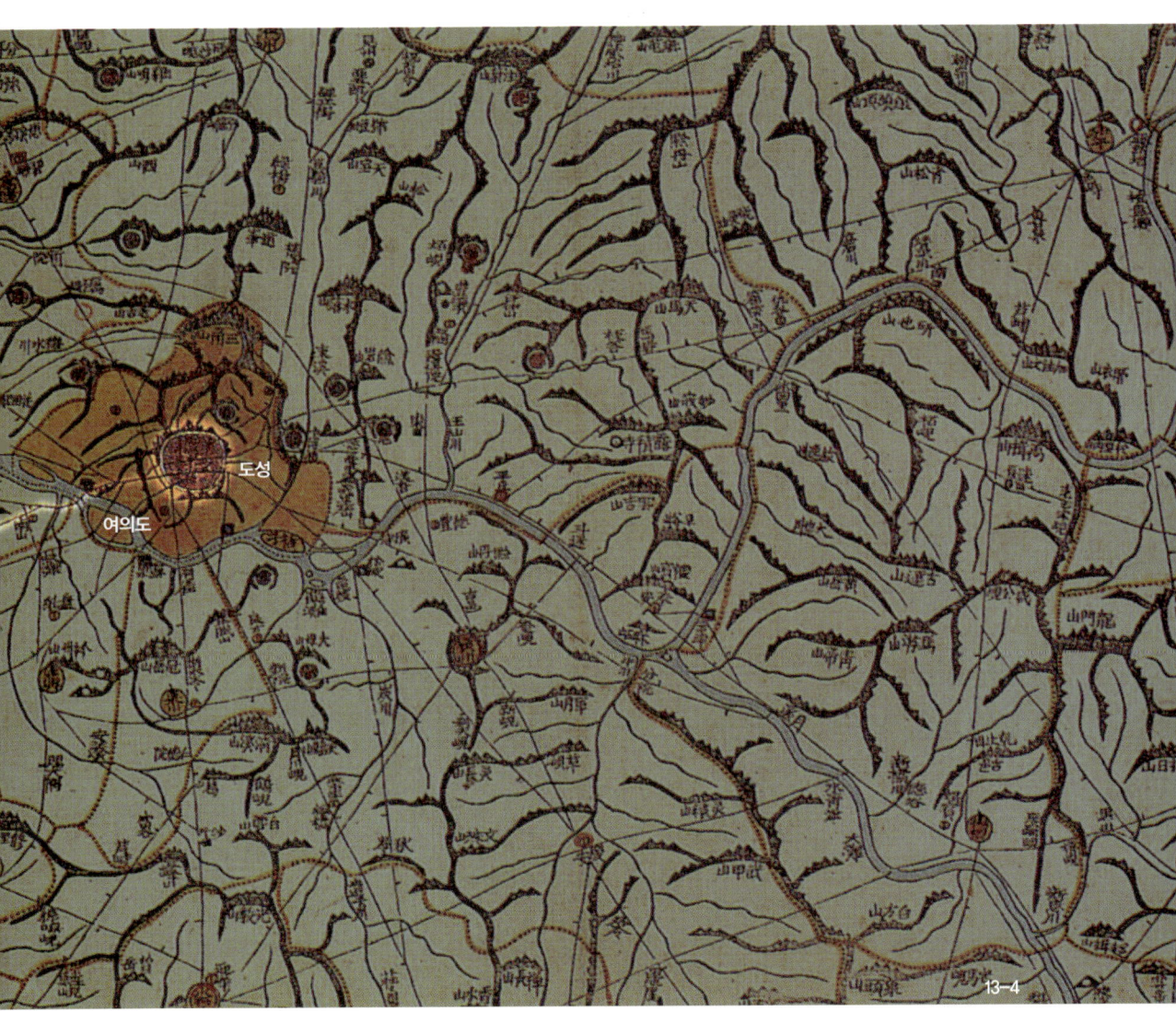

섬의 오른쪽에 있는 조그만 섬에 '영종'이라고 적혀 있어.

목적지를 알았으니 이제 출발해 보자. 한강 여의도 위쪽 길을 따라 죽 가면 성현이 나오고, 한참 가면 제물포가 나오고, 월미도를 지나서 영종도로 가는 거야.

대동여지도의 부호들이 이야기해 주는 것들

길에 점 표시가 있어. 연필로 대강 꾹꾹 찍은 것처럼 보이지만 점과 점 사이가 10리라는 것을 나타내. 성현에서 영종도까지 네 칸이니까 40리 길이야. 서울에서 성현까지는 60리가 조금 넘네. 그러니까 서울부터 영종도까지 100리 길이란다. 근데 당시 10리는 지금처럼 4킬로미터가 아니야. 어떤 사람은 4.2킬로미터, 어떤 사람은 5.4킬로미터라고 싸우고 있어. 하여간 지금보다는 긴 거리야.

점은 일정한 간격으로 찍은 게 아니라 평지에서는 넓게 산지에서는 좁게 찍었어. 방점 사이의 간격만 보고도 길이 평탄한지, 험한지도 알 수 있도록 해 놓았구나.

〈대동여지도〉에서 가장 눈에 띄는 선이 뭐야?

〈대동여지도〉의 산줄기

《산경표》에는 산줄기가 적혀 있어. 이 책에서 백두산부터 가장 큰 줄기를 이루는 산맥을 '백두대간'이라 이름을 붙였지. 대간이란 가장 큰 줄기를 뜻해.

《산경표》는 산의 갈래와 흐름을 말한 신경준의 사상을 이어받은 거야. 하지만 신경준이 지은 책인지는 분명치 않아.

백두대간은 북쪽의 백두산에서 시작하여 함경도 단천의 황토령, 평안도 영원의 낭림산, 강원도 회양의 철령과 금강산, 강릉의 오대산, 삼척의 태백산, 영주의 소백산, 충청도 보은의 속리산을 거쳐 남쪽의 지리산까지 이어지는 거대한 산줄기야.

이 백두대간에서 새끼 쳐 나오는 게 장백정간과 13개의 정맥들이야. 정간은 큰 줄기를 뜻하고, 정맥은 그보다 약간 작지만 여전히 큰 줄기를 뜻해. 그 아래 맥이 이어지고, 맥 아래에 산이 위치하는 거지. 《산경표》의 산줄기는 큰 강의 흐름과 관련되어 있어. 예를 들면, 13정맥 중 한북정맥과 한남정맥은 한강을, 금북정맥과 금남정맥은 금강을 기준으로 하고 있어.

〈대동여지도〉에 나타난 산의 흐름이 《산경표》의 산줄기를 그대로 따른 건 아니야. 하지만 대간 · 정간 · 정맥 등의 개념이 표시되어 있고, 그걸 주요 강을 경계로 파악했다는 점에서는 서로 일치해.

"산이요. 꿈틀꿈틀 용이 움직이는 것 같아요." 그래, 조선의 지도는 산을 모두 이렇게 그렸단다. 풍수지리의 영향이지. 풍수지리는 김정호의 지도에서도 예외가 아니었어. 실제로 산이 끊어져 있다 해도, 옛 사람들은 산의 기운이 땅 아래로 이어져 흐른다고 생각했어. 그렇기 때문에 산줄기가 거의 끊어짐 없이 그려진 거야.

산줄기보다 가늘고 구불구불한 선은 강 길이야. 두 줄기로 그린 강은 배가 다니는 강을 표시한 거야.

"점선은 뭐예요? 한강에도 있고 바다에도 있어요. 뱃길인가요?" 잘 봤구나. 그런데 뱃길은 아니야. 각 군현의 경계를 표시한 거야.

어때, 산, 강, 땅, 바다, 군현의 경계 등 여러 가지 정보가 잘 표시되어 있지? 〈대동여지도〉를 들고도 오늘날 웬만한 큰 길은 찾을 수 있어.

〈대동여지도〉는 길 찾아가는 데만 요긴한 게 아니야. 각 지역에 뭐가 있는지 알아내는 데도 도움이 되지. 서울에서 영종도 가는 길을 다시 한 번 봐. 영종도에 네모 표시가 있지. 지도표를 보면 네모는 군사 시설인 '진보'라는 걸 알 수 있어. '진'은 조그만 지방 군사시설이지. '보'는 흙으로 축대를 만들어 쌓은 조그만 성이야. 네모가 하나인 것은 성이 없는 진보이고, 두 개는 성이 있는 진보네.

"아하, 이렇게 중요한 시설을 부호로 표시해 적어 놓았군요?" 그래, 〈대동여지도〉는 최초로 부호를 사용했어. 세계가 〈대동여지도〉를 주목하는 이유는 정확성 말고도 이 부호 사용 때문이란다. 부호를 사용한 것은 현대 지도의 개념과 같거든. 지도표를 보면서 뭘 중요하게 여겼는지 살펴보도록 할까?

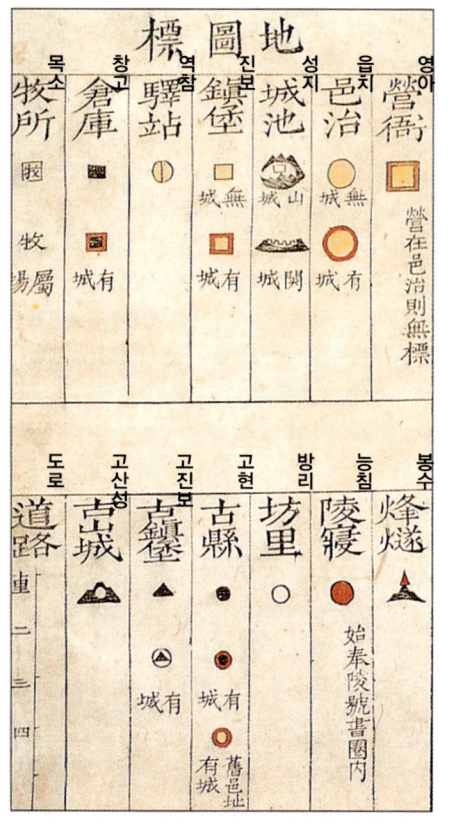

〈대동여지도〉 지도표

"동그라미는 읍치라고 했네요." 13-5를 보면, 한 개 동그라미는 김포, 부평, 인천 등 여러 곳이 있어. 강화는 동그라미가 두 개니까 성이 있는 읍치라는 걸 알 수 있지.

'역참'은 말을 바꿔 타는 곳이란 뜻이야. 요즘 식으로 말하면 기차역이지. 둥근 원을 절반 갈라서 보리알처럼 그려 놨네. 역참은 당연히 길가에 있겠지.

13-5를 보면, '봉수'가 참 많아. 산마다 일정 간격으로 있어. 위급한 일을 알려야 했기 때문이겠지. 역참과 봉수는 나중

에 좀 더 자세히 살필 기회가 있을 거야.

이렇듯 〈대동여지도〉는 전국적인 진보나 봉수와 같은 군사 시설, 관아나 읍 같은 행정관청뿐만 아니라 창고, 역참, 목장 등 경제 시설까지 지도 하나에 모두 담고 있어. 부호를 사용했기 때문에 가능한 일이야.

놓치기 아까운 재미있는 정보 하나 더. 월미도 옆 제물포에는 동그라미 안에 세모가 들어 있어. 이 '고진보' 부호는 '옛날에 성 있는 진보가 있었던 곳'이야. 옛날에 있었던 것까지 적어 놓았어. 〈대동여지도〉가 역사책 같은 성격도 띠었다는 걸 알 수 있는 부호야.

대동여지도, 어떻게 만들었을까

〈대동여지도〉여백도 살펴보자. 과학을 공부하는 사람들은 하나도 놓칠 수 없어. 재미있는 정보가 많으니까 말이야. 여기에는 전국의 크기가 적혀 있어. 그중 가장 긴 동북쪽 끝인 경흥에서 남쪽 끝인 기장에 이르는 길이 3615리야. 어때, '삼천리 강산'이란 말이 실감 나지?

또 전국의 행정 통계가 써 있어. '지지'의 특성이 드러나는 거야. 전국은 서울과 경기·충청·경상·전라·강원·황해·함경·평안 8도로 구성되어 있군. '경기도'에 어떤 내용이 있는지 살펴볼까? 주·현이 37개, 군사 기지가 12개, 진보가 27개, 산성이 5개, 봉수가 40개, 역참이 49개, 큰 마을이 476개, 목장이 21개, 창고가 66개라고 적혀 있어. 이밖에 세금, 인구, 군인 수 등이 더 적혀 있었어. 경기도의 총 세금은 8만 6천 결, 인구는 46만 1천 명, 군인은 9만 3천 명이라고 해.

왜 〈대동여지도〉를 편찬했는지도 적어 놨어. '지도유설'이라고 하는 부분이야. 김정호는 다음과 같이 말하고 있어.

나라를 다스릴 때 변방 요새의 유리하고 불리한 곳, 전쟁에 대한 모든 것을 알아야 한다. 또한 백성을 통치할 때 재물과 세금이 나오는 곳, 전쟁, 나랏일의 바탕을 모두 알아야 한다.

수령들은 맡은 지역에 뒤섞여 있는 것, 산과 못의 우거지고 숨겨진 것, 그리고 농사짓고 누에치고, 샘물을 쓰는 데 유리한 것과 백성들의 풍속이 다스려지는 것을 모두 알아야 한다.

사·농·공·상의 백성들은 여행하고 왕래하는 데 무릇 수로나 육로가 험하고 평탄한가를 알아야 한다.

지리는 위로는 나라를 통치하는 사람부터 아래로는 일반 백성까지 알아야 한다는 거지.

"풍속까지 알아야 한다고 했는데, 그렇다면, 〈대동여지도〉의 정보는 너무 적지 않나요?" 그래, 이런 질문 나올 줄 알았다.

사실 〈대동여지도〉는 본체가 아니라 부록이었어. 지리부도란 말 들어봤지? '부도'는 부록 그림이란 뜻이야. 본체는 지지였어.

〈대동여지도〉는 《대동지지》의 부록 지도로 편찬된 거야.

김정호는 지지를 먼저 편찬하고, 그걸 토대로 해서 각종 지도를 그렸어. 〈대동여지도〉 짝꿍인 《대동지지》는 32권이나 되는 방대한 책이야. 전국 팔도의 산천, 국방, 도로, 강역, 역사 지리 내용이 일일이 다 밝혀져 있어. 특히 군사적 측면을 크게 강조했어.

김정호는 어떻게 해서 방대한 지지와 정확한 지도들을 만들 수 있었을까? 김정호는 낮은 신분이었기 때문에 기록이 많이 남아 있지 않아. 그래서 정확한 것은 잘 몰라. 하지만 역사적 상상력으로 추측해 볼 수는 있지.

방대한 지도 제작을 위해서는 돈도 많이 들고, 또 참고해야 할 책도 많겠지. 든든한 후원자 없이는 불가능한 일이야. 김정호의 후원자로 최한기, 최성환, 신헌 등이 알려져 있어.

김정호의 지지와 지도 김정호는 〈청구도〉, 〈동여도〉, 〈대동여지도〉 세 지도를 제작했고, 지지도 3권을 펴냈어. 《동여도지》, 《여도비지》, 《대동지지》. 이들은 이렇게 서로 짝꿍을 이뤄.

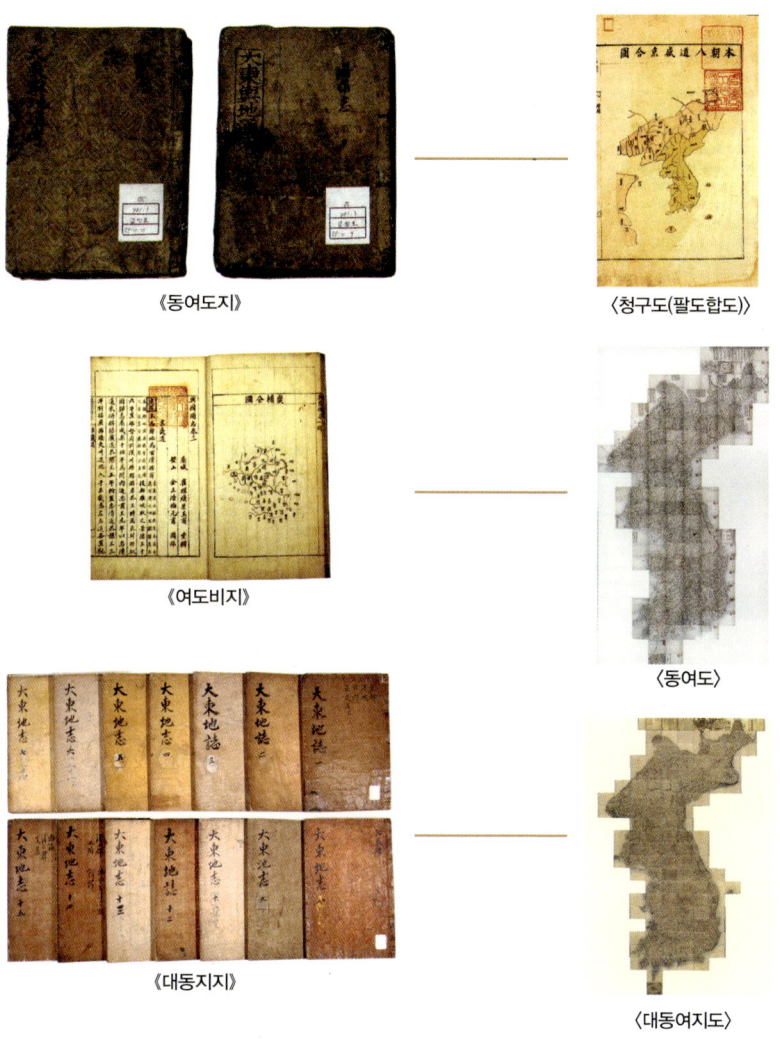

《동여도지》

〈청구도(팔도합도)〉

《여도비지》

〈동여도〉

《대동지지》

〈대동여지도〉

1834년 김정호가 〈청구도〉를 제작했을 때 여기에 최한기가 서문을 썼어.

벗 김정호는 어려서부터 지도와 지리지에 깊은 관심을 가지고
오랜 세월 동안 지도와 지리지를 수집하여
이들 여러 지도의 도법을 서로 비교해서 청구도를 만들었다.

'벗'이라고 하는 걸 보니 최한기는 김정호와 가까이 지낸 친구였구나. 최한기는 세계 지리서인 《지구전요》를 편찬했어. 수학과 천문학도 잘했어. 김정호는 최한기를 위해 〈지구전후도〉라는 서양식 세계 지도의 목판을 새겨 주었어.

최성환은 무관으로서 벼슬은 높지 않았으나 궁중을 지키는 직책을 맡아 철종 임금의 신임이 두터웠던 인물이야. 《여도비지》를 김정호와 공동으로 편찬했다는 기록이 있어. 최성환의 도움을 받아서 김정호는 병조나 규장각에 소장된 귀중한 책을 보았을 거라 추정되고 있어.

신헌 신헌은 병조 판서를 지냈어. 그는 〈대동여지도〉 제작을 적극 후원했어.

신헌은 조선 후기의 무신이자 외교관이야. 신헌의 글에 김정호에 대한 글이 있어.

나는 우리나라 지도 제작에 뜻이 있어 지도들을 널리 수집하고,
이를 서로 비교하고 또 지리서를 참고하여 이들 지도를 합쳐서 하나의 지도를 만들고자 했으며,
이 일을 김정호에게 맡겨 완성시켰다.

최한기, 최성환, 신헌은 김정호를 믿고 적극 후원했어. 김정호는 능력과 창의성도 갖추고 있었을 뿐 아니라 일생을 던져 지도 제작에 몰두했지. 김정호라는 천재의 집념과 그를 든든히 도운 사람들의 힘이 모아져서 조선의 역사상 그 누구도 따라올 수 없는 명품, 〈대동여지도〉가 탄생한 거야.

김정호, 제대로 알고 있나요?

어떤 위인전을 보면, 김정호가 딸과 둘이서 지도를 만들었다고 해. 근데 둘이서 또는 김정호 혼자서 해내기에는 무리였다는 것을 잘 알았을 거야. 또 김정호가 백두산을 수차례 오르내리며 실측했다는 것도 거짓으로 밝혀졌어. 사람들이 〈대동여지도〉가 정확한 이유가 실제 측량했기 때문인 것으로 원인을 잘못 생각했기 때문이야.

한동안 교과서에도 실렸던 김정호의 옥사설도 잘못된 것이지. 정확한 지도를 그린 김정호를 무능한 조선 정부가 탄압하고 죽였다는 얘기 말이야.

실제 일본에서 이 이야기와 비슷한 일이 있었어. 일본에서 가장 정밀한 지도를 제작했던 가케야스란 사람이 있었는데, 1828년 자신이 그린 일본 지도를 독일 사람에게 유출했던 거야. 일본 정부는 그를 잡아 옥에 가뒀고 결국 옥에서 죽었지.

김정호 옥사설은 일본의 일을 조선에 멋대로 적용한 거야. 일본은 조선이 무능하고 부패하다는 것을 말하고 싶었기 때문이지.

근데, 우리 김정호 이전에 이미 조선에 놀라운 지도 제작의 전통이 있다는 걸 알았어. 또 최한기, 최성환, 신헌 같은 실력자들이 적극 후원한 것도 보았지. 김정호의 업적은 이런 토대 위에서 찬란히 빛나는 거야. 마치 거인의 어깨 위에 올라탄 난쟁이처럼.

가케야스란 인물은 김정호를 좀 더 올바르게 볼 수 있도록 해. 그는 제자 이노우 타다타카가 제작하던 〈대일본연해여지전도〉를 제자가 죽자 대신 완성시켰어. 1821년이었어. 김정호의 〈청구도〉보다 13년이 앞섰지. 이 또한 오늘날 지도처럼 매우 정교한 지도였어. 가케야스와 그의 제자가 서양의 천문학과 지도학을 배워서 완성한 거야. 중국에서 예수회 선교사들이 서양 지도 기법으로 그린 지도도 상당히 훌륭했지. 최한기나 김정호도 그들의 기법을 받아들였던 거고. 달리 말해 김정호의 지도만이 동아시아 지역에서 홀로 드높은 성취를 이룬 게 아니라는 얘기지.

그렇다고 해서 〈대동여지도〉의 가치가 깎이는 건 아니야. 오히려 더 제대로 평가할 수가 있어. 김정호는 조선의 지도 제작 전통에서 독학으로 현대 지도와 비교해도 손색이 없는 지도를 만들어 냈어. 또 거기에는 일본이나 중국의 옛 지도에는 없는 부호를 만들어 표시했잖아. 게다가 아름다운 산세와 물줄기는 조선 지도만의 특징이었어.

김정호 동상 김정호는 왜 정확한 지지와 지도를 만들려고 했을까? 정확하게 만들어서 능력을 인정받으려고? 앞서 살펴본 것처럼 그렇지 않았지. 관리들은 통치하는 데 쓰고, 백성들은 순조로운 왕래를 위해 지리와 지도를 알아야 한다고 했어. 한마디로 정리하면, 군사, 나라 행정, 백성의 통행을 함께 고려한 게 김정호가 〈대동여지도〉를 만든 목적이야.

비밀노트
조선의 10대 전국 지도

앞에서 말한 것처럼 현재 알려진 우리 옛 지도는 무려 1200개가 넘어. 사실 〈대동여지도〉도 그 이전에 지도가 없었다면 만들지 못했을 거야. 김정호 말고도 이전에 지도를 열심히 만들었던 사람들이 있었어. 우리가 김정호와 〈대동여지도〉만 알고, 다른 지도를 모르고 있다면 그건 정말 불공평한 일이겠지. 그 가치를 새록새록 새겨 보자.

〈대동여지도〉와 같이 한반도 전체를 그린 '전국 지도'를 모아서 보았어. 전국 지도는 매우 많지만 그중 중요한 것 열 개만 뽑았어. 이름 하여 '10대 조선 전국 지도'.

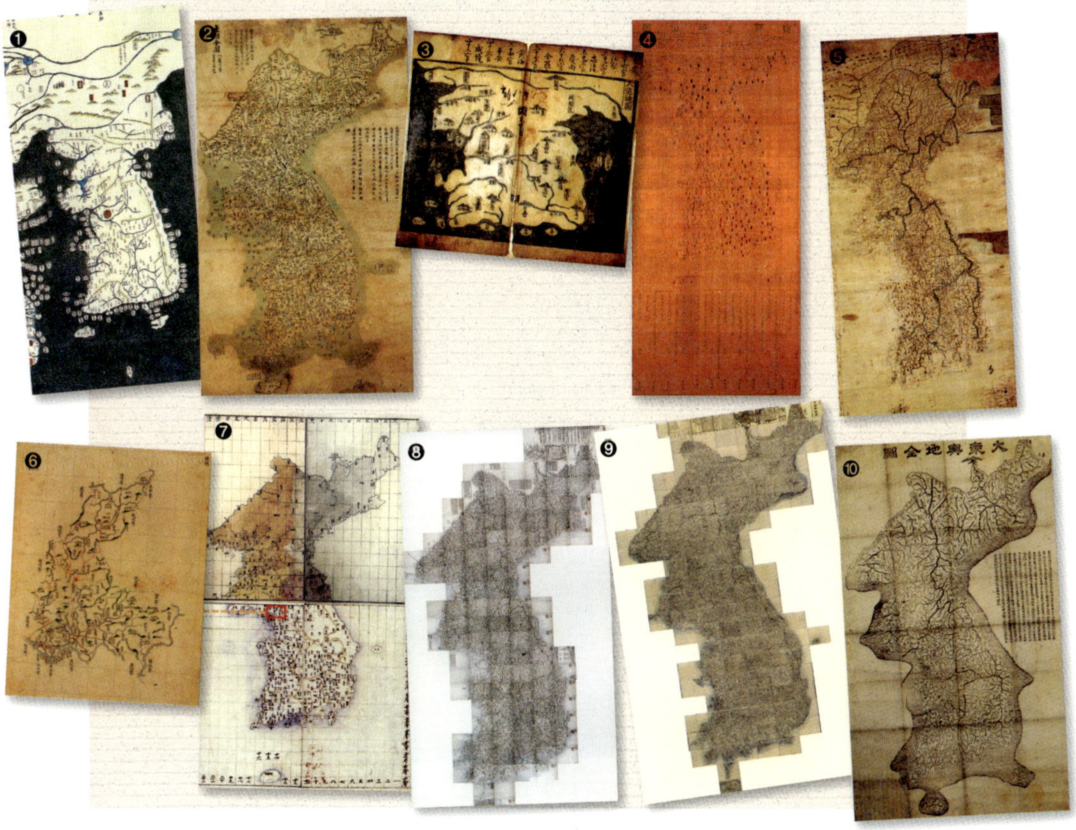

한국 과학사 이야기 215

❶ 〈팔도도〉 이회, 1402년 이전 〈혼일강리역대국도지도〉에서 조선 부분이야. 이회가 세계 지도 〈혼일강리역대국도지도〉를 만들기 전에 그린 조선의 지도가 〈팔도도〉야. 그래서 〈팔도도〉는 〈혼일강리역대국도지도〉가 만들어진 1402년 이전에 만든 것으로 추정해.
❷ 〈동국지도〉 정척·양성지, 1463년 사진은 정척·양성지 〈동국지도〉 계통의 지도야.
❸ 〈팔도총도〉 작자 미상, 1530년 《신증동국여지승람》 안에 실린 지도야. 〈동람도〉라고도 해.
❹ 〈조선방역지도〉 이이와 5인, 1557년경 이 지도의 제작을 맡은 이는 율곡 이이가 아니라, 당시 지도 제작을 책임진 관청인 제용감의 우두머리였어.
❺ 〈동국대지도〉 정상기, 1757년경 사진은 정상기의 〈동국대지도〉 계통의 지도야. 원래 이름은 〈동국지도〉인데 정척·양성지의 〈동국지도〉와 이름이 같아서 헷갈리지. 대형 지도이기 때문에 〈동국대지도〉라고 이름 지었어.
❻ 〈동국여지도〉 신경준, 1770년 사진은 〈동국여지도〉 계열의 지도야.
❼ 〈청구도〉 김정호, 1834년 〈청구도〉의 부분이야.
❽ 〈동여도〉 김정호, 1856~1861년 사이
❾ 〈대동여지도〉 김정호, 1861년
❿ 〈대동여지전도〉 김정호, 1860년대
* 현재 전해지지 않는 지도는 이후에 그려진 모사본을 실었어.

첫 번째 퀴즈! "국보인 지도가 하나 있어. 무엇일까?"

"〈대동여지도〉요!" 자신 있게 말하는구나. 하지만 정답이 아냐. 〈대동여지도〉는 가장 유명하지만 만들어진 지 오래되지 않아서 아직 국보가 아니야.
답은 ❹ 〈조선방역지도〉. 국보 제248호지. 지도 가운데 국보로는 이게 유일해.
"이보다 빨리 만들어진 게 세 개나 있는데, 왜 그건 국보가 아니죠?" 궁금할 만해.
이회의 〈팔도도〉❶는 그 유명한 〈혼일강리역대국도지도〉 안에 포함되어 있어. 근데, 그 지도가 어디에 있다고 했지? "일본에요." 그래, 오직 일본에 딱 한 점 남아 있으니, 우리나라 국보로 지정할 수 없어.
〈동국지도〉❷는 남아 있지 않아. 조선 전기를 대표하는 지도인데 남아 있지 않고, 〈조선방역지도〉가 〈동국지도〉를 토대로 하여 만들어진 거야. 〈조선방역지도〉를 통해서 유명했던 양성지·정척이 만든 〈동국지도〉의 모습을 헤아릴 수 있게 된 거야.

〈조선방역지도〉도 일본 대마도로 갔다가 1930년대 우리나라에 다시 돌아왔어. 전상운 선생의 말씀에 따르면, 아직 국내에 알려지지 않은 국보급 지도가 일본에 수두룩하다고 해. 얼른 그것들이 다시 고향을 찾아오길 고대해.

두 번째 퀴즈! "고려 때의 지도를 참고해 만든 지도는?"
❶ 이회의 〈팔도도〉야. 이 지도는 고려 때 지도를 참고해서 보완한 것으로 추정되고 있어. 왕조가 바뀌었다 해도 지도를 바로 그려 넣을 시간이 없었기 때문에 이회가 고려의 지도를 조금 고쳐서 〈팔도도〉를 만들었어. 어떻게 아냐고? 이회의 〈팔도도〉는 고려의 행정 구역으로 그렸거든. 고려 때는 전국을 다섯 개의 주요 도와 두 개의 군사 구역인 양계로 나눴어. 그리고 공민왕 때 나흥유란 사람이 〈5도양계도〉란 지도를 만들었다는 기록도 있지.

〈팔도도〉는 산세와 수세를 중심으로 그렸어. 그건 고려 때의 풍수지리에 따른 거야. 이 전통이 그대로 조선의 〈대동여지도〉까지 이어져서 우리나라 지도의 큰 특색을 이뤄.

세 번째 퀴즈! "가장 작고, 가장 정확하지 않은 지도는?"
아마 지도를 보면서 답을 한다면 3초도 안 되어서 답이 나올 거야. ❸ 〈팔도총도(동람도)〉.

"아니, 볼품없는 지도를 왜 10대 지도에 포함시켰어요?" 그래, 지도의 모양새만 보고 따진다면 가장 먼저 빠질 지도가 〈팔도총도〉야.

크기는 가로 27cm, 세로 34.2cm 밖에 안 돼. 이렇게 작은 이유는 《신증동국여지승람》이란 책 안에 있기 때문이야. 책에 포함되어 1장으로 찍힌 지도란다. 이 지도를 10대 지도에 포함시킨 건 또 바로 그 이유 때문이기도 해.

예로부터 지도는 국가 기밀에 관한 내용이 적혀 있어. 지도는 궁궐 안에 잘 간수했지. 《신증동국여지승람》에 포함시킨 지도는 인쇄되어 민간에 퍼질 것이므로 그 안에 정확한 정보를 수록하지 않고, 산천에 제사 지내는 곳의 위치만 표시해 놓은 거야. 즉, 보급용 지도였다는 점에서 〈팔도총도〉는 의미가 있어.

네 번째 퀴즈! "가장 큰 지도는 어떤 걸까?"

이건 그렇게 쉽지 않을 거야. 답은 ❼ 김정호의 〈청구도〉야. 아마 여러분들은 아직 〈청구도〉만큼 큰 지도를 본 적이 없을걸. 가로 462cm, 세로 870cm야. 대형 백화점에서 아래로 늘어뜨린 웬만한 플래카드 크기에 육박하지. 두 번째로 큰 지도가 〈동여도〉❽야. 가로 4m, 높이 7m 정도되지. 세 번째는 〈대동여지도〉❾로, 가로 360cm, 세로 685cm야.

다섯 번째 퀴즈! "가장 상세한 지도는 어떤 걸까?"

답은 ❽ 〈동여도〉야. 〈청구도〉❼가 크기는 가장 크지만, 그 안에 들어있는 정보는 〈동여도〉가 훨씬 많아.

정보의 수를 비교해 보면, 〈대동여지도〉 1만 3188개, 〈청구도〉 1만 5485개, 〈동여도〉 1만 8736개란다. 〈동여도〉보다 나중에 만들어진 〈대동여지도〉에 정보가 더 적은 까닭은 뭘까? 〈동여도〉는 필사본인데, 〈대동여지도〉는 목판본이라서 그래. 비슷한 공간에 글자를 넣을 때 손으로 쓰는 것이 많이 들어갈까, 나무판에 새겨 넣는 것이 많이 들어갈까? 그래, 나무판에 새기면 많은 내용을 넣을 수 없기 때문에 김정호는 〈동여도〉보다는 정보 양을 줄이고, 또 글자 대신에 부호를 사용한 거야. 참, 〈동여도〉는 김정호가 〈대동여지도〉를 새기기 전에 시험 삼아 그린 지도라는 이야기도 있어.

규장각에 있는 〈대동여지도〉 액자 〈대동여지도〉를 실제 크기로 만든 액자인데, 건물의 2층 높이 정도 되는구나. 〈청구도〉는 〈대동여지도〉보다도 가로 102cm, 세로 185cm가 더 커. 어때, 〈청구도〉 크기가 상상이 가니?

여섯 번째 퀴즈! "가장 완성도가 높은 지도는 무엇일까?"

가장 정밀하고, 가장 아름다우며, 가장 편리한 지도가 뭐냐는 거야. 답은 예상대로 ❾ 〈대동여지도〉. 이중 과학에서 가장 중요한 건 바로 정확성이야.

이런 일이 있었어. 1898년 일본군이 몰래 조선을 침략하려고 현대판 지도를 만들었어. 무려 50~60명 정도 잘 훈련된 전문가들이 200~300명을 동원해서 만들었어. 〈대동여지도〉를 몰랐다가 다 끝내고 난 뒤에 〈대동여지도〉를 본 거야. "아니 40여 년 전에 이렇게 대단한 지도를 만들어 내다니!" 자신들이 만든 지도와 비교해도 전혀 손색이 없었기 때문에 놀랐던 거지.

일곱 번째 퀴즈! "열 개 중에서 4대 지도를 꼽는다면 그게 뭘까?"
좀 어렵지. 답은 사람마다 조금씩 다를 수 있어. 사람에 따라 가치를 매기는 기준이 다를 테니까. 대체로 학자들은 다음 네 가지를 꼽아.
❷ 정척·양성지의 〈동국지도〉
❺ 정상기의 〈동국대지도〉
❻ 신경준의 〈동국여지도(열읍도)〉
❾ 김정호의 〈대동여지도〉

음, 모두 '동국' 또는 '대동'이라는 말이 들어가 있군. 동국이란 중국의 동쪽 나라라는 뜻이고, 대동은 중국 동쪽의 커다란 나라라는 뜻을 담고 있어.

조선 시대 초반을 주름잡던 지도가 〈동국지도〉❷야. 정척은 〈동국지도〉를 만들기 전에도 풍수지리를 잘 아는 지관과 함께 전국을 누비며 실측을 했단다. 1453년부터 정척은 양성지와 함께 정확한 지도를 편찬하기 시작했어. 삼각산 보현봉에 올라가서 보고 서울의 산과 물길을 자세히 그렸다는 기록이 남아 있어. 10년 동안 작업해 〈동국지도〉를 완성했어. 동해안, 서해안, 남해안은 오늘날의 윤곽과 크게 다르지 않을 정도로 정확해졌지만 북쪽 지방은 아직도 납작하게 그려져 있어.

이런 모습을 확 뛰어넘은 게 정상기의 〈동국대지도〉❺야. 정상기가 처음 이 지도를 만들었고, 후손 4대에 걸쳐 이 지도가 더욱 정교해지고 널리 퍼졌어. 아마 4대에 걸친 지도 제작은 조선에서는 유래가 없는 일일 거야. 어때, 이 지도는 척 봐도 요즘 지도나 〈대동여지도〉랑 거의 비슷하지? 동쪽, 서쪽, 남쪽의 윤곽선이 거의 똑같아. 북쪽 지방도 조선 전기의 지도에 비해서 훨씬 분명해졌지. 무슨 비법을 썼기에 이렇게 정확해졌을까?

짜잔~ 결정적인 건 '백리척(百里尺)'을 사용했기 때문이었어. 백리척은 지형의 험난함과 평편함을 따져서 거리를 다시 정한 거야. 정상기는 평야는 100리를 1척으로 삼았고, 산은 얼마나 험한가에 따라서 120~130리를 1척으로 계산했어. 영조 임금은 이렇게 말했어.

"내 칠십 평생에 백리척을 쓴 지도는 처음 본다. 우리 지형에 딱 맞는 지도다. 정상기의 지도를 모범으로 삼도록 하라."
그 뒤 조선의 지도는 모두 백리척 방식을 썼지.
신경준은 〈동국여지도〉❻에서 더욱 획기적인 방법을 지도에 응용했어. '방안'을 쓴 거야. 일정한 간격의 네모난 줄이 쳐진 것이 방안이란 거 알지? 〈혼일강리역대국도지도〉 베낄 때 해봤잖아. 근데, 신경준의 방안은 성격이 크게 달라. 바로 위도와 경도를 나타낸 것으로 추정되거든. 위도와 경도는 정확한 지도의 핵심이야.

위도와 경도를 쓰면서 전국 모든 지역을 같은 척도로 한데 합칠 수 있게 되었어. 김정호가 〈대동여지도〉❾에서 한 일이 바로 이거야. 큰 지도, 작은 지도를 '똑같은 척도'로 그리는 거지. 지도를 합칠 때는 서양 기하학의 비례 방법을 적용했다는 설도 있어. 그래서 모든 읍과 도시 지도들이 더욱 정확하게 배치되었다는 거야. 김정호는 〈대동여지도〉에서 정상기의 백리척을 적용했고, 신경준의 방안 도법을 정리한 데 이어서 서양 기하학 방법을 세련되게 응용했던 거야.

> **위도와 경도**
> 위도는 지구상에서 적도를 기준으로 북쪽 또는 남쪽으로 얼마나 떨어져 있는지 나타내는 위치야. 경도는 지구상에서 특정 지점의 남북을 잇는 띠인 자오선의 위치로 결정해. 지도에서 남북(세로줄)은 경도가 되고, 동서(가로줄)는 위도가 되겠지. 신경준은 하나의 방안 크기를 남북으로는 100리 간격, 동서로는 70리 간격으로 했어.

<u>여덟 번째 퀴즈!</u> "김정호의 지도가 네 개 있어. 〈청구도〉, 〈동여도〉, 〈대동여지도〉, 〈대동여지전도〉. 이 가운데 가장 들고 다니기에 편한 지도는 무엇일까?"
답은 ❾ 〈대동여지도〉야. 차곡차곡 접는 형태로 만들었기 때문이지. 〈대동여지도〉가 처음은 아니야. 정상기의 〈동국대지도〉❺부터 이런 접개식 방식이 나타났어. 〈동국대지도〉는 전체를 8개로 접었어. 도를 하나의 단위로 한 거야. 신경준의 〈동국여지도(열읍도)〉❻는 읍과 도시 차원의 지도를 한데 묶었으니까 훨씬 더 잘게 접었어. 김정호의 〈청구도〉❼와 〈대동여지도〉에서 이런 접개식 방법이 완성되었어. 〈청구도〉는 가로 22판, 높이 29층 도합 321판이고, 〈대동여지도〉는 가로 19판, 높이 22층 도합 227판이야. 다 접으면 가로 20cm, 세로 30cm 정도로 요즘 너희들이 보는 참고서 크기와 비슷했어. 〈청구도〉와 〈대동여지도〉는 매우 상세하고 가지고 다니기 편했기 때문에 실제로 이걸 들고 동네방네 찾아다닐 수 있을 정도라니까. 요즘 자가용에 두고 쓰는 지도랑 성격이 비슷했지.
옛 지도를 공부하느라 고생 많이 했다. 마지막 아홉 번째는 쉬운 걸 낼게.

아홉 번째 퀴즈! "다음 지도는 〈대동여지도〉일까, 〈대동여지전도〉일까?"

❿ 〈대동여지전도〉. 앞의 지도를 보면 바로 알 수 있는 문제를 왜 냈냐고? 많은 사람들이 〈대동여지전도〉를 〈대동여지도〉로 잘못 알고 있어서야. 전체 모습은 거의 같아. 그렇지만 크기가 달라. 가로 64.8cm, 세로 114.3cm로, 〈대동여지도〉(가로 360cm, 세로 685cm)보다 훨씬 작아. 〈대동여지도〉가 너무 커서 걸기 힘드니까 족자로 걸어 볼 수 있도록 축소한 게 〈대동여지전도〉야.

자, 다음 이야기로 떠나기 전에 잠깐! 10대 지도가 뭐였는지 말할 수 있겠니? 또 아홉 가지 질문이 뭐였는지 기억나니? 모두 기억나지 않는다 해도 이것 하나만은 기억해 두렴. '정확함' 한 가지만을 기준으로 삼으면 옛 지도들이 시시할 수도 있지만, 역사 속에서 지도들의 특성을 찾아보면 그 중요성이 드러난다는 것을 말이야. 그리고 조선에서는 놀라운 지도 제작의 전통이 있다는 걸 잊지 마. 오랜 시간 이어진 지도의 역사가 없었다면 〈팔도도〉도 〈대동여지도〉도 태어나지 못했을 거야. 지도 역시 위대한 전통 속에서 위대한 창조가 이뤄지는 거지.

▼
- 직접 〈대동여지도〉의 맛을 보여 주는 게 좋다고 생각했어. 그래서 카이스트 학생들과 함께 공부했던 순서대로 글을 썼어.
- 등장하는 각종 지도들에 대한 정확한 정보는 《브리태니커백과사전》에서 이찬 선생과 양보경 선생이 쓴 내용을 바탕으로 했어. 김정호의 지도와 지지의 연관성에 대한 건 이상태 선생의 《한국 고지도 발달사》를 참고했어. 일본 가케야스의 옥사에 관한 내용은 오민영 선생의 《청소년을 위한 동양 과학사》에 재미있게 소개되어 있어.
- 한국 옛 지도의 그림은 이찬 선생의 《한국의 고지도》에 풍부하게 실려 있어. 전상운 선생의 《한국 과학사》, 한영우·안휘준·배우성 선생의 《우리 옛 지도와 그 아름다움》, 오상학 선생의 《옛 삶터의 모습 고지도》는 우리나라의 지도에 대해 상세하면서도 비교적 쉽게 씌어져 있어.
- 〈대동여지도〉의 정확성의 근거를 두고 어떤 학자는 경도와 위도의 적용, 그리고 서양식 기하학 비례 방법 적용에 따른 것이라 주장한단다. 반면, 어떤 학자는 그것이 아니라 〈대동여지도〉가 전통적인 방식을 따르고 있고, 18~19세기 동안 축전된 지도제작법이 발전했기 때문이라고 주장하고 있지.
- 요즘도 지도가 계속 발견되고 있고, 연구가 활발하게 진행되어서 새로운 내용이 계속 밝혀지고 있어.

5 뭍길 따라, 물길 따라

다음 중 가장 빠른 길은 무엇일까?
1 뭍길(육로) 2 물길(수로) 3 공중 길

답은 3번 '공중 길'이야.
"공중 길도 있었어요?" 사람이 날아서 직접 가는 건 아니고, 신호가 공중으로 이어 달리는 걸 뜻해.
"아! 봉화 말인가요?" 그래, 그거야.

하늘을 나는 봉화

봉화는 한쪽 산에서 올린 연기나 불꽃을 다른 산에서 보고 중계를 하는 거지. 봉화는 적들이 쳐들어 왔을 때 쓰는 비상 통신이었어. 때로는 외국 사신이 오는 것을 알릴 때도 썼지. 우리나라에는 산이 많으니까, 산에서 봉화를 피우기 알맞았어. 숙종 임금 때 서울에서 550킬로미터 떨어진 함경도 경흥에서 올린 봉화가 대략 6시간 만에 서울에 도착했다고 해. 계산해 보면 시속 110킬로미터쯤 되는 거야.

근데, 왜 더 빨리 되지는 않았을까?

"적들이 쳐들어 왔다. 봉화 다섯 개를 급히 올려라."

"앗! 서수라에서 봉화가 올랐네. 불꽃이 5개, 적들이 쳐들어 왔구나. 우리도 어서 봉화 5개를 올려서 다음 봉화대에서 받게 하자."

이런 식으로 봉화가 연결되는 거야. 그럼 봉화에 불 피우는 데 시간이 걸렸지. 224쪽 지도를 한번 봐. 함경도 끝 서수라의 봉수대에서 서울까지 봉수대가 무려 122개가 있어. 6시간은 이 122개 봉수대에서 봉화를 파악하고 봉화를 피우는 데 걸린 시간이었어.

해동팔도봉화산악지도 17세기 조선 시대에 그린 지도야. 전국의 봉화가 눈에 띄게 그려져 있고 봉화를 올리는 산도 모두 그려져 있어.

봉화의 신호는 낮에는 연기, 밤에는 횃불을 썼어. 낮에는 횃불보다 연기가 잘 보이고, 밤에는 연기보다 횃불이 더 잘 보이니까. 바람이 심하게 불거나 안개가 끼거나 비가 오거나 날씨가 좋지 않으면 봉화를 피우기 힘들었어. 그럴 때는 기다렸다가 피웠기 때문에 훨씬 더 시간이 많이 걸렸지.

봉화에 쓸 땔감은 불이 빨리 붙고, 잘 타고, 또 하늘 높이 잘 올라야 하는 것을 썼어. 참, 연기

烽燧臺
봉화 봉 / 부싯돌 수 / 대 대
봉화를 올리는 곳. 횃불 또는 연기를 피워 올리는 장소라는 뜻이야.

조선 후기 전국의 봉화 봉화로가 다섯 개가 있었어. 함경도 서수라에서 오는 것, 함경도 만포진에서 오는 것, 평안도 의주에서 오는 것. 이와 같은 북쪽의 봉화는 여진족이나 거란족의 침입에 대비한 봉화였어. 남쪽에서 오는 건 경상도 동래에서 출발하는 것, 전라도 순천에서 오는 것이 있네. 이건 일본의 침입에 대비한 봉화였지. 아, 그리고 제주에도 봉화가 있었어. 이 지도는 《증보문헌비고》의 봉화를 그린 거야. 《세종실록》 지리지에는 전국의 봉화대가 601개, 《동국여지승람》에서는 738개가 있다고 기록하고 있어.

가 잘 피어오르도록 특별한 땔감을 쓰기도 했어. 여우 똥이 가장 좋은 재료였어. 여우나 이리는 육식 동물이라 잡아먹은 동물의 뼈가 배설물에 남아 있어서 재를 섞어 태우면 연기가 흩날리지 않고 하늘 높이 위로 뻗어 간다고 해. 여우 똥이 귀했기 때문에 대신 말똥, 소똥을 썼어. 봉수대의 군인들은 이밖에도 쑥, 볏짚, 삼나무, 바짝 마르지 않은 섶 등을 썼어. 이런 걸 항상 준비해 두었다가 봉화를 피워 올렸지.

봉수는 얼마나 정확했을까? 조선 시대에는 16번 시도한 가운데 12번을 실패했어. 성공한 확률이 겨우 25퍼센트에 불과해. 심지어 임진왜란 때에도 제대로 작동하지 않았어. 왜 그랬을까?

비나 안개, 바람이 있으면 횃불이나 연기가 잘 안 보이지. 게다가 산과 산 사이가 결코 가깝지 않았기 때문에 날이 흐리면 눈에 잘 보이지 않을 때도 있었어. 무엇보다도 봉수군의 나태함이 큰 원인이었어. 어제도 오늘도 아무 일 없고, 그런 날이 1년 2년 3년 계속된다고 생각해 보렴. '설마 오늘 적이 쳐들어올까?' 이런 마음이 드는 거야. 졸거나 근무지를 이탈하는 등 결코 일어나서는 안 될 일이 벌어지기도 했지.

봉수 제도는 중국에서 3000년 전부터 있었던 걸로 추정해. 우리나라는 이 제도를 받아들여 삼국 시대부터 시작되었어. 역사학자 김기협 선생은 고

봉수대 봉수대에는 굴뚝 같은 시설인 연대가 5개 있었어. 고려 때는 연대가 4개였는데, 세종 임금 때 왜구에 대처하기 위해서 5개로 늘렸어. 봉수대에는 군사가 열 명쯤 주둔했어. 이들을 봉수군이라고 해. 봉수군은 봉화 시설을 관리하고 망을 봤어. 적이 침입하면 봉화를 피우고, 날씨가 너무 안 좋아 봉화를 피울 수 없을 때에는 봉수군이 말을 달려 소식을 전하기도 했어. 사진은 수원 화성의 봉수대야.

구려 때 호동 왕자 이야기에 나오는 자명고가 봉수 제도와 관련된 거라고 주장해. 봉수 제도를 모르는 상대편은 마치 자명고가 적이 공격하는 것을 미리 알아채서 운 것이라 생각했을 거야. 제법 일리가 있지 않니?

봉수 제도는 고려를 거쳐 조선 초 특히 세종 임금 때 4군 6진의 개척과 더불어 더욱 중시되었지. 성종 임금 때에 《경국대전》과 함께 제도가 완비되었고.

땅을 달리는 파발

선조 임금 때부터는 봉수와 함께 다른 방식을 함께 썼어. 임진왜란 때 봉수 제도가 제 역할을 못했기 때문이지. 1597년 새로 만든 제도의 이름은 '파발'이었어. 파는 '배열'하다, 발은 '옮기다'는 뜻으로, 뜻 그대로 풀이하면 '죽 늘어놓아서 옮긴다'는 거야.

파발 제도는 급한 소식을 사람이 직접 말을 타거나 빠른 걸음으로 전하는 거야. 파발, 어디서 들어 봤니?

"서울의 구파발이요?" 그래. 구파발은 '옛날에 파발이 있던 곳'이란 뜻이야. 파발과 관련된 말로 역참이 있어. 〈대동여지도〉 지도표에서도 나왔었지? '역'과 '참'은 모두 사람이 쉬거나 말을 갈아타는 곳이야.

"아, '한 참'까지 걸어가려면 3시간쯤 걸려. 말 타고 가면 '한 참'까지 1시간도 채 안 걸릴 텐데."

여기서 '한 참'은 하나의 참, 곧 역 하나 사이의 거리를 뜻해. 보통 25~30리 정도 간격으로 역참을 두었으니, 이 거리가 한 참인 셈이지. 그러다 한 참의 거리를 가는 데 걸리는 시간으로 뜻이 변했어.

"아직도 이야기가 '한참' 남았나? 시간이 '한참' 지났는데……."

이렇게 쓰이지.

목장 지도 조선 시대에 말을 기르는 목장이 많았단다. 말은 중요한 교통수단이자 통신수단이었어.

봉화에서는 신호가 하늘을 휙휙 날아간다면, 파발은 말이나 사람이 뛰어 물길을 가는 거지. 누가 빠를까? 당연히 봉화가 빠르지. 근데 봉화는 자세한 내용을 전달할 수 없어. 적이 출현하면 봉화 2개, 국경에 접근하면 3개, 국경을 넘어서면 4개, 적과 싸우면 5개를 피웠어. 봉화로 알릴 수 있는 정보는 이것이 다였지.

파발은 말이나 글로 자세한 상황을 전할 수 있어. 좀 느리기는 하지만 확실하고 정확한 정보, 이게 파발이 봉화보다 앞선 특징이지.

간혹 문서가 제때 도착하지 못한 적도 있지만, 파발은 비교적 빠르게, 또 정확하게 이루어졌어. 조선의 중앙과 지방을 연결해 준 통신이었던 거야. 근데, 파발은 봉화보다 느리다는 단점 말고도 또 다른 단점이 생겨났어. 관리

6대 도로

우리나라 길이 동서 방향으로 발전하지 못하고 남북으로만 발달했다고 해. 도로를 보니 "한양을 위한 조선"의 성격이 그대로 드러나.

조선과 중국의 사신이 드나들던 길이야. 조선의 도로 중 가장 잘 닦인 도로였어. 여기서 중국 국경을 넘으면 봉황성, 심양을 거쳐 베이징까지 이어져. 서울에서 베이징까지는 3130리. 1달이면 충분히 베이징까지 갔다는 이야기야. 제1로는 개경, 평양을 거쳐 의주로 가게 되지. 지금은 남북이 분단되어 가지 못하는 길이야. 바로 경의선 철도길이란다. 길이 잘 닦여 있어서 대략 11일 길이야.

제1로 [서울-의주]

제2로 [서울-함경도 경흥]

군사적으로 요긴한 길이야. 원산, 함흥을 거치도록 되어 있어.

제6로 [서울-강화]

서울의 양천, 김포를 거쳐 강화에 도달했어.

서울, 원주 문막, 횡성, 평창, 진부, 대관령, 강릉에 도달해. 강릉에서는 동해 바다를 타고 삼척, 울진, 평해에 도달해. 서울에서 평해까지 대략 13일 길이야.

제3로 [서울-동해안 평해]

제5로 [서울-제주]

동작, 과천, 수원, 진위, 천안, 공주, 여산, 전주, 태인, 정읍, 나주, 강진, 해남을 거쳐 뱃길로 제주도로 가는 길이야. 지금의 호남고속도로와 비슷한 길이지. 서울에서 해남까지 12일 길이야.

제4로 [서울-부산]

영남 지역을 가는 가장 일반적인 길이었어. 여기서 영남이란 산을 넘는 길인 문경의 새재, 즉 '조령' 아래쪽이란 뜻이지. 서울, 용인, 충주, 문경새재, 상주, 밀양, 부산으로 이어져. 임진왜란 때 일본군이 침략해 오던 길이기도 해. 거리는 960리로 대략 14일 길이야.

한국 과학사 이야기 229

들이 사사롭게 파발을 이용하는 일이 잦아졌다는 것. 그러다 보니 역에 말이 없어서 소식이 늦어지는 일이 생겨났단다.

우리가 지금까지 본 봉수길, 파발길, 역참길을 다 정리한 사람이 있어. 신경준(1712~1781년)이 조선 시대에 도로에 대해 가장 깊이 연구한 사람이지. 《도로고》라는 책을 썼어. 그럼, 《도로고》에서 신경준이 얘기한 6대 도로를 살펴볼까? 229쪽 지도를 보렴.

"말은 나면 제주로 보내고, 사람은 서울로 보내라."는 말, 들어 봤지? 봐, 큰 길들이 모두 서울로 향하고 있어. 그건 조선 시대의 강한 중앙 집권적 성격과 관련이 있는 거야. 전라도와 경상도를 잇는 큰 길은 하나뿐이야. 조선 시대의 도로망은 이후 우리나라 도로망의 기본이 되었지. 너희들이 사는 곳이 어느 길과 가까운지도 찾아낼 수 있겠지?

배를 타고 가는 길

공중 길, 뭍길 다 보았으니, 뭐가 남았지?

"물길이요." 그래. 남쪽의 4대강은 한강, 금강, 낙동강, 영산강이지. 북녘에는, 임진강, 예성강, 대동강, 청천강, 압록강, 두만강이 있어.

물길은 뭍길 못지않게 중요했어. 많은 짐을 운송하려면 육로보다 수로가 제격이었기 때문이야. 그래서 강과 바다의 포구에 수많은 항구들이 있었고 산물을 교환하는 상업이 발달했지. 이중환은 《택리지》에서 다음과 같이 말했어.

우리나라는 산이 많고 들이 적으므로 수레가 다니기에 불편하다.
이러한 까닭으로 배에 화물을 싣고 운반하여 생기는 이익보다 못하다.

물길 동해안은 서해보다 바다가 깊고 파도가 커서 위험했기 때문에 해로 교통이 서해만큼 발달하지는 않았어.

우리나라에서 제법 긴 내륙 수로가 있어. 서울 한강의 용산에서 배를 타고 남한강을 따라 이천, 여주를 거쳐 원주를 지나 충북 충주까지 내려와. 여기서부터는 육로로 조령을 넘어서 낙동강변에 도착해. 다시 낙동강을 타고서 양산, 김해를 거쳐 부산진에 도착해. 조령만 넘으면, 모두 뱃길로 갈 수 있었어. 이 내륙수로를 따라 간다고 치면, 부산에서 서울까지 21일이 걸렸어. 육로보다 7일이 더 걸렸지. 그래서 짐이 많을 때는 물길을 이용했고, 급하게 과거 보러 가는 사람은 육로를 택했어.

고대 국가 때부터 강 길과 함께 육지와 가까운 바닷길도 발달했어. 삼국 시대나 고려 때에는 중국과 해상 무역을 했기 때문에 먼 바닷길도 발달했지. 근데, 조선 시대에는 먼 뱃길을 금지했기 때문에 해상 무역은 크게 위축되었어. 조선 초까지 바다에 왜구가 들끓었기 때문에 금지한 거야.

이렇듯 외국 항해를 금지시켰지만, 전국 각지의 먼 곳에서 거둔 막대한 세금인 쌀은 뱃길로 옮겼어. 또한 소금을 비롯한 각 지역의 해산물을 다른 지역으로 옮겨 파는 데에도 뱃길을 이용했어. 전국의 산물이 모이는 곳이 서울이었기 때문에 경강(한강 일대)이 가장 활발했지.

이 배들은 얼마나 빨랐을까? 강에서는 바다보다 속도를 내지 못했어.

물이 얕은 여울이나 바위 등 장애물이 많았기 때문이지. 그래서 밤에는 다니지 않고 낮에만 운항했어. 바다에서는 암초 같은 장애물이 적었지. 그 대신에 날씨에 크게 좌우되었어. 순풍이 불 때는 밤에도 다녔어. 순풍이 불 때 큰 배로 호남 서해안에서 제주까지는 하루가 걸렸어. 호남 남해안에서 영남 동해안까지는 일주일 정도 걸렸지. 울진에서 울릉도까지는 이틀이 걸렸어. 이런 걸 보면 순풍 때에는 배로 가는 게 그다지 느리지 않았다는 걸 알 수 있지. 하지만 날씨가 나쁠 때는 포구에서 꼼짝 없이 쉬어야만 했어. 자칫 잘못하면 배가 난파하여 표류하는 신세가 되기도 했거든.

강 길과 관련해 흥미로운 이야기 한 가지 더 해 줄게. 각 지역마다 쓰는 사투리가 강 길을 경계로 생겼다는 사실. 거리가 가까워도 강을 사이에 두고

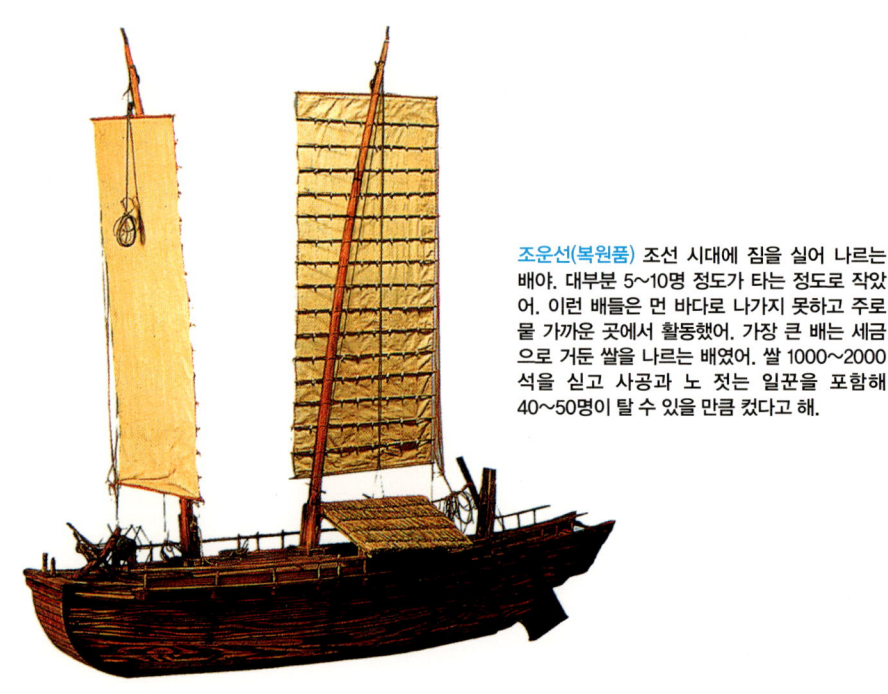

조운선(복원품) 조선 시대에 짐을 실어 나르는 배야. 대부분 5~10명 정도가 타는 정도로 작았어. 이런 배들은 먼 바다로 나가지 못하고 주로 뭍 가까운 곳에서 활동했어. 가장 큰 배는 세금으로 거둔 쌀을 나르는 배였어. 쌀 1000~2000석을 싣고 사공과 노 젓는 일꾼을 포함해 40~50명이 탈 수 있을 만큼 컸다고 해.

있다면 말의 억양이 퍽 달랐지. 조선 시대까지 마을의 경계를 결정짓는 가장 큰 요소가 물길이었어.

산보다도 강이 더 큰 경계가 된 까닭은 강에 다리가 없었기 때문에 서로 만날 수가 없었기 때문이야. '산은 물을 건너지 못한다.'는 말도 있단다. 이렇게 옛 조선에서는 열 개의 지리 문화권이 있었는데 오늘날의 행정 구역과 비슷하단다. 강과 같은 자연에 따라서 자연스럽게 생겨난 문화권이지.

비밀노트

파발에 대해 더 알고 싶은 것들

★ **파발이 얼마나 있었을까?** 서울을 중심으로 함경도 의주까지 서쪽 길 1050리에 41참, 함경도 경흥까지 북쪽 길 2300리에 64참, 경상도 동래까지 920리의 남쪽 길에는 31개의 참을 두었지. '서울-의주' 길은 기발(말을 타고 소식을 전하는 파발) 위주였고, 북쪽 길과 남쪽 길은 보발(뜀박질로 소식을 전하는 파발) 위주였어. 기발에는 장교 1명과 군사 5명이 있었고, 보발에는 장교 1명과 군사 2명이 소속되어 있었어.

전쟁 때 파발의 주요 임무는 급한 소식을 전하는 거였어. 하지만 평상시에는 보통 문서를 전달하는 일을 보았지. 이건 파발 설치 이전에도 역을 이용해서 하던 일이야. 파발꾼은 우체부 가방 비슷한 가죽 띠를 둘렀어. 전달해야 할 문서가 상하거나 물에 젖지 않도록 했어.

강원도와 전라도는 비교적 거리가 가깝기도 하고 적들이 침입하는 길과 다소 동떨어져 있었기 때문에 구태여 파발을 이용하지 않았어.

★ **파발은 얼마나 빨랐을까?** 정보의 중요도에 따라, 그리고 계절에 따라 달랐어. 중요한 정보의 경우 날씨가 좋고 해가 길어지는 봄, 여름에는 하루에 여섯 역마다 말을 갈아타며 뛰었어. 한 역이 30리 간격이면 하루에 180리를 가는 거지. 사신들이 다니던 길인 서울에서 의주까지 41역참이 있었으니까 쉬지 않고 달리면 일주일만에 도착했겠네. 다소 급하지 않은 정보나 가을과 겨울에 해가 짧아지면 좀 더 늦어졌어.

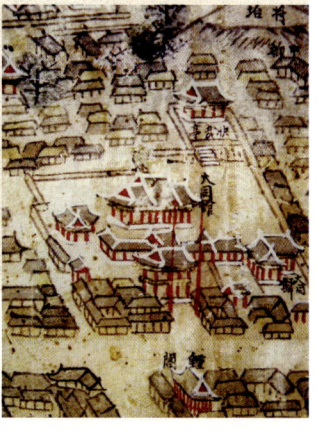

마패와 역 여러 가지 마패야. 마패에 그려진 말의 수는 이용할 수 있는 말의 숫자야. 오른쪽은 옛 그림 속의 '역' 그림이야.

참, 사람이 걸으면 하루에 보통 60리 정도 갈 수 있었어. 가장 중요한 정보일 때와 비교해 보면 사람이 걷는 것보다 3배 정도 빨랐군.

★ **각 역참에는 말이 몇 마리나 있었을까?** 1640년에 조사된 역참에 있는 말의 수는 모두 3274마리였어. 1808년에는 5380마리로 늘었지. 역참은 크기에 따라 상, 중, 하로 나눴기 때문에 각 역참이 가지고 있는 말의 수는 똑같진 않았지만, 1640년에는 한 역참에 약 6마리, 1808년에는 약 10마리 정도였어. 평균 6마리에서 10마리로 늘어난 것은 이 150여 년 동안 교통, 통신의 양이 거의 두 배에 가까울 정도로 늘어났다는 걸 뜻해. 특히 사신 길인 '서울-의주' 길에 가장 많은 말이 배치되었는데 41역참마다 평균 25마리가 있었어.

★ **누구나 역참을 이용할 수 있었을까?** 마패를 지닌 사람만이 이용할 수 있었어. '암행어사 출도야!' 할 때 암행어사의 상징인 그 마패지. 암행어사의 마패는 보통 5마리가 그려져 있었어. 그럼 5마리를 쓸 수 있다는 뜻이야. 그렇다고 암행어사만 역참의 말을 탄 건 아니야. 관리의 높고 낮음에 따라 이용할 수 있는 말의 수와 역졸의 수가 정해져 있었어. 정승들은 7마리 그려져 있는 마패를 사용할 수 있었고, 마패에 말이 10마리 그려져 있으면 그건 오직 왕만이 쓸 수 있는 마패였어. 전국에 마패는 서울에 500여 개, 지방에 160여 개가 있었어. 다 쓰고 난 다음에는 당연히 반납했지.

▼
- 봉수에 대한 내용은 조병로, 김주홍 선생의 《한국의 봉수》를 주로 참고했어.
- 파발과 역참에 대해서는 남도영 선생의 《한국 마정사》, 조병로 선생의 《한국 역제사》를 참고했어.
- 도로에 관해서는 신정일 선생의 《삼남대로》·《영남대로》·《관동대로》가 흥미롭게 씌어져 있어.
- 수로와 바닷길에 대해서는 전적으로 고동환 선생의 글들을 참고했어.

6 조선의 광물과 쇠 부림

《금 따는 콩밭》이란 책 이름 들어 봤니?

"아니요. 콩밭에서 금을 따다니, 무슨 뜻이에요?" 미국에서 서부를 개척할 때, 서부에 금이 많다고 알려지면서 사람들이 우루루 모여든 적이 있어. 금을 찾아 미쳐 헤맸다는 뜻으로 '골드 러쉬'라고 했는데, 우리나라에도 1920년대에 그런 일이 있었어.

'우리나라에는 금이 펑펑 쏟아지는 곳이 있다! 먼저 찾는 사람이 임자다!' 이런 말이 유행했지. 사업가뿐만 아니라 소설가와 시인, 심지어는 농부까지도 금 찾는 일에 뛰어들었어. 《금 따는 콩밭》은 이런 내용을 담아 김유정이 쓴 소설이야. 김유정도 내로라하는 황금광이었대.

황금 찾기

《금 따는 콩밭》보다 100년 전쯤, 금이 어디서 나는지 어떻게 찾는지 알려 주는 책이 있었어. 이규경이 쓴 《오주서종박물고변》(1834년). 금을 찾는 법

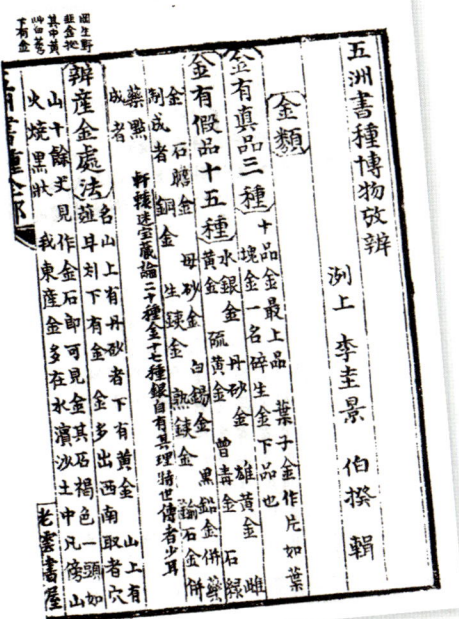

이규경의 《오주서종박물고변》 책 이름이 조금 어렵지? '오주'는 오대양 육대주, 즉 온 세계를 뜻해. 그래서 '오주서종'은 온 세계의 책이란 뜻이야. '박물고변'은 온갖 물질을 헤아려 따진다는 뜻이지. 책 제목처럼 금은보화를 비롯한 광물질과 광물로 만든 물품과 기술까지 다 들어 있어.

이 나온다니, 이 책은 '보물 지도'라 할 만하구나. 금뿐만 아니라 여러 가지 광물질과 그것으로 만드는 기술까지 다 들어 있어.

뭐니 뭐니 해도 금이 어떤 곳에 있는지 가장 궁금하지?

우리나라에서 금은 물가의 모래흙에서 많이 난다
산기슭에 흐르는 물빛이 흙빛이며 밝고 고운 강이 그런 곳이다
또 기우는 햇빛 속에 밝은 기운이 나는 강에는 반드시 금이 난다

어때, 찾을 수 있겠니? 옛날에는 대부분이 모래 속에 섞인 사금을 찾았어. 맑은 냇물에서 놀 때 가끔 햇빛에 반사되어 반짝반짝 빛나는 게 사금이야. 냇물이 휘어 돌면서 한쪽이 막힌 곳에 금이 많이 나. 물의 속도가 느려지면서 쌓여서 그런 거야. 그런 물가에서 가까운 모래밭이나 밭에서도 사금이

있어. 옛적부터 강의 흙이 쌓인 땅이니까. 그런 밭이 바로 '금 밭'이지. 금이 철철 넘치는 밭. '금 따는 콩밭'이란 말이 괜히 나온 말은 아닌 거야.

이규경은 산에서 금 찾는 법도 일러 줘. 산부추가 자라는 곳을 찾으면 돼. 산부추는 높은 산에서 자라는데, 특히 금 성분이 있는 곳에서 잘 자라. 모든 금광 근처에 산부추가 잘 자라는 건 아니지만, 산부추가 많은 곳에 금광이 많았어. 이런 사실은 경험으로 알아낸 거야.

사실 금은 어디든지 있어. 흙에도 있고, 흐르는 물에도 있고. 얼마만큼 많은 금이 포함되어 있느냐가 중요한 거야. 오래전부터 금을 찾는 여러 기술이 계속 발전해 왔어. 《오주서종박물고변》의 〈금편〉에는 금에 관한 모든 것이 담겨 있어. 금 있는 곳을 아는 법, 찾아낸 금을 제련하는 법, 금박을 만들거나 도금을 하는 법, 금빛 내는 법, 금을 무르게 하는 법, 금을 부수는 법, 금가루

가짜 금 만들기

세상 살다 보면 좋은 사람만 있는 게 아니잖아. 사기꾼도 있어. 가짜 금을 진짜 금으로 속이거나 순도가 낮은 금을 순금이라고 속이는 사람들 말이야. 때론 가짜를 만들어야 할 때도 생기지. 《오주서종박물고변》의 〈금편〉에는 가짜 금박 만드는 법, 가짜 금 부스러기 만드는 법, 가짜 금 액체를 만드는 법까지 다 나와 있어.

가짜 금박을 만들려면 은박 1냥(1냥=37.5g), 송진 7돈(1돈=3.75g), 유황 3돈을 섞어 태우면 돼. 이규경도 이 방법을 '대단한 비밀'이라고 했어.

가짜로 만드는 것만 있었을까? 물론 가짜를 알아내는 방법도 나와 있어. 금하고 은이 섞였을 때는 시금석을 사용해. 검정색 돌인 현무암이나 규석으로 시금석을 만들어. 이 시금석 돌판에 갈아 보면 순금인지, 은이 섞인 금인지, 같은 금이라도 순도 높은 금인지 낮은 금인지 알게 되지. 금이나 은 따위를 갈았을 때 나오는 다양한 색깔로 진짜와 가짜를 알아내는 거야. 금에 구리가 섞인 건 톡톡 때려 보면 알아. 구리가 섞인 건 단단해서 때렸을 때 소리가 나거든. 가짜 금은 노사라는 흙(천연 염화암모늄)을 섞어 끓여 보면 가짜는 다 없어져 버려.

아무리 가짜 금으로 속이려 해도 이렇게 가짜를 알아내는 법이 있었으니 사기꾼을 잡을 수 있었을 거야.

만드는 법, 진짜 금과 가짜 금을 가려내는 법도 다 있지.

　금빛 내는 것 하나만 알아볼까? 금빛을 더욱 붉게 하는 방법은 금에다 염초, 녹반을 발라 숯불에 튀기면 더욱 붉게 빛이 나. 요걸 '금 튀김'이라 부른대. 요즘 과학으로 말한다면 금과 다른 금속의 화학 반응이지.

　이규경은 이런 걸 어떻게 다 알았을까? 우선, 금에 관한 책을 다 모아서 읽었어. 대개 중국 기술책을 참고했는데, 송응성의《천공개물》이란 책도 있었어. 이규경은《천공개물》을 높이 평가했어.

《천공개물》에 실린 구리를 녹이는 그림 명나라 말의 과학 기술 책이야. '천공개물'은 '하늘의 장인이 문명을 열었다'는 뜻이야. 이 책은 중국의 전통 과학 기술을 다 싣고 있어. 이처럼 작업 과정을 자세히 실어 놓은 건 이 책밖에 없어. 게다가 모든 과정을 한눈에 파악하도록 그림이 곁들여져 있어 더욱 가치가 빛나지.

은과 동

금에 이어서 은을 다뤘어. 여기서 가장 빛나는 부분은 우리나라 단천에서 은을 제련하는 법을 상세하게 실었다는 사실이야. 함경남도 단천은 은이 나는 광산으로 유명한 곳이야. 조선의 양반들은 공업이나 기술에 대해서 별 관심을 안 가졌어. 그렇기 때문에 천한 신분의 사람들이 매일 같이 하던 일에 관한 기록이 거의 없어. 그런데 이규경은 그냥 지나치지 않았어. 단천의 장인들이 하던 일을 기록으로 남긴 거야. 생은(은광석)에서 은을 얻는 방법을 잠깐 보고 넘어가도록 하자.

> 생은을 얻으면 솥 밑을 파서 작은 구덩이를 만든다.
> 불을 세차게 태워 구덩이를 다진다.
> 먼저 납 조각을 두고 그 위에 생은을 깐 다음 그 주위를 숯불로 둘러싸고
> 그 위에 소나무를 쌓아 덮은 후 불을 활활 타게 한다.
> 그러면 납이 먼저 녹아 아래에 고이고
> 생은은 녹아서 빙빙 돌게 된다.

은과 납의 화학 반응을 이용해서 은을 얻는 방법이야. 은은 특히 중요했어. 은이 국제 화폐로 쓰였기 때문이야. 은은 귀하면서 아름답기 때문에 보석으로 가치가 높았고, 그래서 화폐로 쓰였지. 금도 화폐로 쓰였지만, 너무 귀해서 은만큼 많이 쓰이지는 않았어.

금, 은 다음에는 무얼까?

"동이요." 맞았어. 동, 그러니까 구리를

은을 세공하는 장인의 모습이야. 조선 후기 화가 김준근이 그렸어.

말해.

　구리는 다른 금속과 화학 반응을 잘해. 구리에 아연이 섞이면 누런색의 황동이 되고, 금을 섞으면 보라색이 조금 섞인 검은 색깔의 오동이 돼. 비소나 수은을 섞으면 흰 색깔의 백동이 되고, 주석을 섞으면 청동이 되지. 구리 1근에 주석 4냥을 넣으면, 악기를 만들기 위한 향동이 돼. 우리가 놋쇠라고 부르는 금속이야. 이밖에 동전을 만드는 주동도 있고, 청동 거울을 만드는 경동도 있어.

돌과 여러 가지 광물

　이규경의 책에는 금, 은, 동에 이어서 여러 돌들이 등장해. 석경부터 나와.

　석경은 거울을 만드는 돌이야. 그래서 얼마 전까지만 해도 거울을 보라는 말을 '너 석경 좀 봐라' 했어. 이 석경을 쓰기 전에는 청동 거울로 얼굴을 봤어.

신라 유리잔

　책을 보니, 석경은 거울 뒷면에 수은을 입혀서 만드는데, 러시아에서 나는 게 진짜라고 써 있네. 아, 그리고 보니 석경은 이 글에서 처음 다루는 거야. 우리나라 석경 이야기는 백과사전에도 안 나와 있어.

　또 어떤 돌들이 있을까? 옥, 수정, 석영의 변종인 마노, 유리, 호박, 산호, 진주가 있지. 인공 진주를 만드는 법도 자세히 나와 있어. 이 가운데 유리는 신라 시대 유물에도 나올 만큼 오래전부터 만든 전통이 있어. 유리는 페르시아와 교류한 산물이었지.

안경에 대해서도 나와. 안경이 유리로 만들어졌기 때문이야. 안경은 우리나라에서 13세기에 이규보가 이용했다는 기록이 있어. 안경이 널리 유행한 건 조선 후기야. 안경 예절도 있었어. 아랫사람은 감히 어른 앞에서 안경을 쓰지 못했어. 어른 앞에서 안경을 쓰는 것을 불손하게 여겼기 때문이야.

지금도 안경 종류가 많아. 근시, 원시, 난시 등에 따라 다르잖아. 이규경이 안경에 대해 설명한 글이야.

늙은 어르신 안경-겉이 조금 볼록하다.
젊은이 안경-겉과 뒷면이 평평하다.
근시경-겉은 조금 오목하고, 뒷면은 조금 볼록하다.

어때, 시력에 따라 안경을 맞추는 것이 지금과 같지?

안경 중에 '충안경'이란 게 있는데 뭘까? 이름에 '벌레 충(蟲)' 자가 붙었어. 설명을 보고 맞춰 보렴. '겉은 볼록하고 뒷면은 평평하다. 통에 끼워 넣어 벼룩이나 이를 보면, 벼룩은 짐승처럼 보이고 이는 오징어처럼 보인다.' 알겠니?

"현미경인가요?" 딩동댕, 맞았어. 우리나라에서 현미경을 말한 최초의 기록이야. 일본에서는 이보다 200년 앞서 서양에서 수입한 현미경을 사용했어. 현미경 옛 이름이 뭐라고? 그래, 충안경!

멀리 보는 망원경도 나와 있어. 우리나라에는 세 겹의 통을 만들어 늘이고 줄일 수 있는 원안경(망원경)이 있는데, 그걸로는 30리 이상 볼 수 없고 멀리 보려면 네덜란드 렌즈를 써야 한다고 나와 있어. 그 시절에 렌즈 만드는 기술은 네덜란드가 세계에서 가장 앞서 있었거든. 이규경이 소개하는 서양 망원경 만드는 방법을 볼까?

> 속이 빈 관을 씌우개처럼 층층으로 겹쳐서 통의 길이를 늘이고 줄일 수 있도록 한다.
> 하늘의 모양을 바라볼 수 있을 뿐만 아니라 수 리 밖에 있는 물건을 눈앞에 있는 것처럼 볼 수 있다.
> 검은색 렌즈를 사용하면 태양을 관측할 수 있다.

이밖에도 도기와 자기, 숫돌, 뿔, 뼈, 상아, 거북이 등껍질, 전복 껍데기, 아교 등도 다뤘어. 이규경은 도자기에도 일가견이 있었어. 조선에서 도자기의 역사, 도자기 기술, 도자기의 아름다움을 본격적으로 논한 유일한 인물이라 해도 허풍이 아니야. 그가 남긴 자기와 도기의 제작 기술 기록은 도자기 분야에서 보배로 쳐. 다음 번 책에서 고려청자를 다룰 때 다시 한번 볼

기회가 있을 거야.

이규경은 마지막에 대체로 위험한 광물을 소개하고 있어. 수은, 비상과 같은 독약, 화약의 원료가 되는 염초와 유황, 백반 따위 등이 나와.

"조선 시대 사람들이 알고 있는 광물질이 이렇게 많을지 몰랐어요." 이규경이 무척 중요한 자료를 우리에게 남겨 주었지.

조선 박물학의 최고봉

지금까지 여러 광물질과 그것과 비슷한 것들을 봤어. 중요한 게 하나 빠진 것 같은데 그게 뭘까? 힌트를 주지. 석기 시대, 청동기 시대, 그다음은?

"아! 철이 빠졌어요." 그래. 《오주서종박물고변》에서는 철이 빠져 있어. 그렇지만 이규경이 철을 빼놓았을 리 없지. 쇠를 다루는 쇠 부림에 대해선 따로 '연철변증설'이란 글을 남겼단다. 제목의 뜻을 풀자면 '쇠 부림의 유래와 실

태를 밝힌다'는 거야. 조선 시대 쇠 부림에 관한 유일한 글이지.

철광석은 강철의 원료야. 철광석에서 불순물을 없애고 얻은 게 생철, 곧 무쇠야. 무쇠는 두들기면 깨지기 때문에 먼저 뜨겁게 해서 녹인 다음에 틀에 부어 만들었어. '무쇠 팔, 무쇠 다리' 하고 말하지만, 사실 무쇠는 쉽게 깨져. 무쇠에는 탄소가 많이 들어 있기 때문에 그래. 탄소를 낮춰서 다시 만드는 것이 '연철', 즉 강철이지. 이걸로 농기구나 무기를 만들어. 또 무쇠와 강철을 같이 섞어서 특별히 강한 철을 만들기도 했어. 옛 사람은 그걸 강하고 빛나는 쇠라고 하여 '강빈철'이라고 불렀어. 이건 천 년 동안 갈지 않아도 될 만큼 단단한 쇠였지.

> **화석**
> 이밖에 땅에서 발견할 수 있는 것은 옛 동식물의 흔적인 '화석'이 있어. 중국의 주자 같은 학자는 산 위에서 발견된 바다 생물의 화석을 증거로, 옛날의 바다가 지금의 산이 된 것이라는 추론을 하기도 했어. 공룡 뼈는 용골, 즉 용의 뼈라고 해서 마음을 안정시키는 데 약으로 썼지. 우리나라도 용골을 중국에서 수입해서 썼지만 선조들은 더 큰 관심을 보이지 않았어. 우리 조상들은 '화석'에 대해 그 이상의 큰 논의를 펼치지는 않았어.

조선 시대에는 일하는 기술자를 천시했어. 사농공상 네 신분 중 세 번째 놓였지. 그렇다고 해서 광업이나 쇠 부림 자체를 가벼이 여겼던 건 아냐. 광물을 얻으려는 광산 개발이 활발했어. 조선 전기까지 대체로 전국의 모든 지역에서 광산 탐사가 이루어졌어. 그게 17세기 이후에는 훨씬 더 많이 늘어나서 각 광물별로 수십, 수백 개가 되었어. 또한 19세기에는 개성상인들이 광산업에 뛰어들 정도였지. 이와 같은 활발한 광산 개발과 대장간 사업의 번창을 토대로 이규경의 《오주서종박물고변》이 나오게 된 거야.

이규경은 단연코, 조선 박물학자 가운데 최고봉이야. 왜 그러냐고? 직접 금이나 은을 다루는 사람들을 만나 보고, 거울과 강철을 만드는 곳을 찾아가서 세세한 기술을 확인했기 때문이야. 그렇게 해서 오늘날 우리에게 조선의 현장을 생생히 전해 주고 있어.

비밀노트
그림과 시로 배우는 쇠 부림

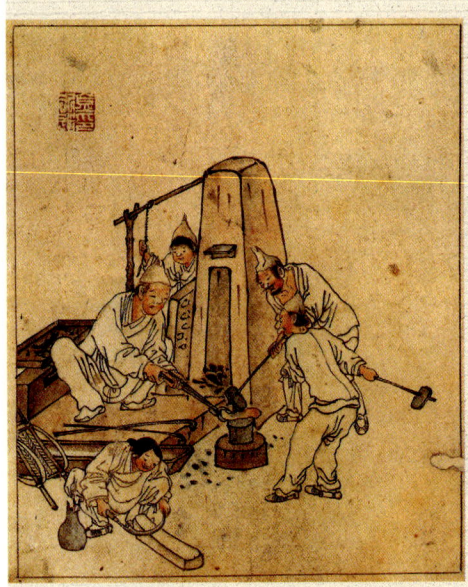

김홍도의 〈대장간〉

김홍도가 그린 대장간이야. 대장간에서는 호미·낫·괭이 같은 농기구, 칼·못·도끼 같은 생활 용구를 만들고, 검·창·화살촉·대포 같은 무기도 만들었지. 생활 용구를 만드는 대장간은 꼭 필요했기 때문에 보통 마을에 하나씩은 다 있었어.

그림을 보고 대장장이들이 무얼 하고 있는지 설명해 볼래?

"한 아저씨가 집게로 빨갛게 달구어진 길쭉한 쇳덩어리를 잡아 둥그렇게 생긴 넓적한 판 위에 놓고 있어요. 오른쪽 아저씨 둘은 달궈진 쇳덩어리에 망치를 내리치고 있고요." 그래, 눈썰미가 좋구나. 이게 바로 쇠 부림을 그린 거야.

가운데 세 명 중 누가 대장일까? 쇳덩어리를 잡고 있는 사람이야. 그가 쇠 부림을 이끌어.

대장 대장장이는 화덕 안에 쇳덩어리를 넣고 색깔을 보고 온도를 가늠해. 쇳덩이를 불에 넣다 뺐다 하면서 망치질할 때를 결정하지.

달궈진 뭉툭한 쇳덩이는 망치질을 할 때마다 조금씩 납작해져. 근데, 자세히 봐. 대장의 오른쪽 옆에 나무로 만든 배처럼 길쭉한 함지박이 있어. 거기엔 찬물이 들어 있어. 뜨거운 쇠가 찬물에 닿아 갑자기 식으면 단단해지거든. 불기운으로 뜨거워진 쇠를 두드려 모양을 만든 뒤 찬물에 담그면 단단해지는 거야.

또 두 명이 더 있지?

"앞에 있는 아이는 숫돌에 낫을 갈고 있는 것 같은데, 뒤에 있는 아이는 뭘 하는지 정확하게 보이지 않아요." 뒤쪽 아이는 풀무질을 하고 있어. 떠꺼머리나 꽁지머리를 한 걸 보니 어린이들이야. 앞에 앉은 아이가 숫돌에 낫을 갈고 있어. 무딘

날을 숫돌에 갈아서 세우지. 신라의 네 번째 임금인 탈해왕은 숫돌을 쓰는 대장장이 집안 출신이었어.

화덕 곁에 네모진 게 풀무야. 풀무는 화덕의 온도를 높이기 위해 바람을 불러일으키는 도구지. 자루가 있어서 그걸 잡고 밀고 당기면 화덕의 불이 세져. 쇠를 달구려면 불의 온도가 높아야 하기 때문에 풀무는 대장간에 꼭 필요한 도구였어. 손으로 움직이는 손풀무도 있었고, 발로 밟아서 바람을 불러일으키는 발풀무도 있었어. 슥삭슥삭 슥삭슥삭 또는 푸르락푸르락 하고 규칙적으로 움직이지.

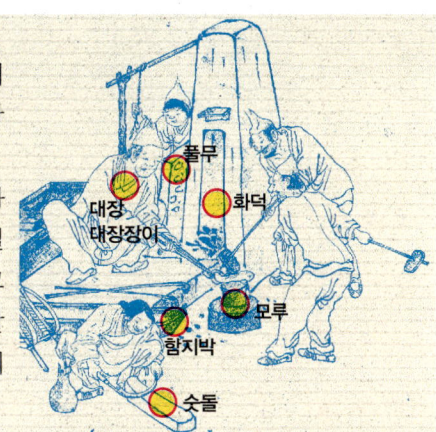

대장간에는 조그만 용광로인 화덕, 달궈진 쇠를 놓는 모루, 화덕에 바람을 넣어 온도를 높여 주는 풀무, 달궈진 쇠를 식히는 함지박, 쇠를 가는 숫돌 따위가 딸려 있었어. 화덕은 쇳물을 녹이거나 쇠를 달구는 구실을 했지. 원료, 가마(화덕), 연료, 풀무는 쇠부림에 꼭 필요한 네 가지 요소야. 불을 피우는 연료로는 숯이나 석탄을 썼어.

그림을 다시 보렴. 푸르락푸르락 풀무질 소리, 퉁탕퉁탕 망치질 소리, 슥슥 낫 가는 소리 들이 어울려 마치 음악처럼 쩌렁쩌렁 들려오는 것 같지 않니? 실제로 풀무질 소리는 민요로 여럿 남아 있어. 경주 지방의 풀무 소리 하나 배워 볼까? 여기서 '불매'는 풀무를 가리켜.

이 불매가 어데 불매고 푸르락푸르락 불매야
경상도 도불매 푸르락푸르락 불매야
숯은 어데 숯이고
황정골 이첨지 숯일런가 푸르락푸르락 불매야
골 구멍은 바람이 난다 푸르락푸르락 불매야
물수 양반은 호걸판 푸르락푸르락 불매야
불 앞에 놈은 죽을만 푸르락푸르락 불매야
쇠는 어디 쇠고
쇠동골 공쇨런가 푸르락푸르락 불매야

이 민요에는 쇠와 숯이 어디서 왔는지 또 뜨거운 불 앞에서 일하는 대장장이의 어려움이 담겨 있어. 아마 대장간 사람들은 이런 노래를 함께 부르며 힘든 풀무질을 계속했을 거야.

▪무엇보다도 어려운 책《오주서종박물고변》을 한글로 번역한 최주 선생의 공로를 기억해야 할 거야. 최주 선생은 현대 금속 기술을 공부한 과학 기술자였어. 전통 기술을 알 필요성을 느껴 나이 50을 훌쩍 넘겨 한문 공부에 매진해《오주서종박물고변》을 번역했어. 번역된 지 10년 만에, 안타깝게도 최주 선생이 세상을 떠나고 7년이 지나서야 번역한 글이 책으로 나왔어. 최주 선생은 또 중국 기술사의 대표적 책인 명나라 송응성의《천공개물》도 번역했어.
▪《오주서종박물고변》은 중요한 책인데, 아직 본격적인 연구가 하나도 없어. 오래전에 전상운 선생이 이 책의 중요성을 강조하면서 짧게 쓴 글이 전부야. 아직 연구가 없는 상태지만, 이 책의 내용이 중요하다고 생각해서 이 책에 실었어. 번역본이 없었다면 불가능했겠지.
▪북한의 학자 리태영이 쓴《조선 광업사》도 참조했어. 고대부터 19세기에 이르는 광업의 역사를 일목요연하게 정리한 책이야.

7 우리가 그린 세계, 세계가 그린 우리나라

이제 '땅의 과학' 마지막인 조선 후기의 세계 지도 이야기로 넘어가자꾸나.

지도에는 무척 현실적인 문제가 담겨 있었어. 무슨 뜻이냐고? 세상의 중심이 누군지, 어디가 문명국이고 어디가 주변국인지, 나라의 경계는 어디까지인지, 이런 문제들 말이야. 〈혼일강리역대국도지도〉에서도 중국, 조선, 일본을 크게 그려 높은 관심을 드러냈고, 나머지 지역은 별 관심 없는 지역이라는 것을 알 수 있었어. 지도를 그리면 그런 생각이 저절로 드러나게 되지.

넓어진 세계

세 가지 대표적인 세계 지도를 보여 줄게.

곤여만국전도, 만국전도, 곤여전도. 이름은 조금씩 다르지만 모두 '세계 지도'란 뜻이야. '곤'은 땅을 뜻해. 태극기에서 건(하늘)·곤(땅)·감(물)·리(불) 들어 봤지? '여'는 수레란 뜻으로 역시 땅을 뜻해. 그래서 곤여란 '모든 땅'을 말

▲〈곤여만국전도〉, 마테오 리치, 1602년 1708년(숙종 34년) 관상감에서 베껴 그린 〈곤여만국전도〉를 이후에 다시 확대해서 그린 지도야. 규장각에 남아 있어. 가로 5.31m 세로 1.72m로 상당히 커. 여백에는 탐험선이나 기괴한 동물들이 그려져 있어. 참, 송이영의 혼천시계에 붙어 있는 지구의에 세계 지도가 그려져 있는데 그것이 마테오 리치의 〈곤여만국전도〉였어.

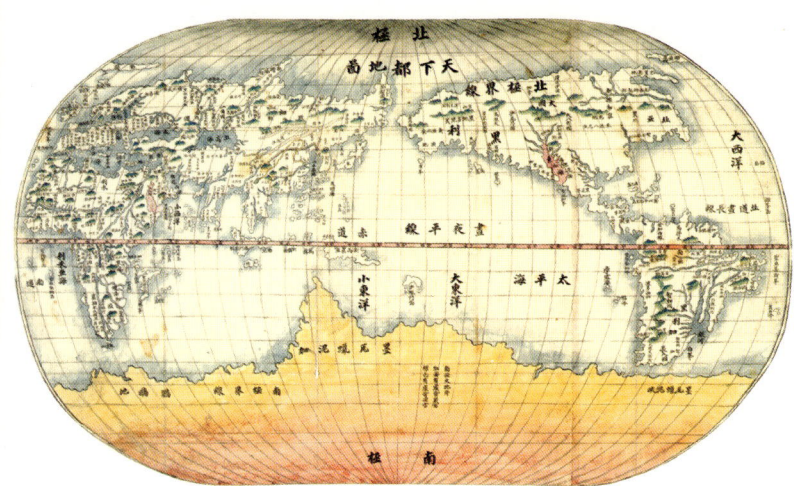

◀〈만국전도(천하도지도)〉, 알레니, 1623년 원본은 남아 있지 않고, 베낀 그림이 남아 있어. 아프리카 대륙은 지금과 달리 리미아, 오세아니아와 남극 대륙을 합쳐서 묵와랍니가라 불렀군. 아직 오세아니와 남극이 다르다는 걸 알지 못할 때 그려진 걸 알 수 있어.

▼〈곤여전도〉, 페르비스트, 1674년 이 지도는 많이 남아 있어. 왜냐하면 1860년대에 조선에서 목판으로 만들었거든. 크기는 가로 1.72m, 세로 0.6m로 제법 컸어. 〈곤여만국전도〉와 〈만국전도〉는 1장짜리이고, 〈곤여전도〉는 2장짜리 세계 지도야.

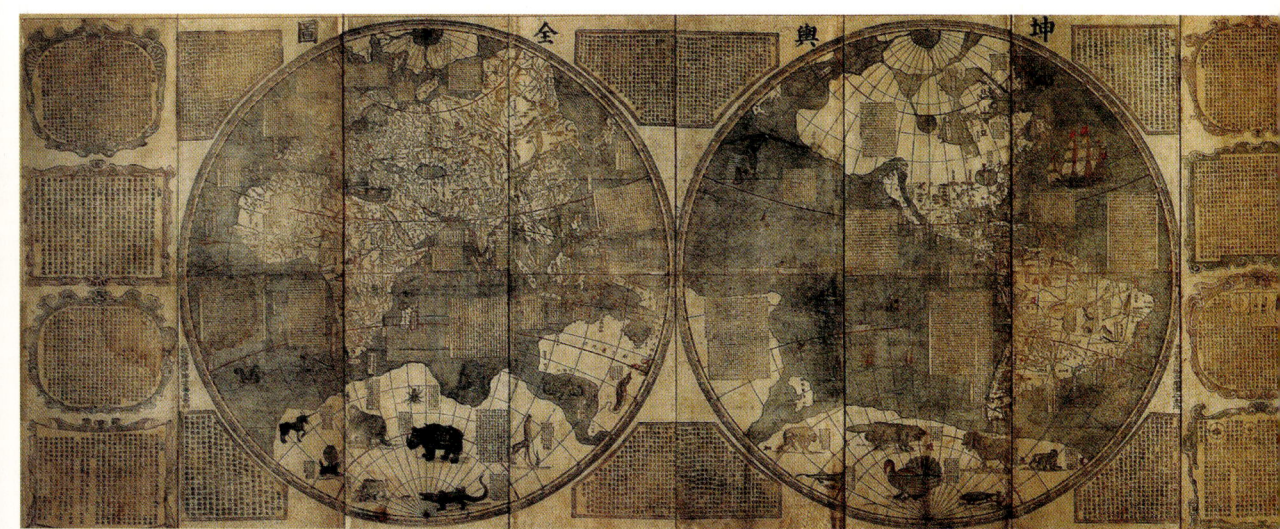

하지. 만국은 거기에 존재하는 '모든 나라'란다.

이 지도들은 모두 조선 시대에 들어왔어. 마테오 리치의 〈곤여만국전도〉는 만들어진 지 채 1년도 되지 않아서 우리나라에 들어왔지. 〈만국전도〉는 7년 만에, 〈곤여전도〉는 좀 늦어서 150여 년만에 들어왔어.

조선 후기 서양의 세계 지도는 단지 종이 쪼가리에 불과한 것이 아냐. 그 지도에는 전혀 모르고 있었던 큰 세계가 담겨 있었어. 낯선 지명도 숱하게 들어 있었지. 게다가 서양인의 지도 제작 솜씨가 보통이 아니었어. 결코 얕잡아 볼 수 없는 다른 세계가 그 안에 담겨 있었던 거야.

《지봉유설》을 편찬한 이수광이 마테오 리치의 〈곤여만국전도〉를 처음 보고 놀라 이렇게 말했어.

> 1603년 중국을 다녀온 사신이 구라파국의 여지도를 우리 관청에 보내왔다. 매우 정교했다. 특히 서역이 상세하게 그려져 있었다. 중국 지방과 우리나라 팔도, 일본의 60주의 지리에 이르기까지 멀고 가까운 곳, 크고 작은 곳을 빠뜨린 데가 없었다. 이른바 구라파국은 서역에서 가장 동떨어진 먼 곳에 있었는데, 그 거리가 중국에서 8만 리나 되었다.

서양식 세계 지도를 보면서 옛 사람들은 무엇보다도 세상이 생각보다 훨씬 넓다는 걸 깨닫게 되었을 거야. 〈혼일강리역대국도지도〉 같은 세계 지도가 있었지만, 옛 사람들은 대부분 중국, 일본, 오키나와, 베트남 이외의 세계에 대해서는 잘 몰랐어.

그러다 임진왜란 직후 명나라에 온 선교사나 일본에 도착한 외국인을 통해 서양을 발견한 거야. 서양의 세계 지도를 본 사람들은 더 이상 중국이 세계의 중심이 아니라는 생각을 하게 되었어. 그렇다면 조선 또한 주변국이

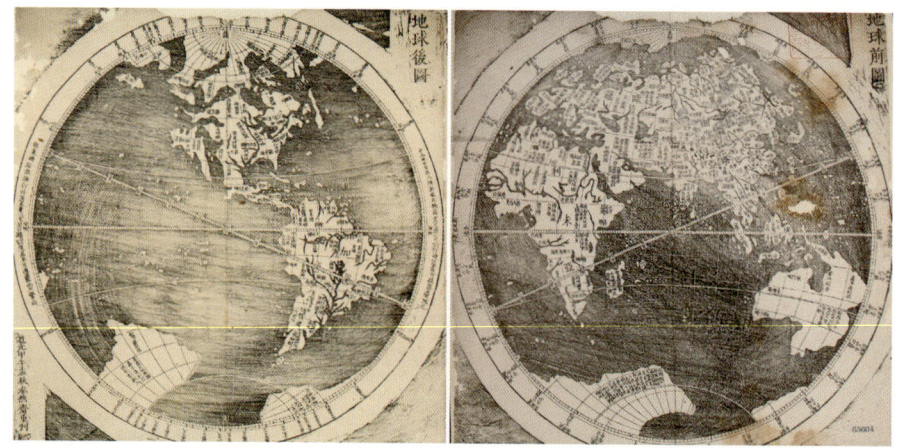

최한기의 〈지구전후도〉 1800년 장정부라는 중국인이 페르비스트의 〈곤여전도〉처럼 2장짜리로 만든 세계 지도를 토대로 최한기가 만든 거야. 전, 후 2장이란 뜻이 이름에 들어가 있어. 오른쪽이 지구전도, 왼쪽이 지구후도야. 목판에 새겨 대량으로 인쇄할 수 있었어. 하나의 원지름이 31cm인 작은 지도야. 이 인쇄 작업을 김정호가 했어.

아닌 거지. 홍대용이 '지전설'을 말한 것과 똑같은 맥락이었어. 이런 생각이 널리 퍼지게 되었지.

세계 지도 제작 부분에서도 최한기, 김정호 짝꿍이 다시 등장해. 1834년 최한기는 목판본 세계 지도인 〈지구전후도〉를 펴냈어. 전면에는 아시아, 유럽과 아프리카가 그려져 있고, 후면에는 남북아메리카가 그려져 있어. 이건 목판본이라서 널리 보급되었어. 그 목판을 김정호가 새겼지.

김정호가 서양식 지도를 조선식 지도

김정호의 〈여지전도〉 '여지'란 세계를 뜻해. 한반도와 동아시아 지역을 실제보다 크게 그렸어.

형태로 바꿔 그린 것이 있어. 〈여지전도〉가 그거야. 최한기는 아예 지구의 전면과 후면을 넣은 청동으로 만든 지구의를 만들기도 했어.

우리나라를 그린 세계 지도

지금까지 우리가 만든 세계 지도를 말했어. 이제부터는 서양이 본 우리를 말할 차례야.

15세기 지리상의 대발견이 있기 전까지 서양의 세계 지도는 보잘것없었어. 16세기 들어서 메르카토르와 오르텔스라는 위대한 지리학자들이 나와서 그걸 눈에 띄게 발전시켰어.

1569년 메르카토르는 자신의 이름이 붙은 이른바 메르카토르 투영법이라는 지도 제작법에 따라 세계 지도를 정밀하게 그려 냈어. 요즘 우리가 쓰고 있는 평면형 세계 지도도 이를 따르고 있어. 그것의 완성도를 더 높인 인물이 오르텔스야. 이런 전통에서 마테오 리치, 알레니 등이 세계 지도를 만들어 냈지.

서양 지도 중 우리나라가 처음 등장하는 것은 1590년 오르텔스의 지도야. 오르텔스는 우리나라를 섬 모양으로 잘못 그렸어. 관심이 적었고 올바른 정보가 없었기 때문이었지. 한반도 모습이 온전히 나타나는 건 1655년이야. 네덜란드 사람인 블라외의 세계 지도가 그거였어. 중국에서 1643~1650년 동안 머물렀던 마르티니라는 예수회 선교사가 귀국한 뒤, 블라외와 함께 중국 지도를 만들어서 조선의 모습이 더 정확해진 거야. 이후 우리나라가 세계에 점점 알려지면서 세계 지도 속의 한반도 모습은 더욱 정확해졌어.

> **지리상의 대발견**
> 15세기 이후 유럽의 배들은 세계를 돌아다니면서 새로 뱃길을 개척하고 탐험과 무역을 시작했어. 특히 인도, 아라비아를 거쳐 유럽으로 오는 향료(조미료) 값이 폭등하자 새로운 항로를 개척하려고 한 거야. 지구가 둥그니까 멀기는 하지만 유럽에서 뱃길로 인도를 갈 수 있다는 생각이었지. 콜럼버스가 이 일에 착수했지. 근데 인도로 가는 길에 앞서 아메리카 대륙에 내렸잖아. 이와 같은 항해는 르네상스 이후 발달한 천문학, 지도학, 배 만드는 기술, 항해술 등이 한몫 톡톡히 했어. 1492년 콜럼버스가 아메리카를 발견한 이후 30년쯤 뒤에 마젤란이 세계를 한 바퀴 도는 세계 일주를 성공했어. 그간 유럽에 알려지지 않았던 신대륙의 발견, 아시아 지역을 거친 세계 일주 등을 지리상의 대발견이라고 해. 이런 일이 일어난 15~17세기를 대항해 시대라고 하지.

서양의 세계 지도에 나타난 한반도 모습의 변화

16세기에 그린 오르텔스의 지도

17세기에 그린 블라외의 지도

18세기에 러시아에서 만든 지도 동해는 '한국해(SEA OF KOREA)'라고 써 있어. 이 당시 대부분 세계 지도들이 '일본해'가 아니라 '조선해'라고 쓰고 있어. 일본에서 만든 지도에서 일본해라는 명칭은 19세기 이후에야 나와.

19세기 들어서는 더 많은 외국 배가 우리나라 해안에 자주 출현했어. 이른바 이양선이 온 거야. 1846년과 1847년에는 프랑스 함대가 서해를 넘보다가 실패한 일이 있었어. 서양 함대들이 천천히 해안선을 따라 다니면서 무슨 일을 했는지 알아? 해안을 돌면서 지도를 만드는 거였어. 어디에 상륙하면 좋을까, 어떤 물길로 진격해 나갈까, 고민하면서 만들었을 거야.

19세기 이후 외국인이 그린 조선 지도가 많아졌단다. 그 가운데 가장 주목할 것이 러·일 전쟁 때 일본군이 제작한 〈전국지도〉야. 〈대동여지도〉보다 더 정확한 조선 지도를 그렸어. 발달한 과학과 최신 측량 방법을 써서 상세한 지도를 만들었어. 왜 그랬을까? 일본도 조선을 침략하려고 눈독을 들이고 있었기 때문이지.

〈대동여지도〉(왼쪽)와 프랑스군이 만든 지도(오른쪽) 〈대동여지도〉에서 봤던 영종도 위쪽의 강화도 지역이야. 강화도를 둘러싸고 있는 성벽이 보일 거야. 우리나라는 육지 쪽에서 바다 쪽으로 그려 나간 지도를 그렸지. 오른쪽 지도는 병인양요 때 프랑스군이 그린 거야. 바다에서 뭍 쪽으로 지도를 그려 나갔어. 방어와 침략의 목적이 각각 지도에 반영된 거야.

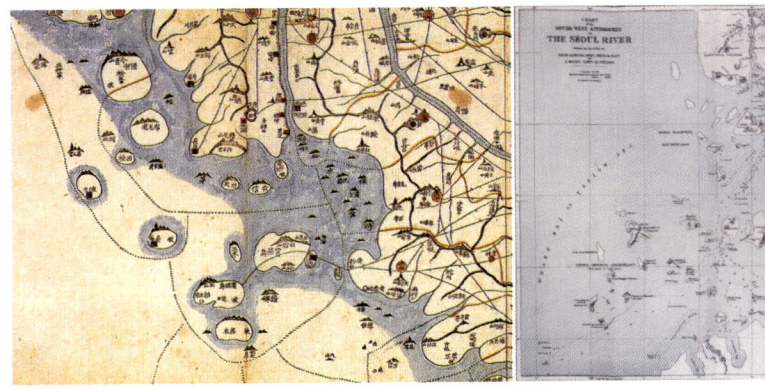

한국 과학사 이야기 255

일본은 조선을 식민지로 만들려고 우리나라의 자원을 조사하고 정확한 지도를 만들게 된 거야. 철도와 도로도 나라를 통치하는 데 무척 중요한데, 이들 모두를 일본이 주관해서 만들었어. 불행하게도 그 시절 우리나라는 이런 일을 주체적으로 하지 못했고, 그 뒤 일본은 우리나라를 강제로 개항시켰단다.

목판본 세계 지도의 유행

　선비들 사이에서 세계 지도가 유행한 적이 있어. 17세기 이후 그려진 '천하도'가 그거야. 천하도는 서양의 선교사들로부터 얻은 세계 지식을 바탕으로 그려졌어. 조선에서만 그려진 독특한 지도지. 서양 지도가 말하는 대륙들이 지도 안에 있는데, 그것들이 상당히 이상하게 그려져 있어. 하나같이 둥근 세계에 연못 같은 바다가 있고, 그 바다에 네모난 대륙이 있고, 거기에 조선이 한 자락을 차지하고 있어.
　이런 방식의 그림은 고대 중국의 《산해경》이란 책의 세계관을 따른 거라고 해. 서양의 세계 지도를 전통적인 세계관 안에 풍덩 빠뜨린 거라고 할 수 있어. 조선 사람들은 천하도에서 하늘과 땅, 자연과 인간이 공존하는 이상향을 그린 거야. 서양 사람들이 배를 타고 죽음을 무릅쓰고 세상을 누빌 때, 조선에서는 천, 지, 인이 하나로 합쳐진 고양된 정신세계를 찾아간 거지.
　근데, 지도로 본 서양 세계를 직접 만나는 일이 생겼어. 1626년 네덜란드 사람인 벨테브레와 동료 두 명이 제주도에 표류한 일이 벌어졌어. 서양의 세계 지도가 우리나라에 알려진 지 이십여 년 후의 일이군. 벨테브레의 조선 이름은 박연. 그는 조선인으로 귀화하여 결혼도 했어. 조총과 대포 만드는 일에 재주가 있어 훈련도감에 소속되어 일했어.
　1653년에는 하멜 등 36명이 제주도에 표류하여 13년 동안 머무르는 일도 있었지. 이때 통역을 박연이 맡았어. 하멜 일행은 전라좌수영에 머물면서 일을 하다가 틈을 타 탈출했고, 그 뒤 하멜은 유명한 《하멜 표류기》를 써냈지.
　어때, 서양이 단지 지도나 책 속의 나라가 아니라 직접 만나는 현실적인 존재가 되었지? 19세기 들어서서는 세계의 흐름을 외면해서는 안 될 상황이 되었어. 목판본 세계 지도의 유행은 이런 관점으로도 해석될 수 있어.

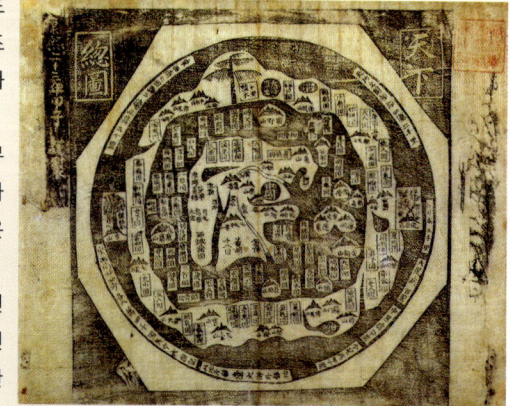

조선 후기 목판으로 새긴 천하도

▼
- 지리학자인 오상학, 배우성 선생이 세계 지도에 관해 깊이 연구했어.
- 한영우·안휘준·배우성 선생의 《우리 옛 지도와 그 아름다움》과 문중양 선생의 《우리 역사 과학 기행》에서는 이 내용을 읽기 쉽게 정리했어. 물론 이보다 앞서 나온 전상운 선생의 《한국 과학사》도 조선에 들어온 세계 지도에 대해 잘 설명하고 있어.
- 〈곤여만국지도〉는 노정식 선생의 글을 참고했어.
- 최근 배우성 선생이 〈천하도〉를 '조선인의 이상향 추구'라는 관점으로 해석해 냈어.

참고 자료

고동환, 〈조선 후기 도서 정책과 원산도의 변화〉《호서사학》 45호 2006

고동환, 〈조선 후기 상선의 항행 조건〉《한국사연구》 123호 2003

과학백과사전출판사, 《조선 기술 발전사》 1994

구만옥, 〈'천상열차분야지도' 연구 쟁점에 대한 검토와 제언〉《동방학지》 140 2007

국립민속박물관, 《천문 −하늘의 이치·땅의 이상》 2004

국사편찬위원회, 《하늘, 시간, 땅에 대한 전통적 사색》 두산동아, 2007

김기혁, 〈우리나라 고지도의 연구 동향과 과제〉《한국지역지리학회지》 13-3 2007

김용운·김용국, 《한국 수학사》 살림Math, 2009

김용운·이소라, 《청소년을 위한 한국 수학사》 살림Math, 2009

김일권, 《우리 역사의 하늘과 별자리》 고즈윈, 2008

남도영, 《한국 마정사》 한국마사박물관, 1996

남문현, 《장영실과 자격루》 서울대학교출판부, 2002

남문현, 《한국의 물시계》 건국대학교출판부, 1995

남문현, 〈홍대용의 지전설〉 http://www.etri.re.kr/kor/predical/news/01-09/etri17.htm.

노정식, 〈고지도에 나타난 외국 지명을 통해 본 시야의 확대〉《대구교육대학교 논문집》 22호 1986

리태영, 《조선 광업사》 백산자료원, 1998

문중양, 《우리 역사 과학 기행》 동아시아, 2006

박명순, 〈천상열차분야지도에 대한 고찰〉《한국과학사학회지》 17-1 1995

박성래, 《한국 과학 사상사》 유스북, 2005

박성래, 《한국 과학사》 KBS출판부, 1980

박성래, 《한국사에도 과학이 있는가》 교보문고, 1998

박창범, 《하늘에 새긴 우리 역사》 김영사, 2002

배우성, 〈고지도를 통해 본 조선 시대의 세계 인식〉《진단학보》 83 1997

배우성, 〈대동여지도 쟁점과 비판〉《한국과학사학회지》 28-1 2006

배우성, 〈택리지에 대한 역사학적 독법〉《한국문화》 33 2004

신동원, 《우리 과학의 수수께끼 1》 한겨레출판, 2006

신동원, 《우리 과학의 수수께끼 2》 한겨레출판, 2007

신정일, 《관동대로》 휴머니스트, 2008

신정일, 《삼남대로》 휴머니스트, 2008

신정일, 《영남대로》 휴머니스트, 2007

안소정, 《우리 겨레는 수학의 달인》 창비, 2010

양보경, 〈일본 대판부립도서관 소장 '조선도'의 고찰〉《서지학연구》 17-1 1999

오민영, 《청소년을 위한 동양 과학사》 두리미디어, 2007

오상학, 《옛 삶터의 모습 고지도》 국립중앙박물관, 2005

유경로, 《한국 천문학사 연구 −소남 유경로 선생 유고 논문집》 녹두, 1999

유경로, 《한국의 천문도》 천문우주기획, 1995

이문규, 〈첨성대를 어떻게 볼 것인가 −첨성대 해석의 역사와 신라의 천문관〉《한국과학사학회지》 26-1 2004

이상태, 《한국 고지도 발달사》 혜안, 1999

이찬, 《한국의 고지도》 범우사, 1991
이태원, 《현산어보를 찾아서 3》 청어람미디어, 2002
이태진, 〈세종대의 천문 연구와 농업 정책〉《애산학보》 4 1986
전상운, 《돌도끼에서 우리별 3호까지》 아이세움, 2006
전상운, 《시간과 시계 그리고 역사》 월간시계사, 1994
전상운, 《한국 과학 기술사》 정음사, 1994
전상운, 《한국 과학사》 사이언스북스, 2000
전상운, 《한국 과학사의 새로운 이해》 연세대학교출판부, 1999
전상운, 《한국의 과학문화재》 정음사, 1987
전용훈, 〈조선 후기 서양 천문학과 전통 천문학의 갈등과 융화〉 서울대 박사논문, 2004
전호태, 《고구려 고분 벽화 연구》 사계절출판사, 2000
전호태, 《고분 벽화로 본 고구려 이야기》 풀빛, 2010
정인경, 《청소년을 위한 한국 과학사》 두리미디어, 2007
조병로·김주홍, 《한국의 봉수》 눈빛, 2003
조인철, 《우리 시대의 풍수》 민속원, 2008
최창조, 《한국의 풍수사상》 민음사, 1998
한영우·안휘준·배우성, 《우리 옛 지도의 아름다움》 효형출판, 1999
허경진, 《택리지》 서해문집, 2007

《브리태니커대백과사전》
《위키피디아백과사전》
《제4차 첨성대 대토론회 자료집》 2009

〈한겨레〉신문, 양홍진 박사 인터뷰 기사 2005년 1월 25일자
《한국문화대백과사전》

*옛 책
김부식, 《삼국사기》
김석문, 《역학이십사도해》
김정호, 《대동여지도》
김정호, 《청구도》
김종서·정인지 등, 《고려사》
노사신·양성지, 《신증동국여지승람》
박지원, 《열하일기》
서거정, 《동문선》
성주덕, 《서운관지》
성주덕·김영, 《국조역상고》
송응성, 《천공개물》 최주 옮김, 전통문화사, 1997
전(傳) 신경준, 《산경표》
이규경, 《오주서종박물고변》 최주 옮김, 학연문화사, 2008
이순지, 《제가역상집》
이순지, 《천문유초》
이중환, 《택리지》
일연, 《삼국유사》
홍대용, 《담헌서》
《세종실록》〈지리지〉
《조선왕조실록》

사진 자료 제공

◉ **국립중앙박물관**
[중박201007-264] 중국의 지명을 적은 지도 186 · 대동여지도 목판 203 · 대동여지도 접개식 202(아래) · 마패 234 · 김홍도의 대장간 246
[중박201007-267] 휴대용 앙부일구(가운데) 100

◉ **경주신라역사과학관**
신라 때의 해시계(복원품) 96

◉ **고려대학교박물관**
혼천시계 115 · 동궐도 137 · 조선 후기에 만든 자 162 · 윤도 174 · 대동여지전도 215 · 신헌 212 · 곤여전도 250

◉ **고려대학교도서관**
김정호가 편찬한 지리지《대동지지》(내지) 196 · 김정호가 편찬한 지리지《대동지지》(표지) 211 · 해동팔도봉화산악지도 223

◉ **국립고궁박물관**
천상열차분야지도(앞면/뒷면) 63 · 혼평의 78 · 앙부일부 91 · 간평혼개일구 101 · 자격루 현재 모습 103

◉ **국립민속박물관**
〈천상열차분야지도〉(숙종본) 55 ·《보천가》 56 · 일성정시의(복원품) 72 · 선기옥형 74 · 정남일구 100 · 고대의 물시계 104 · 천세력 140 · 조선 시대 후기의 달력들 141 · 조운선(복원품) 232 · 마패(끈 달린 것) 234

◉ **국립국악원**
조선 후기에 만든 율관 160 ·《악학궤범》 165 · 옛 그림 속의 악사와 악기들 164

◉ **국립중앙도서관**
《세종실록》지리지 193 ·《여도비지》 211 · 목장 지도 228 · 청구도(북쪽) 215

◉ **국토지리정보원**
김정호 동상 214

◉ **규장각한국학연구원**
강화 마니산 15 ·《칠정산》(내편/외편) 131 ·《칠정산내편정묘년교식가령》 132 ·《칠정산내편정묘년교식가령》본문 134 · 한양 도성도 175 · 혼일강리역대국도지도(모사본) 183 ·《신증동국여지승람》 195 · 18세기 독도 지도 199 · 경조5부 203 · 도성도 203 · 청구도(남쪽) 215 · 만국전도(천하도지도) 250 · 최한기의 지구전후도 252

◉ **기상청**
측우기와 측우대 81, 87

◉ **삼성미술관리움**
동국지도 215

◉ **서울대학교박물관**

옥으로 만든 앙부일구 75 • 지평일구 101 • 산가지와 주판 145 • 곤여만국전도 250

⊙ 서울역사박물관
간평의 78 • 휴대용 앙부일구(위), (아래) 100 • 한양도-북치는 장소 112

⊙ 세종대왕유적관리소
규표 100 • 소간의(복원품) 76

⊙ 영남대학교박물관
팔도총도(동람도) 199

⊙ 육군박물관
옛 그림 속의 '역' 234(오른쪽)

⊙ 충북대학교박물관
아득이 고인돌 29(위)

⊙ 회폐금융박물관
지폐 만 원의 뒷면 54 • 지폐에 실린 혼천시계와 자격루 116

⊙ 강성철
봉수대 226

⊙ 노정임
제주 한라산 49 • 규장각에 있는 〈대동여지도〉 액자 218 • 부근리 고인돌 172(위)

⊙ 네이버블로거-부끄럼쟁이(musicity98)
그리니치 천문대 68

⊙ 다음블로거-메탈(bae6607)
복원한 자격루 111

⊙ 조인철
남쪽에서 본 부근리 고인돌 172(아래)

⊙ 조재황
경상남도 함안 도항리 고인돌 17

⊙ 엘지연암문고
프랑스군이 만든 지도 255

⊙ 《한국의 천문도》 유경로, 박창범 저
중국의 순우천문도 30

도서출판 책과함께는 이 책에 실은 모든 도판의 출처와 저작권자를 찾아 허락을 받기 위해 최선을 다했습니다. 허가를 받지 못한 일부 도판은 저작권자가 확인되는 대로 허가를 받고 통상의 사용료를 지불하겠습니다. 사진 게재를 도와주신 모든 분들께 감사드립니다.

찾아보기

ㄱ
가케야스 213
간평의 78
간평혼개일구 101
갈릴레오 45
강보 129
강서큰무덤 23
경선징 152
《고려사》 15, 43
곤여만국전도 250
곤여전도 250
곽수경 92
구고법 146
《구장산술》 147
국자감 145
국학 145
권근 186
권진 192
규표 100
그레고리력 129
그리니치 천문대 67
기토라 고분 30
기하학 153
김담 73, 130
김돈 74
김부식 176
김빈 74
김석문 121
김정호 65, 197, 203, 214

ㄴ
남두육성 30
남병길 77, 152
남병철 77, 152

ㄷ
단군왕검 15
대동여지도 201
대동여지전도 216
《대동지지》 211
대수학 153
덕화리 2호 고분 26
도량형 156
《도로고》 230
도항리 고인돌 18
독도 199
동국대지도 216
동국여지도 216
동국지도 216
동산 151
동여도 216
《동여도지》 211

ㅁ
마테오 리치 250
마패 235
만국전도(천하도) 250
맹사성 192
메르카토르 253
명당 173

묘청 175
무인력 129
문종(고려) 44
문종(조선) 81
물시계 75, 102
민력 128

ㅂ
박연 156
박지원 119
별똥비 42
《보천가》 54
봉수대 223
봉화 222

ㅅ
4군 6진 193
《사기》 30
사신도 22
산 145
《산경표》 207
《산학계몽》 148, 151
《삼국사기》 14, 35
《삼국유사》 35
삼분 손익법 158
서명응 77
서호수 77
선기옥형 74
선덕 여왕 35
선명력 129
성교광피도 187

세종 68, 80, 104, 130, 156
《세종실록》 지리지 36, 190
소간의 75
송응성 239
수시력 107, 132
수월관음도 181
수표 83
순우천문도 30, 62
시헌력 140
신경준 216, 230
신법천문도 65
신성 43
신장 192
《신증동국여지승람》 37, 190
신헌 211
12율 157
12음 157

ㅇ
아득이 고인돌 29
아스트롤라베 78
《악학궤범》 165
안지재 148
앙부일구 90
양성지 216
양택풍수 174
양휘 148

《여도비지》 211
여지전도 252
역법 69
《역학도해》 124
《연려실기술》 130
오르텔스 254
《오주서종박물고변》 236
옥루 110
와산 153
요하네스 케플러 52
우산국 199
원가력 129
월식 44
유수석 149
윤년 139
윤달 139
윤이상 23
윤일 139
윤회 192
율려 157
음양오행 132
음택풍수 174
《의산문답》 126
이규경 236
이상혁 152
이성계 62
이순지 73, 130
28수 24

이이 216
이익 123
이중환 197
이천 71, 100, 130
이회 216
일식 14, 44
임준 152

ㅈ
자격루 102
장영실 71, 80, 100, 104, 130
정남일구 100
정상기 216
정약용 164, 196
정약전 123
정인지 73, 130
정척 216
정초 73, 130
정흠지 73, 130
조선방역지도 216
주세걸 148
지관 173
지구 중심설 119
지구설 118
지구전후도 252
지동설 118
《지봉유설》 251
지석리 고인돌 18
지전설 118

지평일구 101
진파리 4호 고분 28

ㅊ
참성단 15
책력 140
《천공개물》 239
천동설 119
천상열차분야지도 53
천세력 139
천원술 148
천하도 256
첨성대 33
청구도 216
최석정 145
최성환 211
최한기 211, 252
측우기 80
《칠정산》 73, 127

ㅋ
카스텔리 85
코페르니쿠스 120

ㅌ
태양 중심설 119
태양력 138
태양태음력 139
태음력 138
태학 144
《택리지》 197
티코 브라헤 52

ㅍ
파발 226
팔도 216
《팔도지리지》 192
팔도총도 199, 216
페르비스트 250
풍수지리학 172

ㅎ
하국주 149
항성 25
해시계 75, 90
행성 25
혼일강리역대국도지도 180
혼천설 61
혼천시계 114
혼천의 74
혼천전도 65
혼평의 78
홍대용 121
홍정하 149
황력 128
황종 156
회회력 131
흑점 45

한국 과학사 이야기 1
카이스트 신동원 교수님이 들려주는 하늘과 땅의 과학

1판 1쇄 2010년 8월 19일
1판 8쇄 2022년 12월 30일

글 | 신동원
그림 | 임익종

펴낸이 | 류종필
편집 | 박병익
마케팅 | 이건호
경영지원 | 김유리

디자인 DesignZoo

펴낸곳 | (주)도서출판 책과함께
주소 (04022) 서울시 마포구 동교로 70 소와소빌딩 2층
전화 (02) 335-1982
팩스 (02) 335-1316
전자우편 prpub@daum.net
블로그 blog.naver.com/prpub
등록 2003년 4월 3일 제2003-000392호

이 책의 저작권은 지은이 신동원과 도서출판 책과함께에 있습니다.
이 책의 내용을 이용하려면 저작권자와 출판사의 동의를 모두 받아야 합니다.
잘못된 책은 구입하신 서점에서 바꾸어 드립니다.

ISBN 978-89-91221-67-3 74900
ISBN 978-89-91221-66-6 (세트)